高等学校经管类专业仿真综合实习丛书

财务、会计与审计
仿真综合实习教程

刘德银 陈玉珍 韦 琴 李丽青 编著

CAIWU KUAIJI YU SHENJI
FANGZHEN ZONGHE SHIXI JIAOCHENG

经济科学出版社
Economic Science Press

图书在版编目（CIP）数据

财务、会计与审计仿真综合实习教程/刘德银等编著．—北京：经济科学出版社，2010.6
（高等学校经管类专业仿真综合实习丛书）
ISBN 978-7-5058-9188-3

Ⅰ．①财⋯ Ⅱ．①刘⋯ Ⅲ．①财务管理-高等学校-教材②会计学-高等学校-教材③审计学-高等学校-教材 Ⅳ．①F275②F23

中国版本图书馆 CIP 数据核字（2010）第 049310 号

责任编辑：赵　敏　于海汛
责任校对：王凡娥
版式设计：代小卫
技术编辑：邱　天

财务、会计与审计仿真综合实习教程

刘德银　陈玉珍　韦　琴　李丽青　编著
经济科学出版社出版、发行　新华书店经销
社址：北京市海淀区阜成路甲28号　邮编：100142
总编部电话：88191217　发行部电话：88191540
网址：www.esp.com.cn
电子邮件：esp@esp.com.cn
汉德鼎印刷厂印刷
永胜装订厂装订
787×1092　16开　23.25印张　410000字
2010年6月第1版　2010年6月第1次印刷
印数：0001—3000 册
ISBN 978-7-5058-9188-3　定价：33.00元
（图书出现印装问题，本社负责调换）
（版权所有　翻印必究）

高等学校经管类专业仿真综合实习丛书编委会

主　任：曾小彬
副主任：任晓阳　李　俊　刘良惠
委　员：(按姓氏笔画排列)：
　　　　　马持节　尹恩山　王忠政　刘红红　刘晓星
　　　　　刘良惠　任晓阳　邢风云　李　俊　陈拥军
　　　　　吴金椿　庞　磊　房文萃　赵小宁　崔建华
　　　　　曾小彬　赖　庆

总　　序

新旧世纪之交，我国高等教育面临两大挑战：一是知识经济大潮在世界各地涌动，这一大潮对我国也产生了强烈的冲击，体现在高等教育领域，便是对创新型人才需求量的迅速增长；二是我国高等教育从精英教育阶段迅速向大众化教育阶段转化，高校的人才培养重心下移，越来越多的高校毕业生走向企业，走向基层，走向社会经济工作的第一线，也就是说，应用型人才在高校所培养的人才中所占比重越来越大。顺应这一变化，我校以跨专业综合实验教学、校内仿真实习、校内创新创业实践为主要着力点，不断深化实验实践教学改革，在经管类应用型本科人才培养模式创新方面进行了卓有成效的探索，从而大大提升了我校经管类本科人才的培养质量，形成了我校的办学优势与特色。

一、实验实践教学改革要践行先进教育教学理念

理念是行为之魂。没有先进的理念，就没有先进的实践。实验实践教学改革的过程，也就是践行先进教育教学理念的过程。实验实践教学改革的成果，也就是践行先进教育教学理念的结晶。教育教学理念偏离了正确的轨道，实验实践教学改革也会步入歧途。

（一）实验实践教学必须坚持与理论教学相结合

理论教学有一个如何与实践相结合的问题，实验实践教学也有一个如何与理论教学相结合的问题。理论与实践相结合作为一个普遍性原则，既贯穿于理论教学过程中，也贯穿在实验实践教学过程中。有的同志将实验实践教学目的仅仅归结为增强学生的实践能力，这种认识无疑是理论教学与实践教学脱节问题的另一种表现。实验实践教学固然要增强学生的实践能力，但也是理论教学在实践领域的继续，承

担着加深学生对理论的消化、理解，实现从理性的抽象向理性的具体转化和知识意义建构的任务。实验实践教学内容必须体现理论对实际的指导，必须有助于学生获得丰富的理论启示，必须合乎增强学生的知识运用能力特别是知识综合运用能力的要求。简言之，实验实践教学内容必须具有理论性，理论性的强弱则因教学目标要求的差异而异。

（二）实验实践教学必须坚持知识、能力教育与素质教育相结合

实验实践教学既是传授知识和开发锻炼学生能力的过程，也是提升学生综合素质的过程。实验实践教学必须充分体现思想、心理、道德教育的要求，不能见物不见人，见智商教育不见情商教育。知识、能力教育与素质教育相结合不仅要贯穿在教学内容中，也要贯穿在实验室文化环境建设和课外活动中，还要贯穿在教师的指导、点评中，通过实验实践教学，使学生获得全面提升自身素质的机会。

（三）实验实践教学必须坚持学生主体作用与教师主导作用相结合

在现代信息技术广泛运用于教育教学领域以前，学生获取知识的主要媒介是教师，由此形成"教为中心，而不是学为中心"、"教师为主体，而不是学生为主体"的传统教育教学模式。而在现代信息技术广泛运用于教育教学领域的今天，知识获取途径多元化，学生的主体地位已经显现，传统教育教学模式被"学生为主体，教师为主导"的教育教学模式所取代成为历史的必然。与其相应，教师的任务不仅是向学生传授知识，而且要搭建一个使学生能够多渠道地获取知识、多渠道地开发锻炼学生的能力、最大限度地展现学生创造力与才华的平台。

（四）实验实践教学必须坚持三大课堂相结合

教育教学活动按空间属性的不同可划分为三大课堂：第一课堂是指按照教学计划的要求，学生在教师的组织下与预定的时空内所进行的一种程序化的教育教学活动；第二课堂是指学生根据自身的兴趣、爱好，独立地或在教师的引导或指导下自主开展的一种非程序化的校内教育教学活动；第三课堂是指按照教学计划或在教学计划之外由教师组织或学生自主开展的一种校外教育教学活动。第一课堂是学生获取知识、增强能力、提高素质的主渠道。第二、第三课堂是第一课堂

的必要延伸、辅助与补充。人才培养不能只靠第一课堂，也需要第二、第三课堂，必须树立全方位、立体化的育人观念，强化三大课堂的整合意识。

传统技术基础上的三大课堂整合，无一例外都是在三维实体空间内进行的。现代网络信息技术基础上的三大课堂整合不仅在四维实体时空内进行，也在网络虚拟时空内进行。正是虚拟课堂、虚拟实验室、虚拟经济组织、虚拟市场、虚拟学生社团等的出现，三大课堂才能够突破有限时空的限制，得以在更大的时空尺度内展开。故此，在继续发挥传统技术对三大课堂整合积极作用的同时，必须高度关注与充分发挥现代信息技术对三大课堂整合的支撑作用，在传统技术与现代技术有机结合的基础上将三大课堂整合提升到一个新的高度。

二、经管类应用型本科人才培养目标与实验实践教学功能定位

进行实验实践教学改革不仅要践行先进的教育教学理念，还要进行与人才培养目标相吻合的功能目标定位。实验实践教学的功能目标定位不准确、不清晰，非但难以提升人才培养质量，反而可能降低人才培养质量。在进行经管类应用型本科专业实验实践教学功能定位时，我们特别强调以下两点：

（一）实验实践教学改革必须充分体现应用型本科人才培养要求

有的同志认为，应用型人才仅需具备应用、实操能力，无须具备创新、研究能力。在笔者看来，该种认识的片面性在于把外延十分丰富的"创新"仅仅理解为"知识创新"或"理论创新"。实际上，创新既可以从知识、理论层面去把握，也可以从手段、工具层面去把握，还可以从实际操作层面去把握。就知识、理论层面而言，创新包括基础知识或基础理论创新、应用知识或应用理论创新；就手段、工具层面而言，创新包括技术、手段、工具和方法创新；就实际操作层面而言，创新包括操作技艺和操作技巧创新。研究不必然导致创新，但创新必离不开研究。基础理论创新的前提是基础理论研究，应用理论创新的前提是应用理论研究，技术手段、工具、方法创新的前提是技术手段、工具、方法研究，操作技艺、技巧创新的前提是操作技艺、技巧研究。对"创新"的狭隘理解必然导致对"研究"的狭隘理

解。不少同志将研究能力视为研究型人才的专有能力,将研究能力的培养视为研究型人才培养的特殊要求。鉴于对"研究"、"创新"的全方位审视,不难得出以下结论:研究型人才抑或应用型人才都必须具备研究、创新能力,研究型人才培养抑或应用型人才培养都必须有增强其研究、创新能力的要求。

当然,这丝毫不意味着可以忽略不同类型人才研究、创新能力的差异。基础理论研究型人才侧重具有的是基础研究创新能力,应用理论研究型人才侧重具有的是应用理论研究创新能力,本科应用型人才侧重具有的是应用技术、手段、工具、方法研究创新能力,高职高专应用型人才侧重具有的是操作技艺、技巧研究创新能力。我院作为一所以培养应用型本科人才为主的地方院校,无疑应侧重开发学生的应用技术、手段、工具、方法的研究创新能力,辅以开发学生的应用理论研究创新能力。

(二)实验实践教学改革必须体现经管类本科应用型人才培养的要求

经管类本科应用型人才作为本科应用型人才的特类,不仅应具备本科应用型人才一般的知识、能力与素质结构,而且应具备经管类本科应用型人才特殊的知识、能力与素质结构。既然如此,实验实践教学改革就不仅要满足本科应用型人才一般的知识、能力、素质结构完善的要求,还要满足经管类本科应用型人才特殊的知识、能力、素质结构完善的要求。

基于以上考虑,我院经管类专业本科实验实践教学的功能目标被界定为:使学生具有较强的知识整合与应用能力,较强的综合决策与执行能力,较强的技术、手段、工具、方法的开发创新能力与创业能力,具有较高的专业素质与道德素质,有助于学生循序渐进地实现向职业岗位角色的转换。该功能目标具有以下几层含义:

第一,实验实践教学要建构的是融会专业知识与相关专业知识的复合型知识结构,而不是只对应于某专业的单一型知识结构。

第二,实验实践教学要重点增强的不是专业实际操作技能,而是能够灵活运用专业理论知识与相关专业理论知识科学地进行经济管理决策,妥善处理复杂动态的经济管理问题,综合驾驭经济活动运行的能力。

第三，实验实践教学要重点开发的不是基础理论与应用理论研究能力，而是应用研究与应用技术开发能力。

前两点是经管类应用型本科人才培养区别于高职高专人才培养的特殊规定性，后一点是经管类本科应用型人才培养区别于研究型人才培养的特殊规定性。

三、我校经管类专业实验实践教学改革探索与实践

2001年以来，依循先进教育教学理念，为实现上述功能目标，我校着重从以下方面展开了经管类实验实践教学改革：

（一）科学构建实验实践教学内容体系

针对经管类本科应用型人才实践能力特别是综合实践能力、创新创业能力不强的问题，我校构建了一套涵盖课程单项型实验、课程综合型实验、专业综合型实验、跨专业综合型实验、创新创业实践五个层面，贯穿实训、实验、社会调研、专业实习、综合实习（毕业实习）、毕业论文（设计）六个环节，包括公共基础课实验、学科基础课实验、专业课实验、专业拓展课实验四个模块，与理论教学紧密衔接，面向我校所有经管类本科专业开设的四年不断线的实验实践教学内容体系。

在构建实验实践教学内容体系时，我们十分重视基于现代信息技术的模拟或仿真实验项目的开发，十分重视综合型实验项目，尤其是跨专业综合型实验项目、校内仿真实习项目和校内创新创业实践项目的开发，以充分发挥现代信息技术对实验实践教学的支撑作用，突破经管类本科应用型人才综合实践能力、创新创业能力不强的"瓶颈"。迄今，我校面向经管类本科专业开出必修实验实践项目（不含校外）总计1 087个，其中公共基础课41个、学科基础课63个、专业课463个、专业拓展课520个。包括单项型实验项目228个和综合型实验实践项目859个。在所开设的859个综合型实验实践项目中，课程综合型实验171个、专业综合型实验168个、跨专业综合型实验58个、校内仿真实习项目452个、校内创新创业实践项目10个。为了激发学生自主学习的热情，满足学生个性化发展的需要，还开出了34个选修型

实验实践项目。为了使理论教学在实验实践教学中得到深化，除开设一系列研究设计型实验实践项目外，还在校内仿真实习的各个单元开辟"思考与研究"栏目，实施实习基地学生科研立项制度，引导组织学生对仿真实习中接触到的大量经济与管理现象自觉地进行理论研究和创新探索。

（二）系统搭建实验实践教学平台

为确保经管类专业本科实验实践教学内容体系有效实施，一方面我们切实加强经济与管理实验教学中心的软硬件环境建设，形成了一个由系列专业实验室、ERP软件技能实训室、沙盘推演室、商务活动模拟中心、具有微格技术特点的体验室、创新创业实践室组成的现代化经管类实训实验室体系，和能够满足经管类专业实验教学与跨专业综合实验教学需要的软件体系；另一方面我们狠抓实验实践教学相关条件建设，包括自行开发模拟企业运作的实物沙盘与电子沙盘、沙盘教学系列方案、沙盘对抗演练综合评价系统软件包，采集企业案例资料并进行教学化处理，设计企业模拟业务流程，制作企业模拟业务表格和单证，创设企业模拟文化环境，开发学习网站和教学资源库，开辟网上论坛，建设网络实验课程与网络辅助实验课程，进行多种教学技术手段的组合建设和校内实习基地与校外实习基地的整合建设等，从而搭建起一个专业实验室与跨专业综合实验室相互衔接、软硬件与相关教学条件互相匹配、课内与课外相互补充、校内与校外紧密结合、融入先进教育教学理念、具有较高技术含量和鲜明特色的经管类实验实践教学平台。

（三）大胆创新实验教学组织形式与方法

在实验实践教学的组织形式方面，为了进行跨专业综合实验教学，我们打破自然班界限，将不同专业的学生混合编组，学生按专业背景进行角色分工，组成模拟公司或市场组织。在实验教学活动中，学生既是模拟市场环境的创设者，又是模拟企业的行为人；既是学习的主体，又是学习活动的组织者。

我们突破按专业或课程设置教研室的例行做法，由来自不同教学单位、不同专业的教师组成虚拟教研室或项目工作室，并建设了一支由实验教学中心专职教师、教学院系专业教师、外聘教师与学生助教组成的实验教师队伍。实验教学中心的专职教师主要负责跨专业综合实验项目、校内仿真实习项目、校内创新创业实践项目的总体设计与建设；教学院系的专业教师主要负责专业实验教学项目、校内仿真实习的分项设计与建设；外聘教师的主要任务是结合企业实际与现实经济运行开设专题讲座或报告；学生助教的主要任务是配合教师对实习活动进行组织和辅导。我校还成立了主管教学副校长任组长，教务处、人事处、资产设备管理处主要负责人和各二级学院教学副院长参加的领导小组，对跨专业综合实验教学、校内仿真综合实习进行统筹与协调。

在实验实践教学方法方面，我们将沙盘演练法、博弈对抗法、团队学习法、项目驱动法、自主互动法、网上答疑法、专题讨论法、点评法等多种方法引入实验实践教学过程，既极大地激发了学生的学习热情，大幅提高了实验实践教学效率，也使师生关系发生了显著变化。教师从讲授知识为主转变为策划教学内容、创设学习情境、配置学习资源、引导学习方向、解答学习疑难、监控学习过程、评估学习效果为主；学生从知识的被动接受者转变为知识的积极探究者，其学习的内容不仅来自课堂和教师，还来自图书馆、网络和团队其他成员。

（四）着力抓好实验实践教学三大环节

顺应经管类本科应用型人才需要具备复合知识结构、综合决策与执行能力、创新创业能力的要求，我们在抓好其他实验实践教学环节的同时，着力抓好跨专业综合实验教学、校内仿真综合实习和校内创新创业实践三大环节，并取得显著成效。

跨专业综合实验教学重在拓展学生的专业知识面，开发、训练学生综合运用本专业及相关专业的基本理论、基本方法解决实际问题的能力。为实现这一目标，我们设置了由"ERP软件操作"和"企业行为模拟"组成的必修课模块，使学生得以在ERP软件这一共同管理与技术平台上融会主修专业知识和相关专业知识，在相关专业互动过程中强化自身的主修专业能力。

校内仿真综合实习重在开发、训练学生从事经济管理的综合决策与执行能力。为实现这一目标，首先，我们以生产制造业务链为中心设计了一系列经济组织及其业务流程、业务规则，深入企业采集大量业务数据进行教学化改造和匹配，设计开发了一个涵盖企业、市场、资本运作各个方面，供、产、销各个环节，微观、中观、宏观各个层面，贴近社会经济现实，合乎教学规律的仿真综合实习内容体系，并依托经济与管理实验教学中心打造了一个仿真综合实习平台。然后，把来自十余个专业的数千余名实习生按其专业背景配置到仿真生产企业、仿真商业企业、仿真物流企业、仿真租赁公司、仿真金融机构、仿真工商管理局、仿真税务局、仿真人才交流中心、仿真会计师事务所、仿真信息处理与发布中心等百余个经济组织的不同管理岗位上，组织他们在仿真市场环境下进行企业经营仿真运作。虽然只有短短的6周，学生们却进行了系统的业务处理，经历了完整的业务流程，实践了多种经营决策，撰写了丰富的工作文书。仅以2008年下半年仿真实习运作情况为例，2 055名实习生处理的业务单据多达40余万份；撰写各种计划、方案、报告、总结计12 652份；编制各类管理制度累计870个；形成的文字材料高达4 250余万字。

校内创新创业实践重在强化学生的创新创业能力。校内创新创业实践包括读、看、思、评、演、试、做七个环节。"读"，要求学生阅读150~180个企业家的创业故事；"看"，组织学生到若干企业进行实地考察；"思"，要求学生撰写"生产——市场——资本运作"三个阶段的纪实性心得；"评"，要求以小组为单位对被考察企业经营的成败得失进行评论；"演"，要求各小组模仿三个企业案例进行创业演练；"试"，要求各小组策划一个创业项目并试运作；"做"，要求各小组实操一个创业项目以积累创业经验。2004~2008年，我校学生利用校内创新创业实践平台撰写市场调查策划书198份，完成创业设计125项，编制商业策划书48份（其中已被校外公司采用28份），提交学术科技作品225件。

目前，我校经管类实验实践教学改革正沿着以下路径继续拓展与深化：一是进一步丰富仿真流通企业和仿真金融机构的业务种类，加速仿真资本运作环境建设，将以生产制造业务链为中心的仿真综合实习内容体系拓展为生产业务链、流通业务链、资本运作业务链相互交织、高度整合的网络状仿真实习内容体系，使其更接近于现实，在校内搭建起一个可以覆盖所有经管类专业的仿真综合实习平台；二是开发建设一批学术含量或创新创业含量较高的精品实验项目，以强化实验实践的理论教育与创新创业教育功能，实现教学功能目标、科研功能目标与创新创业功能目标的高度统一。

  本丛书既凝结着我们五年多来在经管类专业校内仿真综合实习领域孜孜以求的收获与体会，也深含着我们对实验实践教学特别是经管类本科人才培养模式创新的理解与认识；既是对我校开展经管类专业仿真综合实习探索的历史总结，也是对我校经管类专业仿真综合实习的现实安排。我们热切期待着基于现代信息技术平台的仿真实习这一新鲜的实践教学形式能及早长成一棵枝繁叶茂的参天大树，也热切期待着读者们不吝赐教，指出本丛书的疏漏、不足甚至错误之处，使我们实验实践教学改革前行的步伐更加稳健，更加踏实。

曾小彬

广东商学院副院长

丛书编委会主任

2010年6月

前　言

　　随着信息技术的发展和高等学校教学改革的不断深化，实验教学日益成为高校一种重要的教学形式。广东商学院早在 1992 年就开始实施"模拟体验式教学"，其教学模式从初期的单项实验、课程实验，经历专业综合实验、跨专业综合实验，发展到校内仿真综合实习。校内仿真综合实习，就是通过构建仿真企业运作的虚拟环境，让学生在虚拟环境中运用已经掌握的专业知识，进行企业运作的仿真演练，熟悉企业的运作。在 2003 年和 2004 年，广东商学院经济与管理实验教学中心组织了校内仿真综合实习的两期试点，在 2006 年上半年，实验教学中心组织了正式的全校跨专业的校内仿真综合实习，至 2008 年底，总共已组织了四届（2006~2009 届学生）。校内仿真综合实习的规模从初期的 5 个经管类专业和 536 名学生参与，发展到 2008 年的跨经、管、法、文四个学科、15 个专业和 2 169 名学生参与。

　　在校内仿真综合实习中，会计学院学生一直都是"主力军"，他们在实习中担负财务管理、会计、内部审计和注册会计师审计工作。为了满足会计学院学生参加校内仿真综合实习的需要，广东商学院经济与管理实验教学中心在 2006 年就组织会计学院具有丰富实践教学经验的教师编写了《校内仿真综合实习指导书》（讲义，财会审部分）。在 2008 年，又组织教师对原实习指导书的体例进行了重大调整，重新编写了《企业运作仿真综合实习讲义》（财会审分册）。经过 2008 年仿真综合实习的试用后，又进一步对该讲义进行了修改和完善，形成了现在这本《财务、会计与审计仿真综合实习教程》。

　　本书共分 4 篇 34 章，4 篇分别为财务管理实习、会计实习、内部审计实习和注册会计师审计实习。全书以虚拟的仿真环境为基础，介绍了财务管理、会计、内部审计和注册会计师审计实务的主要业务内容和操作流程，给学生在虚拟环境中从事财务管理、会计、内部审计和注册会计师审计工作以具体的指导。本书既可以用于高等学校财务管理、会计学和审计学专业的仿真综合实习，也可以用于专业综合实习、课程实习及各类课程的单项实习，还可以供从事财务管理、会计和审计工作的实务工作者参考之用。

本书由广东商学院会计学院部分教师编写完成，刘德银负责大纲编写和全书的修订、总纂和定稿，并撰写第三篇内部审计实习，陈玉珍撰写第一篇财务管理实习、韦琴撰写第二篇会计实习、李丽青撰写第四篇注册会计师审计实习。

本书在编写过程中，得到了广东商学院领导的大力支持。广东商学院副院长曾小彬教授多次参加了本书的编写会议，并提出了许多宝贵的指导意见；广东商学院经济与管理实验中心主任任晓阳教授、副主任刘良惠教授为本书的编写提出了许多建设性意见。在此一并致以衷心的感谢。

由于作者水平有限，加之我们对校内仿真综合实习从架构、组织和实习内容及流程也还在不断探索之中，本书难免有错漏之处，恳请专家、同行和读者们不吝批评指正，以便我们不断修改和完善。

编　者

2010 年 6 月

目 录

第一篇　财务管理实习

第一章　制造公司财务部门的组织和管理 ············· 3
　　第一节　制造公司财务部门的设立 ················· 3
　　第二节　制定公司财务管理制度 ··················· 4
第二章　筹资管理 ·· 6
　　第一节　资金需要量预测 ··························· 6
　　第二节　编制筹资计划 ······························ 12
　　第三节　银行借款 ··································· 13
　　第四节　融资租赁 ··································· 15
　　第五节　发行债券 ··································· 17
　　第六节　发行股票 ··································· 19
第三章　投资管理 ·· 23
　　第一节　内部投资 ··································· 23
　　第二节　对外投资 ··································· 25
第四章　流动资产管理 ··································· 27
　　第一节　现金管理 ··································· 27
　　第二节　存货管理 ··································· 28
　　第三节　应收账款管理 ······························ 31

第五章　预算管理 ··· 36

第一节　编制业务预算 ·· 36
第二节　编制费用预算 ·· 40
第三节　编制财务预算 ·· 41

第六章　财务分析 ··· 43

第一节　偿债能力分析 ·· 43
第二节　盈利能力分析 ·· 45
第三节　营运能力分析 ·· 47
第四节　综合财务分析 ·· 49

第七章　公司并购中的财务管理 ·· 53

第一节　公司并购的成本效益分析 ·· 53
第二节　目标公司价值评估 ··· 54
第三节　公司并购的财务影响分析 ·· 57

第八章　利润分配 ··· 59

第一节　制定利润分配方案 ··· 59
第二节　利润分配的财务影响分析 ·· 62

第二篇　会计实习

第九章　会计工作组织和管理 ·· 67

第一节　会计岗位设置及分工 ·· 67
第二节　确定会计核算形式 ··· 68
第三节　确定会计政策 ·· 69
第四节　制定会计科目表 ··· 71
第五节　票据管理 ··· 72
第六节　会计档案管理 ·· 74

第十章 生产条件准备业务核算 77

第一节 固定资产投资的核算 77
第二节 购买原材料的核算 80
第三节 固定资产折旧的核算 84
第四节 材料发出的核算 85
第五节 职工薪酬的核算 88

第十一章 生产业务核算 91

第一节 材料费用的归集和分配 91
第二节 人工费用的归集和分配 92
第三节 制造费用的归集和分配 94
第四节 产品成本计算 95

第十二章 市场和销售业务核算 98

第一节 市场开发的核算 98
第二节 产品销售的核算 99
第三节 销售费用的核算 102
第四节 销售成本的结转 103

第十三章 筹资业务核算 105

第一节 银行借款的核算 105
第二节 发行债券的核算 107
第三节 发行股票的核算 109

第十四章 投资业务核算 111

第一节 债权投资的核算 111
第二节 股权投资的核算 115

第十五章 货币资金核算 118

第一节 现金的核算 118
第二节 银行存款的核算 119

第十六章 利润业务核算 ······ 121

第一节 利润形成的核算 ······ 121

第二节 利润分配的核算 ······ 123

第十七章 纳税会计 ······ 126

第一节 增值税纳税申报 ······ 126

第二节 企业所得税纳税申报 ······ 129

第三节 个人所得税纳税申报 ······ 130

第四节 其他税种纳税申报 ······ 132

第五节 出口退税 ······ 134

第十八章 建账、对账与结账 ······ 138

第一节 账簿启用及建账 ······ 138

第二节 对账 ······ 140

第三节 结账 ······ 142

第十九章 编制会计报表 ······ 144

第一节 编制资产负债表 ······ 144

第二节 编制利润表 ······ 145

第三节 编制现金流量表 ······ 146

第三篇 内部审计实习

第二十章 内部审计的组织与管理 ······ 151

第一节 内部审计机构的设置 ······ 151

第二节 制定内部审计制度 ······ 152

第三节 编制年度内部审计计划 ······ 153

第四节 编制年度内部审计报告 ······ 155

第二十一章 项目审计管理 ······ 159

第一节 重大差异或缺陷风险评估 ······ 159

第二节　编制项目审计计划 ·· 161
第三节　编制审计方案 ·· 163
第四节　编制内部审计报告 ·· 165

第二十二章　业务循环财务审计 ·· 171

第一节　生产准备业务审计 ·· 171
第二节　市场开发业务审计 ·· 176
第三节　筹资业务审计 ·· 178
第四节　投资业务审计 ·· 180
第五节　人力资源业务审计 ·· 182
第六节　生产业务审计 ·· 184
第七节　销售业务审计 ·· 187
第八节　货币资金审计 ·· 190

第二十三章　经营管理审计 ·· 192

第一节　风险管理审计 ·· 192
第二节　内部控制审计 ·· 194
第三节　经济性审计 ··· 196
第四节　效果性审计 ··· 198
第五节　效率性审计 ··· 201

第二十四章　其他专题审计 ·· 204

第一节　后续审计 ·· 204
第二节　舞弊审计 ·· 207
第三节　遵循性审计 ··· 209

第四篇　注册会计师审计实习

第二十五章　设立会计师事务所 ·· 215

第一节　会计师事务所的组织形式选择与组织机构设计 ············ 215
第二节　会计师事务所注册登记 ·· 217
第三节　会计师事务所开立银行结算账户 ······························· 218

第四节　制定会计师事务所相关管理制度⋯⋯⋯⋯⋯⋯⋯⋯⋯⋯⋯⋯⋯⋯⋯ 220

第二十六章　承接审计业务⋯⋯⋯⋯⋯⋯⋯⋯⋯⋯⋯⋯⋯⋯⋯⋯⋯⋯⋯⋯⋯ 222
第一节　评价业务承接⋯⋯⋯⋯⋯⋯⋯⋯⋯⋯⋯⋯⋯⋯⋯⋯⋯⋯⋯⋯⋯⋯ 222
第二节　签订审计业务约定书⋯⋯⋯⋯⋯⋯⋯⋯⋯⋯⋯⋯⋯⋯⋯⋯⋯⋯⋯ 227

第二十七章　风险评估与计划审计工作⋯⋯⋯⋯⋯⋯⋯⋯⋯⋯⋯⋯⋯⋯⋯⋯ 233
第一节　执行风险评估⋯⋯⋯⋯⋯⋯⋯⋯⋯⋯⋯⋯⋯⋯⋯⋯⋯⋯⋯⋯⋯⋯ 233
第二节　确定重要性水平⋯⋯⋯⋯⋯⋯⋯⋯⋯⋯⋯⋯⋯⋯⋯⋯⋯⋯⋯⋯⋯ 239
第三节　制定总体审计计划⋯⋯⋯⋯⋯⋯⋯⋯⋯⋯⋯⋯⋯⋯⋯⋯⋯⋯⋯⋯ 242

第二十八章　销售与收款循环审计⋯⋯⋯⋯⋯⋯⋯⋯⋯⋯⋯⋯⋯⋯⋯⋯⋯⋯ 245
第一节　销售与收款循环的控制测试⋯⋯⋯⋯⋯⋯⋯⋯⋯⋯⋯⋯⋯⋯⋯⋯ 245
第二节　主营业务收入的审计⋯⋯⋯⋯⋯⋯⋯⋯⋯⋯⋯⋯⋯⋯⋯⋯⋯⋯⋯ 247
第三节　应收账款的审计⋯⋯⋯⋯⋯⋯⋯⋯⋯⋯⋯⋯⋯⋯⋯⋯⋯⋯⋯⋯⋯ 252
第四节　其他相关项目的审计⋯⋯⋯⋯⋯⋯⋯⋯⋯⋯⋯⋯⋯⋯⋯⋯⋯⋯⋯ 257

第二十九章　采购与付款循环审计⋯⋯⋯⋯⋯⋯⋯⋯⋯⋯⋯⋯⋯⋯⋯⋯⋯⋯ 262
第一节　采购与付款循环的控制测试⋯⋯⋯⋯⋯⋯⋯⋯⋯⋯⋯⋯⋯⋯⋯⋯ 262
第二节　应付账款的审计⋯⋯⋯⋯⋯⋯⋯⋯⋯⋯⋯⋯⋯⋯⋯⋯⋯⋯⋯⋯⋯ 264
第三节　固定资产的审计⋯⋯⋯⋯⋯⋯⋯⋯⋯⋯⋯⋯⋯⋯⋯⋯⋯⋯⋯⋯⋯ 268
第四节　其他相关项目的审计⋯⋯⋯⋯⋯⋯⋯⋯⋯⋯⋯⋯⋯⋯⋯⋯⋯⋯⋯ 273

第三十章　生产与仓储循环审计⋯⋯⋯⋯⋯⋯⋯⋯⋯⋯⋯⋯⋯⋯⋯⋯⋯⋯⋯ 278
第一节　生产与仓储/工薪与人事循环的控制测试⋯⋯⋯⋯⋯⋯⋯⋯⋯⋯ 278
第二节　存货的审计⋯⋯⋯⋯⋯⋯⋯⋯⋯⋯⋯⋯⋯⋯⋯⋯⋯⋯⋯⋯⋯⋯⋯ 280
第三节　应付职工薪酬的审计⋯⋯⋯⋯⋯⋯⋯⋯⋯⋯⋯⋯⋯⋯⋯⋯⋯⋯⋯ 286
第四节　主营业务成本的审计⋯⋯⋯⋯⋯⋯⋯⋯⋯⋯⋯⋯⋯⋯⋯⋯⋯⋯⋯ 288

第三十一章　筹资与投资循环审计⋯⋯⋯⋯⋯⋯⋯⋯⋯⋯⋯⋯⋯⋯⋯⋯⋯⋯ 292
第一节　筹资与投资循环控制测试⋯⋯⋯⋯⋯⋯⋯⋯⋯⋯⋯⋯⋯⋯⋯⋯⋯ 292
第二节　借款相关项目的审计⋯⋯⋯⋯⋯⋯⋯⋯⋯⋯⋯⋯⋯⋯⋯⋯⋯⋯⋯ 294
第三节　所有者权益相关项目的审计⋯⋯⋯⋯⋯⋯⋯⋯⋯⋯⋯⋯⋯⋯⋯⋯ 299
第四节　投资相关项目的审计⋯⋯⋯⋯⋯⋯⋯⋯⋯⋯⋯⋯⋯⋯⋯⋯⋯⋯⋯ 303

第五节　其他相关项目的审计……………………………………… 308

第三十二章　货币资金审计……………………………………………… 313
　　第一节　货币资金的控制测试……………………………………… 313
　　第二节　现金的审计………………………………………………… 315
　　第三节　银行存款的审计…………………………………………… 317

第三十三章　特殊事项的审计…………………………………………… 324
　　第一节　期初余额审计……………………………………………… 324
　　第二节　期后事项审计……………………………………………… 326
　　第三节　或有事项审计……………………………………………… 328
　　第四节　持续经营审计……………………………………………… 331

第三十四章　终结审计与审计报告……………………………………… 335
　　第一节　终结审计…………………………………………………… 335
　　第二节　出具审计报告……………………………………………… 343

第一篇

财务管理实习

第一章 制造公司财务部门的组织和管理

第一节 制造公司财务部门的设立

一、实习内容

建立财务部门，确立财务管理体制；进行岗位设置及业务分工，确定各个岗位的职责范围，分配权力，明确权限。

二、相关知识提示

财务部门是公司的综合性管理部门，科学、合理设置财务管理部门是做好财务管理工作的前提。

公司财务管理体制分为集权式管理和分权式管理。在集权式财务管理体制下，财务决策权绝大部分集中于企业集团财务总部，母公司对子公司实施严格控制和统一管理。在分权式财务管理控制模式下，子公司拥有充分的财务管理决策权，母公司对于其财务管理控制以间接管理为主。

在规模较大的企业中，财务部门与会计部门以分开设置为宜。财务部门内部可以根据业务需要设置融资部、投资部、预算管理部、成本控制部、资金结算部等。

三、实习环境与条件

仿真实习环境中的制造公司是一家生产电子产品的非上市股份有限公司，创立已经7年，并已初具规模。从第8年开始，公司将由新一届管理团队经营管理，并重新搭建公司的组织架构，设立会计部门是重构公司组织架构的内容之一。

四、实习流程

1. 熟悉制造公司的性质、规模、组织形式、治理结构、管理体制、业务范围等；

2. 研读国家有关财务管理方面的法规；
3. 确定公司财务管理体制；
4. 设置财务部门内部岗位；
5. 业务分工，确定各个岗位的职责范围；
6. 编写岗位职责说明书。

五、实习成果与评价

1. 财务部门组织结构图——50%；
2. 财务部门人员分工明细表——20%；
3. 财务部门岗位职责说明书——30%。

六、理论思考

1. 在企业内部，财务部门与会计部门宜合还是宜分？
2. 集权式财务管理和分权式财务管理各有何利弊？

第二节 制定公司财务管理制度

一、实习内容

实习公司财务管理制度和工作制度的制定程序、制定办法；制定生产制造公司组织财务管理所需要的各种财务管理制度和工作制度。

二、相关知识提示

企业财务管理是企业根据资金运用的规律，遵守国家的法规，对企业生产经营过程中资金的形成、使用和分配，进行预测、决策、计划、核算和分析，提高资金运用效果，实现资本保值增值的管理工作。为了加强企业的财务管理，制造企业应建立与企业相适应的财务管理制度，它是公司开展财务工作的基本规范。其主要内容包括：（1）公司筹资与投资管理制度；（2）公司资产管理制度；（3）公司财务收支制度；（4）公司现金管理制度；（5）公司报账制度与流程；（6）公司赊销政策与信用政策；（7）公司预算管理制度；（8）成本控制制度；（9）其他财务管理制度。

三、实习环境与条件

仿真生产制造公司财务部门已组建，财务部内部分工已经完成。在此基础上各个仿真公司应根据国家有关财务管理法规，结合本公司的实际情况，制定适合本单位的财务管理制度。

四、实习流程

1. 明确生产制造公司的性质、组织结构及其岗位职责；
2. 理清生产制造公司的经营业务种类，预计在仿真实习期间可能发生的业务类型尤其是与财务关联的业务类型；
3. 制定生产制造公司财务管理制度大纲目录；
4. 制定各项具体的财务管理制度。

五、实习成果与评价

1. 公司财务管理制度大纲目录——10%；
2. 公司筹资与投资管理制度——10%；
3. 公司资产管理制度——10%；
4. 公司财务收支制度——10%；
5. 公司现金管理制度——10%；
6. 公司报账制度与流程——10%；
7. 公司赊销政策与信用政策——10%；
8. 公司预算管理制度——10%；
9. 成本控制制度——10%；
10. 公司其他财务管理制度——10%。

六、理论思考

1. 如何设计公司财务管理制度体系？
2. 制定财务管理制度应考虑哪些因素？

第二章 筹资管理

第一节 资金需要量预测

一、实习内容

实习运用销售百分比法进行资金需要量预测。

二、相关知识提示

资金需要量预测的方法有:

(一) 定性预测法

定性预测法主要是利用直观的资料,依靠个人的经验和主观分析、判断能力,对未来资金的需要数量做出预测。这种方法一般是在企业缺乏完备、准确的历史资料的情况下采用的。其预测过程是:首先由熟悉财务情况和生产经营情况的专家,根据过去所积累的经验,进行分析判断,提出预测的初步意见;然后,通过召开座谈会或发出各种表格等形式,对上述预测的初步意见进行修正补充。这样经过一次或几次以后,得出预测的最终结果。

(二) 定量预测法

1. 销售百分比法。销售百分比法是根据销售与资产负债表和利润表项目之间的比例关系,预测各项目短期资金需要量的方法。运用销售百分比法预测资金需要量,一般按以下三个步骤进行:

首先,分析资产负债表各个项目与销售收入总额之间的依存关系。

(1) 资产类项目——货币资金、应收账款和存货等流动资产项目,一般都会因销售额的增长而相应地增加。而固定资产是否要增加,则需视基期的固定资产是否已被充分利用。至于长期投资和无形资产等项目,一般不随销售额的增长而增加。

(2) 权益类项目——应付账款、应付票据、应付税金和其他应付款等流动负债项目,通常会因销售的增长而自动增加。至于长期负债和股东权益等项目,则不随销售的增长而增加。

此外，计划期间所提取的折旧准备（应减去计划期用于更新改造的金额）和留存收益两项目，通常可作为计划期内需要追加资金的内部资金来源。

其次，将基期的资产负债表各项目用销售百分比的形式另行编表。

最后，按下列公式计算计划期间预计需要追加的资金数额。

$$计划期间预计需要追加的资金数额 = \left(\frac{A}{S_0} - \frac{L}{S_0}\right)(S_1 - S_0) - Dep_1 - S_1 R_0 (1 - d_1) + M_1$$

式中，

S_0——基期的销售收入总额；

S_1——计划期的销售收总额；

$\dfrac{A}{S_0}$——基期随着销售额增加而自动增加的资产项目占销售额的百分比；

$\dfrac{L}{S_0}$——基期随着销售额增加而自动增加的负债项目占销售额的百分比；

$\left(\dfrac{A}{S_0} - \dfrac{L}{S_0}\right)$——销售额每增加 1 元，所需追加资金的百分比；

Dep_1——计划期提取的折旧减去计划期用于更新改造的金额；

R_0——基期的税后销售利润率；

d_1——计划期的股利发放率；

M_1——计划期的零星资金需要量。

2. 高低点法。这种方法是根据历史上企业资金占用总额与产销量之间的关系，选出业务量的最高点和最低点及相应的资金占用的最高点和最低点，利用以上数学模型，分解出固定资金和变动资金两部分，然后结合预计的销售量来预测资金需要量。

$$Y_{高} = a + bX_{高}$$

$$Y_{低} = a + bX_{低}$$

$$b = \frac{最高资金占用 - 最低资金占用}{最高产销量 - 最低产销量}$$

$$a = Y_{高} - bX_{高}$$

$$Y = a + bX$$

3. 回归分析法。回归分析法是运用最小二乘法原理，用回归直线方程 $y = a + bx$ 求得 a、b 的值，然后预测资金占用量。

$$Y = a + bX$$

式中，

a——不变资金；

b——单位产销量所需变动资金。

其步骤是：

（1）把资料代入下列联立方程：

$$\sum Y_i = na + b\sum X_i$$

$$\sum X_i Y_i = a\sum X_i + b\sum X_i^2$$

解得 a、b 的值。

（2）把 a、b 的值代入 $Y = a + bX$，求得 Y 的值。

三、实习环境与条件

公司以前年度的财务报表及下一年发展计划报告。

四、实习流程

1. 查阅公司上一年财务报表及各项财务预测资料；
2. 查阅公司未来一年的资本支出报告；
3. 运用定量预测方法进行资金需要量的预测。

五、实习成果与评价

公司××年度资金需要量预测报告——100%。

六、案例分析

（一）案例资料

捷讯电子科技股份有限公司资金需要量预测报告

1. 公司基本情况。捷讯电子科技股份有限公司（以下简称"公司"）于第八年1月1日经A区工商行政管理局批准，取得《企业法人营业执照》。

公司注册资本金为人民币3 000万元。目前股东构成及出资比例如下：投资人A投入无形资产600万元，占20%的股权；投资人B投入厂房A，价值310万元，投入资金290万元，占20%的股权；投资人C投入资金300万元，占10%的股份；本公司自行投资1 500万元，占50%的股份。

公司经营范围：公司属于技术含量较高的电子产品生产制造公司，公司主要生产经营 P_1、P_3 电子产品。

（1）财务状况。公司目前财务状况良好，资金比较充足；资产负债率在30%左右，偿债能力较强，未来盈利空间比较大，具有良好的发展前景。

模拟制造公司第七年年末资产规模达到 6 380 万元，其中流动资产 1 425 万元，占资产总额的 22.34%，长期资产 4 955 万元，占资产总额的 77.66%，在长期资产中，固定资产达到 3 820 万元，占资产总额的 59.87%，占长期资产的 77.09%；第七年年末，制造公司负债总额为 2 330 万元，资产负债率为 36.52%，在同行业中处于较低水平，其中流动负债 910 万元，占负债总额的 39.06%，长期负债 1 420 万元，占负债总额的 60.94%；第七年年末所有者权益达到 4 050 万元，占资产总额的 63.48%。公司的资产负债率较低，给新一届的管理层很大的借贷空间，用以发展生产。初步统计，可以与银行合作的信用贷款在 1 800 万左右，而抵押贷款可以到 3 500 万左右。有了良好的财务力量支持，公司的发展前景可以预见。

（2）生产状况。公司目前已经拥有 P_1 产品的生产许可证，可以直接生产并销售。拥有的固定资产包括办公大楼、厂房、4 条生产线、动力设备、仓库、运输设备等（见表 2-1），基本能够满足目前生产 P_1 产品的要求。

表 2-1　　　　　　　　第七年自有生产相关的固定资产

固定资产名称	原值（万元）	残值（万元）	使用年限（年）	已用年限（年）	已提折旧（万元）	备注
A 厂房	310	10	20	2	30	自有 1 间
手工生产线	205	5	5	2	80	自有 2 条
半机械生产线	410	10	5	4	280	自有 1 条
半机械生产线	410	10	5	0	0	自有 1 条
动力设备	220	20	10	2	40	自有 1 套

（3）市场状况。公司已经积累了一定的创业经验，P_1 产品在本地市场上已经被消费者认可，市场份额较大，市场占有率达到 25% 以上，未来主营业务收入可能将持续增长，第七年实现产品销售收入 1 500 万元，比上年增产 20%。

2. 公司经营前景分析。企业运作仿真虚拟的是电子制造企业，属于技术含量较高的电子产品生产制造公司。生产制造所在的电子行业，是一个从生产技术水平相对较低向研发生产高技术含量产品发展的行业，这意味管理层必须创新，由此得知，新一届管理层接手后的任务将是把公司的产品技术含量水平提升到更高的层次。

从基础数据得知，P_1 产品的市场从第七年来逐步萎缩，原因是市场份额被其他区域生产制造企业渗透蚕食，另外 P_1 技术含量较低，已经被市场所淘汰，从财务成本账面反映，P_1 成本大，利润低，所以新公司必须研发技术含量较高、利润较好的 P_2、P_3、P_4 产品，从生产部门、财务部门和市场部门协调开始工作，必须落实到具体工作预算上，否则将失去市场地位。

3. 捷讯电子科技股份有限公司第八年计划。

(1) 第八年厂房、生产设备投资、租赁计划。由于公司暂时没有借到贷款，而且前期资金用于开发国内市场、ISO9001认证和P_3的研发，所以公司正面临资金不足的困难，故没有考虑自建任何固定资产，所有生产所需的厂房、设备都向租赁公司租赁。其次，由于研发P_3开始时间为3月，故P_3最快也要在9月才能投产，而国内市场要在7月才能进入，故现有的4条生产线的产能已经超出了预计的市场需求。以前半年主攻P_1市场，第三季度为P_3做准备，9月份开始投产P_3，公司的生产设备投资决策如下：

①鉴于第八年公司的目标只能停留在P_1市场，4条生产线上的产能过剩，公司决定将一条手工生产线出售，以便在降低库存压力的同时能够获取一定的回报，并为其他更高级的生产线腾出一个安装空间。

②鉴于P_3于3月份开发，计划于9月份研发成功，公司必须在4月份租赁B厂房，并同时租赁两条全自动生产线（80万/季）和一条全自动装备线（80万/季），安装周期3个月，安装期间不交租金。

③在6月份购买一套动力设备，安装周期2个月，预计在8月为新租赁的生产线提供动力。

(2) 第八年产品开发、产品市场开发与客户维护计划。公司目前已经成功研发了P_1产品并投入了本地市场，但P_1的市场前景不好。与P_2相比，公司更看好P_3产品的市场前景，因此本公司决定本年三月份起开始开发P_3产品，并申请ISO9001和ISO14000认证，辅助产品上市。据预计，P_3产品在今年9月份即可推向本地市场以及国内市场。费用如表2-2~表2-4所示。

表2-2　　　　　　　　　　新产品研发投入标准

项　目	P_2产品	P_3产品	P_4产品	备　注
时间（月）	3	6	8	可以间断
资金（万元）/月	15	20	20	可以间断
资金总投入（万元）	45	120	160	可以间断

表2-3　　　　　　　　　　ISO认证投入标准

认证类型	所需时间（月）	投入资金（万元）/月	总投入（万元）
ISO9001	6	5	30
ISO9002	8	5	40
ISO14000	6	5	30

表 2-4　　　　　　　　　　客户开发与维护费标准表

指　标	计量单位	本地市场	国内市场	国际市场
客户开发费	万元/家	5	10	20
客户维护费	万元/家	2	5	10

目前公司已经开发了本地市场,且在本地市场有 3 家客户。为了与 P_3 产品的开发同步,公司决定今年开发国内市场,以取得更好的销路。

4. 资金需要量预测。结合公司第七年的资金运用情况以及公司第八年的经营计划,对公司第八年的资金需要量进行预测,现将预测情况报告如下:

(1) 试算数据。

①基期(第七年)资产总额 6 380 万元;

②预测期的产品销售收入增长率 20%;

③与销售有关的资产 1 250 万元;

④与销售有关的负债 300 万元;

⑤预测期新增的零星开支 400 万元。

与销售有关的资产负债表如表 2-5 所示。

表 2-5　　　　　　　　　　与销售有关的资产负债表

与销售有关的资产(万元)		与销售有关的负债(万元)	
货币资金	552.7	应付账款	200
应收账款	230	应付票据	0
应收票据	180	未交税金	100
存　货	287.3		
合　计	1 250	合　计	300

(2) 对第八年资金需要量的试算。

第八年资金需要量 = 6 380 + 20% × (1 250 - 300) + 400

　　　　　　　　 = 6 380 + 190 + 400

　　　　　　　　 = 6 970(万元)

第八年资金需要净增加额 = 6 970 - 6 380 = 590(万元)

第八年资金需要量增长率 = 9.25%

按以上数据计算,第八年公司的资金需要量为 6 970 万元,比上年的 6 380 万元净增 590 万元,增长 9.25%。

(资料来源:广东商学院校内仿真实习)

（二）案例点评

该公司能够根据预测期的产品销售收入增长率运用销售百分比法进行资金需要量的预测，基本原理清晰。但该预测报告只估计出营运资金的净增加额，没有包含固定资金的需求，不全面。

七、理论思考

1. 运用销售百分比法预测资金需要量的基本依据是什么？
2. 在各种预测方法中，你认为哪种预测方法最接近实际？

第二节　编制筹资计划

一、实习内容

实习制造公司筹资计划的制定。

二、相关知识提示

企业筹资，是指企业作为筹资主体根据其生产经营、对外投资和调整资本结构等需要，通过筹资渠道和金融市场，运用筹资方式，经济有效地筹措和集中资本的活动。筹资是企业经营活动的前提，是企业再生产顺利进行的保证，筹资是投资的基础与前提。

企业的筹资渠道有如下七种：政府财政资本、银行信贷资本、非银行金融机构资本、其他法人资本、民间资本、企业内部资本、国外和我国港澳台资本。

企业筹资方式是指企业筹集资本所采取的具体形式和工具，体现着资本的属性和期限。筹资方式取决于企业资本的组织形式和金融工具的开发利用程度。企业筹资方式一般有下列七种：投入资本筹资、发行股票筹资、发行债券筹资、发行商业本票筹资、银行借款筹资、商业信用筹资、租赁筹资。

企业的筹资方式与筹资渠道有着密切的关系。一定的筹资方式可能只适用于某一特定的筹资渠道；但同一筹资渠道的资本往往可以采取不同的筹资方式获得，而同一筹资方式又往往可以适用于不同的筹资渠道。因此，企业在筹资时，必须实现两者的合理配合。

三、实习环境与条件

仿真实习制造公司的筹资渠道有银行信贷资金、非银行金融机构资金、其他公司资金、公司自有资金和社会公众资金等；筹资方式有吸收直接投资、银行借款、商业信用、租赁筹资、发行债券、发行股票等。

四、实习流程

1. 确定企业筹资数额；
2. 确定企业筹资渠道；
3. 确定企业筹资方式；
4. 编制年度筹资计划。

五、实习成果与评价

制造公司年度筹资计划——100%。

六、理论思考

1. 企业筹资的渠道和方式有哪些？
2. 企业筹资数量的预测方法主要有哪些？

第三节　银　行　借　款

一、实习内容

实习银行借款业务，对贷款银行进行选择，签订借款合同并取得借款。

二、相关知识提示

银行借款是企业主流筹资方式，是指企业向银行等金融机构借入各种借款，包括长期银行借款与短期银行借款。

向银行贷款的一般程序如下：

1. 借款申请。向金融机构提交《借款申请书》，同时提交借款人、保证人相关情况资料、财务报告、项目可行性报告、抵押物的有关证明文件等。

2. 银行调查和审批。贷款人受理借款人申请后，应当对借款人的信用等级以及借款的合法性、安全性、盈利性等情况进行调查，核实抵押物、质物、保证人情况，测定贷款的风险度。调查后由银行进行审批。

3. 签订借款合同。借款合同应当约定借款种类、借款用途、金额、利率、借款期限、还款方式，借、贷双方的权利、义务，违约责任和双方认为需要约定的其他事项。

4. 取得借款。银行按照合同规定发放贷款，企业从银行取得资金。

5. 归还本息。企业根据借款合同规定归还借款本息。

三、实习环境与条件

虚拟银行目前只提供公司贷款，暂不办理个人贷款业务。公司贷款分为流动资金贷款和固定资产贷款两大类（见表2-6），必须按照贷款单位申请贷款的资金用途使用贷款。

表2-6　　　　　　　　　公司贷款种类、期限与利率表

种类与期限	流动资金贷款	固定资产贷款			
		2年	3年	4年	5年
基本年利率（%）	4.5	4	4.5	5	6

银行可以根据资金供求关系和宏观经济环境的变化，适当调整贷款利率，在基本贷款利率的基础上，上下浮动1%~3%。如果每季度流动资金贷款额累计超过2 000万元，固定资产贷款额累计超过5 000万元，贷款利率将上浮；每季度流动资金贷款额累计不足500万元，固定资产贷款累计不足800万元，贷款利率将下调。浮动幅度在1%以内，具体由银行根据资金供求关系决定，但必须公告。

银行每年的放贷总额将随着宏观经济环境、本地区经济发展水平、增长速度及资金需求总量等的变化而调整。

银行办理贷款业务，不收取手续费，但需要根据贷款合同约定的贷款期限和利率收取贷款利息。

流动资金贷款按季收取利息；固定资产贷款按合同约定时间收取利息。

贷款额度限制与资产负债率和信用等级有关，如表2-7、表2-8所示。

表2-7　　　　　　　　　　贷款额度限制表

资产负债率（%）	40以下	40~50	50~60	60~70	70~80	80以上
贷款额度（万元）	3 000	2 500	2 000	1 000	800	0~500

注：①虚拟银行提供贷款的项目，需要贷款单位提供可行性论证报告，并由银行审查；

②贷款单位不能提供贷款项目可行性论证报告或者报告未审查通过，需要执行抵（质）押贷款，由贷款单位提交经工商行政管理部门审核的抵（质）押物清单，虚拟银行根据抵（质）押物账面净值的70%~80%提供抵（质）押贷款（必要时需要会计师事务所出具资产评估报告，银行根据资产评估价值的70%~80%提供贷款）；

③虚拟银行给生产制造公司的具体贷款额度除了考虑资产负债率指标、项目可行性之外，还要考虑其资信情况。

表 2-8　　　　　　信用等级与年度贷款额度可能范围表

信用等级	AAA	BBB	CCC
贷款百分比（%）	90~100	70~90	50 以下

四、实习流程

1. 确定公司借款数额；
2. 公司向银行提出借款申请；
3. 与银行签订借款合同；
4. 企业取得借款；
5. 归还借款本息。

五、实习成果与评价

借款合同——100%。

六、理论思考

1. 企业如何选择适应自身特点的贷款银行？
2. 如若能够顺利获取贷款，企业需要做哪些方面的准备？

第四节　融资租赁

一、实习内容

实习融资租赁业务，向租赁公司租入生产经营所需的厂房、仓库及设备。

二、相关知识提示

（一）租赁的种类和程序

租赁是出租人以收取租金为条件，在契约或合同规定的期限内，将资产租借给承租人使用的一种经济行为。租赁行为在实质上具有借贷属性，不过它直接涉及的是物而不是钱。在租赁业务中，出租人主要是各种专业租赁公司，承租人主要是其他各类企业，租赁物大多为设备等固定资产。

现代租赁已经成为企业筹集资金的一种方式，用于补充或部分替代其他租赁方式。在租赁业务发达的条件下，它为企业所普遍采用，它是企业租赁的一种特殊方式。现代租赁的种类很多，通常按性质分为营运租赁和融资租赁两大类。

融资租赁的程序一般为：（1）选择租赁公司；（2）办理租赁委托；（3）签订购货协议；（4）签订租赁合同；（5）办理验货与保险；（6）支付租金；（7）合同期满处理设备。

（二）租金的确定

1. 决定租金的因素：租赁设备的购置成本；预计租赁设备的残值；利息；租赁手续费；租赁期限；租金的支付方式。

2. 确定租金的方法：租金的计算方法很多，名称叫法也不统一。目前，国际上流行的租金计算方法主要有平均分摊法、等额年金法、附加率法、浮动利率法。我国融资租赁实务中，大多采用平均分摊法和等额年金法。

三、实习环境与条件

模拟市场已成立外部租赁公司，并对企业开展租赁业务。租赁范围主要包括生产设备、厂房和仓库等。

四、实习流程

1. 根据公司生产需要，确定租赁设备数量，编制租赁计划；
2. 选择租赁公司；
3. 办理租赁委托；
4. 签订购货协议；
5. 签订租赁合同；
6. 办理验货与保险；
7. 编制融资租赁租金计算表；
8. 支付租金。

五、实习成果与评价

1. 租赁计划——40%；
2. 租赁合同——20%；
3. 融资租赁租金计算表——40%。

六、理论思考

1. 决定融资租赁租金的因素有哪些？
2. 确定租金的方法有哪些？

第五节　发 行 债 券

一、实习内容

实习债券发行业务。

二、相关知识提示

（一）债券概述

债券是债务人为筹集借入资本而发行的，约定在一定期限内向债权人还本付息的有价证券。发行债券是企业筹集借入资本的重要方式。我国非公司企业发行的债券称为企业债券。按照我国《公司法》和国际惯例，股份有限公司和有限责任公司发行的债券称为公司债券，习惯上又称公司债。

（二）债券的发行资格和条件

根据我国《公司法》的规定，股份有限公司、国有独资公司和两个以上的国有企业或者其他两个以上的国有投资主体投资设立的有限责任公司，具有发行公司债券的资格。

《公司法》同时规定，发行公司债券必须符合下列条件：

1. 股份有限公司的净资产额不低于人民币3 000万元，有限责任公司的净资产额不低于人民币6 000万元；
2. 累计债券总额不超过公司净资产的40%；
3. 最近3年平均可分配利润足以支付公司债券1年的利息；
4. 筹集的资金投向符合国家产业政策；
5. 债券的利率不得超过国务院限定的利率水平；
6. 国务院规定的其他条件。

此外，发行公司债券所筹集资金，必须按审批机关批准的用途使用，不得用于弥补亏损和非生产性支出。

（三）债券的发行程序

（1）做出发行债券决议；（2）提出发行债券申请；（3）公告债券募集办法；（4）委托证券机构发售；（5）交付债券，收缴债券款，登记债券存根簿。

（四）债券发行价格的确定

公司债券发行价格的高低，主要取决于下述四项因素：

1. 债券面额。一般而言，债券面额越大，发行价格越高。
2. 票面利率。一般而言，债券的票面利率越高，发行价格也越高；反之，就越低。

3. 市场利率。一般来说，债券的市场利率越高，债券的发行价格越低；反之，就越高。

4. 债券期限。债券的期限越长，债权人的风险越大，要求的利息报酬就越高，债券的发行价格就可能较低；反之，可能较高。

债券发行价格＝面值的现值＋利息的现值

三、实习环境与条件

虚拟银行可以为满足债券发行条件的生产制造公司代理发行债券。发行债券的公司只能是仿真市场中的生产制造公司，其他公司不得发行债券。

（一）发行债券的条件

仿真企业发行债券，除了按《公司法》要求的条件以外，还应符合以下条件：

1. 申请发行债券上一年的公司财务报告已经委托仿真环境中注册会计师事务所审计并出具无保留意见；

2. 连续3年盈利，且上年公司经营成果在本行业中排名为前四名；

3. 发行公司债券筹集的资金，必须用于审批机关批准的用途（只能用于P_3、P_4产品的研发和生产），不得用于弥补亏损和非生产性支出。

（二）发行公司债券其他规定

1. 公司债券发行章程必须载明是否达到债券发行条件、发行总额、利率、期限、还本付息方式、募集资金的用途等；

2. 仿真市场发行公司债券的期限为1～3年，本次债券发行总额中，1年期债券不低于40%；

3. 发行公司债券面向整个仿真市场，包括仿真企业（制造商、供应商、客户、第三方物流公司、综合信息中心、租赁公司等）和仿真实习环境中的虚拟社会公众。虚拟社会公众最多能够购买本次发行总额的60%。

4. 仿真实习环境虚拟社会公众的实际认购公司债券的能力，取决于仿真公司的实际认购比例。即：社会公众认购比例＝60%×仿真公司实际认购比例。

5. 公司债券的发行费为5‰，银行代销手续费3‰，每项最低收取10 000元。

四、实习流程

1. 公司董事会做出发行债券决议；

2. 公司财务部提交发行债券申请书；

3. 公司在各大媒体发布债券募集公告；

4. 委托证券机构发售；
5. 交付债券、收缴债券款、登记债券存根簿。

五、实习成果与评价

1. 公司发行债券决议书——20%；
2. 公司发行债券申请书——20%；
3. 债券募集公告——20%；
4. 委托证券机构发售委托书——20%；
5. 债券存根登记簿——20%。

六、理论思考

1. 企业发行债券有哪些条件限制？
2. 发行债券需要经过哪些程序？
3. 如何确定最合理的债券发行价格？

第六节 发行股票

一、实习内容

实习发行股票业务。

二、相关知识提示

股票是股份公司为筹集自有资金而发行的有价证券，是投资人投资入股以及取得股利的凭证，它代表了股东对股份制公司的所有权。

（一）股票的分类

1. 按股东权利和义务分类，可以分为普通股票和优先股票。普通股票简称普通股，是股份公司依法发行的具有管理权、股利不固定的股票，是股份公司资本的最基本部分。优先股票简称优先股，是股份公司依法发行的具有一定优先权的股票。

2. 按股票票面是否记名分类，分为记名股票与无记名股票。记名股票是在股票上载有股东姓名或名称并将其记入公司股东名册的一种股票。记名股票的转让、继承都要办理过户手续。无记名股票是指在股票上不记载股东姓名或名称的股票。无记名股票的转让、继承无需办理过户手续，只要将股票交给受让人，就可发生转让效力，移交股权。

3. 按股票票面有无金额分类，分为面值股票和无面值股票。面值股票是指在股票的票面上记载每股金额的股票。无面值股票是指股票票面不记载每股金额的股票，仅表示每一股在公司全部股票中所占有的比例。

4. 按发行对象和上市地区分类，分为A股、B股、H股和N股等。A股是以人民币标明票面金额并以人民币认购和交易的股票。B股是以人民币标明票面金额，以外币认购和交易的股票。H股为在香港上市的股票，N股是在纽约上市的股票。

（二）普通股股东的权利

1. 公司管理权。普通股股东的管理权主要体现为在董事会选举中有选举权和被选举权。通过选出的董事会代表所有股东对企业进行控制和管理。

2. 分享盈余权。分享盈余也是普通股股东的一项基本权利。盈余的分配方案由股东大会决定。

3. 出售或转让股份权。股东有权出售或转让股票，这也是普通股股东的一项基本权利。

4. 优先认股权。当公司增发普通股票时，原有股东有权按持有公司股票的比例，优先认购新股票。

5. 剩余财产要求权。当公司解散、清算时，普通股股东对剩余财产有要求权。

（三）股票的发行

股份公司公开委托发行股票的基本程序如下：

1. 发行前的咨询及准备工作。

2. 提出募集股份申请。发起人向社会公开募集股份时，必须向国务院证券主管部门递交募股申请。

3. 委托中介机构承销股票。

4. 公告招股说明书，制作认股书，签订承销协议。载明发起人认购的股份数、每股的票面金额、发行价格、无记名股票的发行总数、认股人的权利义务、本次募股的起止期限、逾期未募足时认股人可撤回所认股份的说明等事项。

发起人向社会公开发行股票，应当由依法设立的证券承销机构承销，并签订承销协议。

5. 招认股份，缴纳股款。

（四）股票上市

股票上市指股份有限公司公开发行的股票经批准在证券交易所进行挂牌交易。经批准在交易所上市交易的股票称为上市股票。我国《公司法》规定，股东转让其股份，即股票流通必须在依法设立的证券交易所进行。股票上市需具备一定的条件。

公司公开发行的股票进入证券交易所交易必须受严格的条件限制。我国

《公司法》规定，股份有限公司申请股票上市，必须符合下列条件：

1. 股票经国务院证券管理部门批准已向社会公开发行，不允许公司在设立时直接申请上市。

2. 公司股本总额不少于人民币5 000万元。

3. 开业时间在3年以上，最近3年连续盈利；属国有企业依法改建而设立股份有限公司的，或者在《公司法》实施后新组建成立、其主要发起人为国有大中型企业的股份有限公司，可连续计算。

4. 持有股票面值人民币1 000元以上的股东不少于1 000人，向社会公开发行的股份达股份总数的25%以上；公司股本总额超过人民币4亿元的，其向社会公开发行股份的比例为15%以上。

5. 公司在最近3年内无重大违法行为，财务会计报告无虚假记载。

6. 国务院规定的其他条件。

具备上述条件的股份有限公司经申请，由国务院或国务院授权的证券管理部门批准，其股票方可上市。股票上市公司必须公告其上市报告，并将其申请文件存放在指定的地点供公众查阅。股票上市公司还必须定期公布其财务状况和经营情况，每年定期公布财务会计报告。

三、实验环境与条件

1. 生产制造公司可通过发行股票的方式来筹集资金。仿真制造公司发行股票的资格条件有：

（1）仿真制造公司应当是依法设立且合法存续的股份有限公司。

（2）仿真制造公司的生产经营符合法律、行政法规和公司章程的规定，符合国家产业政策。

（3）仿真制造公司最近1年内主营业务和董事、高级管理人员没有发生重大变化，实际控制人没有发生变更。

（4）仿真制造公司的股权清晰，控股股东和受控股股东、实际控制人支配的股东持有的仿真制造公司股份不存在重大权属纠纷。

2. 仿真制造公司财务会计方面应当符合下列条件，才能发行股票：

（1）最近1个会计年度净利润均为正数，净利润以扣除非经常性损益前后较低者为计算依据；

（2）最近1个会计年度经营活动产生的经营性现金流量净额均为正数；

（3）发行前股本总额不少于人民币3 000万元；

（4）最近一期末无形资产占净资产的比例不高于20%；

（5）最近一期末不存在未弥补亏损。

3. 募集资金数额和投资项目应当与仿真制造公司现有生产经营规模、财务状况、技术水平和管理能力等相适应；应当符合国家产业政策、投资管理、环境保护、土地管理以及其他法律、法规和规章的规定。

4. 仿真制造公司增发股票的一般条件是指仿真制造公司已经完成IPO，采用不同增发股票方式应当具备的条件有：

（1）组织机构健全，运行良好。仿真制造公司内部控制制度健全，能够有效保证仿真制造公司运行的效率；仿真制造公司与控股股东的财务分开，能够自主经营管理。

（2）盈利能力具有可持续性。仿真制造公司最近1个会计年度连续盈利。业务和盈利来源相对稳定，不存在严重依赖于控股股东的情形。

（3）财务状况良好。仿真制造公司最近一年财务报表未被注册会计师出具保留意见、否定意见或无法表示意见的审计报告；经营成果真实，现金流量正常，不存在操纵经营业绩的情形。

（4）财务会计文件无虚假记载。

（5）募集资金的数额和使用符合规定。

（6）仿真制造公司不存在各种违法行为。

5. 仿真制造公司还可以向原股东配股。配股要符合增发股票的条件，以及公司配股的特别条件。

四、实验流程

1. 公司董事会做出发行股票决议。
2. 公司财务部提交发行股票申请书，由虚拟政府主管部门审核、批准。
3. 公司在各大媒体发布股票募集公告。
4. 委托证券机构发售。

五、实验成果与评价

1. 公司发行股票决议书——25%；
2. 公司发行股票申请书——25%；
3. 股票筹集公告——25%；
4. 委托证券机构发售委托书——25%。

六、理论思考

1. 企业发行股票有哪些条件限制？
2. 股票筹资与债券筹资对企业有什么不同的影响？

第三章 投资管理

第一节 内部投资

一、实习内容

实习制造公司制定固定资产投资方案。

二、相关知识提示

企业把资金投放到企业内部生产经营所需的固定资产上，称为内部固定资产投资。固定资产投资具有相当大的风险，一旦决策失误，就会严重影响企业的财务状况和现金流量，甚至会使企业走向破产。

固定资产投资决策评价需要运用的指标，包括非折现评价指标和折现评价指标两类：

（一）非折现评价指标

1. 投资回收期。投资回收期是指回收投资项目投资总额所需要的时间。其计算公式为：

预计回收期 = 原始投资额/各年 NCF

如果预计的投资回收期比要求的投资后回收期短，则投资项目可行。

2. 平均投资报酬率。平均投资报酬率是指投资项目年均净利与原始投资额之比。其计算公式为：

平均投资报酬率 = 年均净利/原始投资额 × 100%

如果平均投资报酬率比要求的投资报酬率高，则投资项目可行。

（二）贴现评价指标

1. 净现值。净现值是指在项目计算期内，按行业基准折现率或其他设定折现率计算的各年净现金流量的代数和。其计算公式为：

$$NPV = \sum_{t=1}^{n} \frac{NCF_t}{(1+k)^t} - C$$

式中，

NPV——净现值；

NCF_t——第 t 期现金流量；

K——折现率；

C——原始投资额。

当净现值大于或等于 0 时，投资项目可行。

2. 现值指数。现值指数是指投产后按行业基准折现率或设定折现率折算的各年净现金流量的现值合计与原始投资的现值合计之比。其计算公式为：

现值指数 = 投产后各年净现金流量的现值合计/原始投资的现值合计

现值指数大于或等于 1 时，投资项目可行。

3. 内含报酬率。内含报酬率是指项目投资实际可望达到的报酬率，即能使投资项目的净现值等于零的折现率。如果内含报酬率大于或等于期望的投资报酬率，则投资项目可行。

三、实习环境与条件

仿真实习制造公司的固定资产投资，包括生产线、装配线投资、厂房投资和仓库投资等。固定资产可以一次性付款购买或分期付款购买，也可以自行建造，还可以租入使用。

四、实习流程

1. 提出投资项目；
2. 投资项目的可行性分析（包括预测投资额、预测收入和各种费用、计算现金流量、计算决策指标等）；
3. 投资项目决策（由相关人员做出接受或不接受的决定）；
4. 投资项目的执行（筹措资金，购买或建造固定资产）；
5. 投资项目再评价（在投资项目执行过程中，对原决策是否合理进行评价）。

五、实习成果与评价

固定资产投资可行性分析报告——100%。

六、理论思考

1. 为什么投资决策中使用现金流量指标而不使用利润指标？
2. 分析各种投资决策指标的利弊。

第二节 对外投资

一、实习内容

实习公司对外投资业务。

二、相关知识提示

(一) 对外投资及其种类

企业对外投资是指企业向其他单位进行投资，以期望在未来获取收益的一种行为。对外投资一般分为股权投资和债权投资。股权投资是指向被投资企业投入一定的资金，以获得其一定股权的行为。企业股权投资形成被投资企业的资本金，而投资企业则拥有被投资企业的股权。如购买上市公司的股票、兼并投资、联营投资。债权投资是指向被投资企业投入一定的资金，以获得其一定债权的行为。债权投资是指形成被投资单位的负债，而投资企业是被投资单位的债权人，包括购买各种债券和租赁投资。债权投资与对外股权投资相比，具有投资权利小、风险小等特点。

(二) 对外投资的决策程序

对外投资必须按照科学的程序进行分析论证，以免因决策的失误而造成重大的经济损失。对外直接投资的决策一般可按照以下程序进行：

1. 投资方案的提出。企业必须首先明确投资的目的，然后才能以此为依据提出投资方案。

2. 对投资方案进行分析、评价，选出最优投资方案。对外投资应该由专家小组拟订多种投资方案，然后，对拟订的几种投资方案进行比较分析，从中选出最优方案。

3. 拟订投资方案，选择合理的出资方式和时间。投资方案是企业进行投资活动的具体依据，它详细地规定了投资预算总额、出资方式、出资时间、投资的进度和期限等。

三、实习环境与条件

仿真生产制造公司的对外投资主要是债券投资。债券投资的种类、期限、利率等信息可以参考债券代售机构即银行公布的相关信息。银行每年限量代售国库券、金融债券和公司债券等，需要购买的公司可以向银行提出申请。

四、实习流程

1. 提出投资方案;
2. 对投资方案进行分析、评价,选出最优投资方案;
3. 拟订投资方案,选择合理的出资方式和时间;
4. 组织实施对外投资方案。

五、实习成果与评价

制造公司对外投资方案——100%。

六、理论思考

1. 对外投资应考虑的因素有哪些?
2. 对外投资的决策程序?

第四章 流动资产管理

第一节 现金管理

一、实习内容

实习现金的管理，确定现金最佳持有量，对现金进行日常管理。

二、相关知识提示

现金是企业的血液，企业持有现金，主要是为满足其交易性、预防性、投机性的需要。现金不足会导致企业流动性不足，无法偿还到期债务，现金过多则会造成其收益性不足，导致企业最终收益的下降。现金管理的目标就是要在资产的流动性和收益性之间做出选择以获取最大的长期利润。因此，企业需要确定最佳现金持有量，对现金余额进行控制，同时，还要加强现金收支日常管理。

最佳现金持有量的确定，主要是借鉴最优存货批量模型。其具体模型如下：

$$TC = \frac{C}{2} \cdot k + \frac{T}{C} \cdot F$$

式中，

TC——持有现金的总成本；

T——在相关的计划周期（如1年）内交易的现金总需求量；

C——现金余额；

K——持有现金的机会成本（即有价证券的利率）；

F——每一次的转换成本。

最佳现金余额为：

$$C^* = \sqrt{\frac{2TF}{k}}$$

三、实习流程

1. 制定现金收支预算；

2. 建立最佳现金持有量模型；

3. 确定最佳现金持有量，对现金余额进行控制；

4. 制定现金日常收支管理制度，控制现金日常收支。

四、实习成果与评价

1. 提交现金收支预算。

2. 提交现金日常收支管理制度。

五、理论思考

1. 企业持有现金的动机是什么？

2. 如何确定最佳现金余额？

第二节 存货管理

一、实习内容

实习存货管理，确定存货经济批量，对存货进行日常控制。

二、相关知识提示

（一）存货经济批量的确定

存货的经济批量模型为：

$Q^* = \sqrt{2AF/C}$

式中，

Q^*——存货经济批量；

A——年需用量；

F——每批订货成本；

C——单位储存成本。

（二）存货的日常控制

存货的日常控制包括：

1. 存货储存期控制。储存期控制是运用本量利分析的原理确定存货的保本保利期。

2. ABC 管理法。ABC 分类管理就是按照一定的标准，将企业的存货划分为 A、B、C 三类，分别实行分品种重点管理、分类别一般控制和按总额灵活掌握的存货管理方法。

3. 零存货与适时管理。零存货要求企业的生产经营需要与材料物资的供应之间实现同步，即体现出即时性，使物资转送与作业加工处于同一节拍。

三、实习环境与条件

仿真实习制造公司每次采购成本（包括差旅费、谈判及合同处理费用等）为 5 000 元；原材料单位存货的日储存费用为 0.08 元，月储存费用为 2 元。

原材料批量价格折扣如表 4-1 所示。

表 4-1　　　　　　　　　　原材料批量价格折扣表

原材料	M_1	M_2	M_{31}	M_{32}	M_{41}	M_{42}
折扣批量 1	4 000	2 000	5 000	10 000	5 000	10 000
折扣率	2%	2%	2%	2%	2%	2%
折扣批量 2	10 000	5 000	15 000	30 000	15 000	30 000
折扣率	5%	5%	5%	5%	5%	5%

四、实习流程

1. 确定全年各种存货需要量；
2. 确定各种存货经济批量；
3. 按 ABC 法对存货进行分类管理；
4. 对存货进行其他方面的日常管理。

五、实习成果与评价

1. 存货经济批量方案——50%；
2. 存货控制方案——50%。

六、案例分析

（一）案例资料

美的虽多年名列空调产业的"三甲"之位，但是不无一朝城门失守之忧。自 2000 年来，在降低市场费用、裁员、压低采购价格等方面，美的频繁变招，其路数始终围绕着成本与效率。在广东地区已经悄悄为终端经销商安装进销存软件，即实现"供应商管理库存"（以下简称 VMI）和"管理经销商库存"中的一个步骤。

对于美的来说，其较为稳定的供应商共有 300 多家，其零配件（出口、内销产品）加起来一共有 3 万多种。从 2002 年中期，利用信息系统，美的集团在全国范围内实现了产销信息的共享。有了信息平台做保障，美的原有的 100 多个仓库精简为 8 个区域仓，在 8 小时内可以运到的地方，全靠配送。这样一来美的集团流通环节的成本降低了 15%~20%。运输距离长（运货时间 3~5 天）的外地供应商，一般都会在美的的仓库里租赁一个片区（仓库所有权归美的），并把其零配件放到片区里面储备。

在美的需要用到这些零配件的时候，它就会通知供应商，然后再进行资金划拨、取货等工作。这时，零配件的产权，才由供应商转移到美的手上——而在此之前，所有的库存成本都由供应商承担。此外，美的在 ERP（企业资源管理）基础上与供应商建立了直接的交货平台。供应商在自己的办公地点，通过互联网（WEB）的方式就可登录到美的公司的页面上，看到美的的订单内容；品种、型号、数量和交货时间等等，然后由供应商确认信息，这样一张采购订单就已经合法化了。

实施 VMI 后，供应商不需要像以前一样疲于应付美的的订单，而只需做一些适当的库存即可。供应商则不用备很多货，一般有能满足 3 天的需求即可。美的零部件库存周转率，在 2002 年上升到 70~80 次/年。其零部件库存也由原来平均的 5~7 天存货水平，大幅降低为 3 天左右，而且这 3 天的库存也是由供应商管理并承担相应成本。

库存周转率提高后，一系列相关的财务"风向标"也随之"由阴转晴"，让美的"欣喜不已"；资金占用降低、资金利用率提高、资金风险下降、库存成本直线下降。

在业务链后端的供应体系进行优化的同时，美的也正在加紧对前端销售体系的管理进行渗透。在经销商管理环节上，美的利用销售管理系统可以统计到经销商的销售信息（分公司、代理商、型号、数量、日期等），而近年来则公开了与经销商的部分电子化往来，以前半年一次的手工性的繁杂对账，现在则进行业务往来的实时对账和审核。

在前端销售环节，美的作为经销商的供应商，为经销商管理库存。这样的结果是，经销商不用备货了，"即使备也是五台十台这种概念"。经销商缺货，美的立刻就会自动送过去，而不需经销商提醒。经销商的库存"实际是美的自己的库存"。这种存货管理上的前移，美的可以有效地削减和精准地控制销售渠道上昂贵的存货，而不是任其堵塞在渠道中，让其占用经销商的大量资金。

2002 年，美的以空调为核心对整条供应链资源进行整合，更多的优秀供应商被纳入美的空调的供应体系，美的空调供应体系的整体素质有所提升。依照企业经营战略和重心的转变，为满足制造模式"柔性"和"速度"的要求，美的对供应资源布局进行了结构性调整，供应链布局得到优化。通过厂商的共同努力，整体供应链在"成本"、"品质"、"响应期"等方面的专业化能力得到了不同程度的发育，供应链能力得到提升。

目前，美的空调成品的年库存周转率大约接近10次，而美的的短期目标是将成品空调的库存周转率提高1.5～2次。目前，美的空调成品的年库存周转率不仅远低于戴尔等电脑厂商，也低于年周转率大于10次的韩国厂商。库存周转率提高一次，可以直接为美的空调节省超过2 000万元人民币的费用。由于采取了一系列措施，美的已经在库存上尝到了甜头，2002年度，美的销售量同比2001年度增长50%～60%，但成品库存却降低了9万台，因而保证了在激烈的市场竞争下维持相当的利润。

（资料来源：张沁，《美的——供应链双向挤压》，载《市场周刊（新物流）》2006年第5期）

（二）案例点评

美的集团结合自身特点，运用现代信息技术，在存货的两端——供应端和销售端实行信息管理，将存货管理分别前移至经销商和后置至供应商，缩短了订货和运输的时间，降低了零部件库存和产品库存，减少了流通成本和储存成本，收到了明显的效果。

七、理论思考

1. 存货经济批量确定有哪两种情况？其要点如何？
2. 存货零库存可否作为存货管理的目标？

第三节 应收账款管理

一、实习内容

实习应收账款管理，制定信用政策（包括制定信用标准、确定信用条件和收账政策）；进行客户资信调查与评估，进行赊销决策；进行应收账款的日常管理。

二、相关知识提示

（一）应收账款的成本

1. 机会成本。指资金占用在应收账款上不能用于其他投资而丧失的收益。
2. 管理成本。指对应收账款进行管理而耗费的开支。
3. 坏账成本。指由于某些原因致使应收账款无法收回给企业带来的损失。

(二) 制定信用政策

信用政策包括三个方面：信用标准、信用条件（信用期间、折扣期间、折扣率）和收账政策。

1. 信用标准。是指客户获得企业商业信用所应具备的最低条件，通常以预期的坏账损失率表示。对信用标准进行定性分析的目的在于制定或选择信用标准。信用标准严格，会减少机会成本、管理成本和坏账损失，但不利于扩大销售；信用标准宽松，虽会增加销售，但应收账款成本会因此增加。

2. 信用条件。是指企业接受客户信用时所提出的付款要求，主要包括信用期限、折扣期限及现金折扣等。信用期间是企业允许客户从购货到付款之间的时间，或者说是企业给予客户的付款时间。信用期过短，不足以吸引客户，从而达不到促销的目的。信用期过长，会增加销售收入，但也会增加应收账款占用资金，增加收账费用和坏账损失。折扣期间是允许客户从购货到付款之间享受折扣的时间，折扣率是企业给客户提供现金折扣率。提供折扣的目的是吸引客户为享受优惠而提前付款，缩短企业的平均收款期，也可借此扩大销售量。

3. 收账政策。是指当客户违反信用条件、拖欠甚至拒付账款时企业所采取的收账策略与措施。主要包括收账程序、收账方式等。

(三) 客户信用分析

客户信用分析又称"5C"系统，通过5个方面进行分析：

1. 品质（Character）。指客户的信誉，即履行偿债义务的可能性，是评价客户信用的首要因素。

2. 能力（Capacity）。指客户的实际偿债能力，可以用流动资产的数量和质量以及与流动负债的比例来衡量。

3. 资本（Capital）。指客户的财务实力和财务状况，如注册资本、总资产、净资产和所有者权益等，表明客户可能偿债的背景。

4. 抵押（Collateral）。指如果客户恶意拒付款项或无力偿债时能被用作抵押的资产或承担连带责任的担保人。

5. 条件（Conditions）。指分析可能影响客户偿债能力的经济环境，如经济衰退、金融风暴、通货膨胀等，对客户偿债能力的影响。

(四) 应收账款的日常管理

应收账款的日常管理包括应收账款的追踪分析、账龄分析、建立坏账准备金制度、应收账款保理等。

三、实习环境与条件

仿真综合实习的客户市场包括本地市场、国内市场和国际市场。本地市场的客户包括华宏贸易公司、昌兴工贸公司、云鹏贸易公司；国内市场的客户有利氏集团、佳铭科技公司和兴宇贸易公司；国际市场有 KLY 公司和 GM 公司两家客户。至第七年末，制造公司已经开发本地市场，尚待开发国内及国际市场。第七年末的应收账款为本地客户华宏贸易公司和昌兴工贸公司所欠。

制造公司可以向银行申请保理业务，其具体要求按照银行业务规则执行。

四、实习流程

1. 制定公司信用标准；
2. 确定公司信用条件（信用期间、折扣期间、折扣率）；
3. 确定公司收账政策；
4. 对客户资信进行调查与评估；
5. 进行应收账款追踪分析和账龄分析；
6. 催收应收账款；
7. 应收账款保理。

五、实习成果与评价

1. 制造公司信用政策——30%；
2. 客户资信调查与分析表——30%；
3. 应收账款催收情况——应收账款回收率——30%；
4. 其他，如账龄分析表、保理业务等——10%。

六、案例分析

（一）案例资料

A 公司是我国一家大型的电力设备制造企业的全资子公司，其生产的产品规格大，价值高，大部分产品都是订产的。该公司实践中逐渐摸索出了一套适应本企业的应收账款管理办法与制度。该公司的应收账款控制由事前、事中和事后三部分组成：

1. 事前控制。首先要对客户进行信用风险评估。企业信用管理部门派出销售人员去对客户的情况进行调查，销售人员根据搜集到的客户的资产、隶属关系、市场地位等进行打分，然后反馈到信用部门，之后信用管理部门经理根据销售人员反馈的信息，参考社会上信用评审机构给出的信息对客户进行信用评级。然后根据客户的级别对客户的付款方式进行分类，共分为优、良、中、差四个类别，不同的类别对应着不同的信用条件，如第二个类别"良"为"3∶3∶3∶1"，即一共分四次付款，投产前、完工后、投运 n 天后、质保期满后各付 30%、

30%、30%、10%，一般主打客户的分类级别较高；其次，信用评估后满足条件，则履行"投标—中标—签合同—法律处出具意见"的程序。其中签合同时一定注意明确付款方式、商务条款（如违约条款、诉讼条款）、技术服务等，签订后，A公司便开始维护应收账款预警台账；最后，则看客户是否根据合同约定的预付款要求，如根据合同要求签合同后10天内，按预付到总货款的30%来付款，若如期付款，A公司则履行合同要求开始投产。

2. 事中控制。产品投产并完工后，客户便应该按照合同来履行付款义务，即支付发货款。假设合同规定的是3∶3∶3∶1的付款方式，此时客户应支付30%的货款。若支付未到30%则不允许发货，这是一条A公司在应收账款管理上刚性的规定，确保了A公司的应收账款回收率一直保持在很高的水平。约定的货款到账后，财务部门签发提货单，由仓库进行发货评审，销售人员提交申请，领取出门证后方可发货，客户接到产品后销售人员出具发票，至此应收账款正式形成。

3. 事后控制。相对于其他两步，A公司在事后控制上做得更为细致和系统，主要包括四个相互联系的管理措施：（1）应收账款的确认。产品投运后，A公司销售人员要经常向客户了解运行情况，正常运行合同规定的天数后，客户就要支付另外30%的货款。质保期满后，客户便应将剩余的10%质保金支付。在这期间销售人员与客户双方要进行应收账款的确认，一般是半年一次，采用应收账款确认函的方式，销售人员在应收账款确认函中兼有提醒、催收的职责。（2）预警台账的管理。预警台账的建立与维护是A公司应收账款管理中的一大特色，这主要由A公司销售公司财务部门来操作执行。销售公司的财务部门由销售会计主管和销售前台共5名财务人员组成。销售前台四名财务人员分别负责项目管理、业务款项汇总、预警台账管理和费用汇总，主管会计负责编制凭证报表等工作。每月编制清收计划提交销售公司，销售公司将对该项目的销售人员下达催收任务，之后根据完成情况进行考核。一般每月召开一次清收会议，会上由销售主管、财务主管、销售人员等对难以收回的欠款作分析，分出良性和恶性欠款，针对不同的欠款采取专人催收，甚至起诉的方式来解决。通过维护预警台账，销售部门可以很方便地查询到应收账款的情况，可以及时地提醒销售人员，起到了很好的预警作用，也是企业搞好内控的一个重要工具。（3）发票回执。发票回执单由销售人员在给客户开具发票时交对方，由客户办理签收后交回销售公司，公司建立发票回执签收本及时汇总。该措施控制了销售人员利用发票徇私舞弊的行为，也从另一方面保证了应收账款的准确回收。（4）收货回执。回执单一般由财务处开具，需要客户确认后签章。一般司机是经办人，财务处收到回执单后才给司机报销运费。通过这一操作对司机的工作起到了控制作用，保证了运输的质量。另外，值得一提的是，在 A 公司内部还存在一个与应收账款管理密切相关的销售管理平台系统，它的出现大大方便了企业销售各部门的交流，提升了应收账款的信息化管理水平。

（资料来源：简建辉、何平林、许翡，《基于 A 公司的应收账款管理案例研究》，载《中国总会计师》2008 年第 1 期）

（二）案例点评

A 公司根据自身特点，建立了一套适应本公司特点的应收账款管理制度，主要表现在：制定了较为科学、细致的信用政策并使之得到贯彻实施，把事前、事中和事后管理有机结合起来，建立了严密的应收账款内部控制措施和管理程序。

七、理论思考

1. 应收账款的功能与成本同信用政策的决策有何联系？
2. 不同的信用标准、信用条件（信用期间、折扣期间、折扣率）及收账政策对企业的销售会产生怎样的影响？

第五章 预算管理

第一节 编制业务预算

一、实习内容

实习业务预算的编制，包括销售预算、生产预算、直接材料及采购预算、直接人工预算、制造费用预算、期末存货预算、生产成本预算的编制。

二、相关知识提示

预算是企业未来一定时期内经营计划的数量表现形式，是以企业目标利润为核心，按照"以销定产"的方式编制的一整套预计的财务报表和其他附表。各种预算的关系如图 5-1 所示。

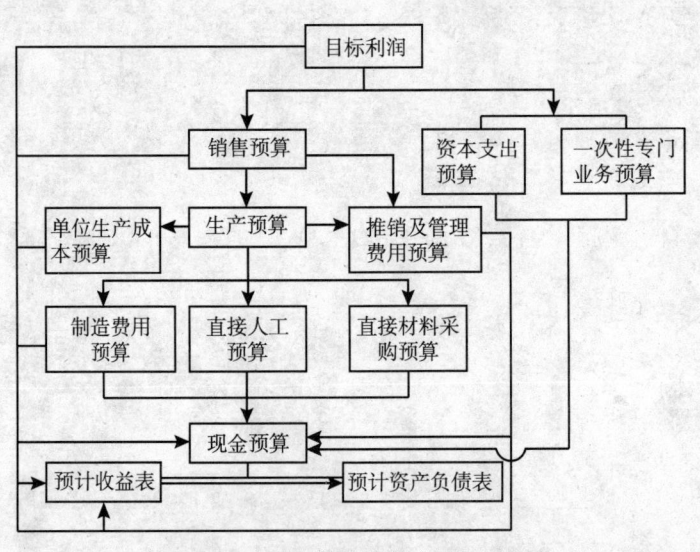

图 5-1 全面预算诸表的主要相互关系

（一）目标利润的确定

目标利润预测是企业全面预算编制的起点，可用以下方法确定：

目标利润 = 预计销售量 × 预计销售单价 – 预计销售量 × 预计单位变动成本
　　　　　 – 预计固定成本总额

目标利润 = 基期利润 × (1 + 预计利润增长率)

目标利润 = (基期占用资金 + 预计投资额) × 预计资金利润率

目标利润 = 安全边际 × 边际贡献率

（二）编制销售量预算

1. 编制依据。销售预算是企业生产经营预算编制的起点，它以销售预测为基础。销售预测的主要依据是各种产品的历史销售量以及市场预测中各种产品发展前景等，先按产品、地区、顾客和其他项目分别加以编制，然后再加以汇总。

2. 预算表。包括按品种编制的销售预算表（按季度或月份编制）、按地区、客户编制的销售预算表（按季度或月份编制）和应收账款预算表（按季度或月份编制）。

3. 计算。

销售预算 = 预计销售量 × 预计销售单价

应收账款预算 = 期初余额 + 本期赊销额 – 本期收款额

（三）生产预算的编制

1. 编制依据。生产预算的编制要以销售量和预计期初、期末产成品存货为基础。

2. 预算表。包括按品种编制的生产预算表（分季度）和按品种分步骤的生产进度日程表（分月、日）。

3. 计算。

预计生产量 = (预计销售量 + 预计期末产成品存货) – 预计期初产成品存货

4. 关注问题。主要关注销售、库存、生产环节的协调问题和生产规划问题，如能力、排产、质量等。

（四）直接材料预算的编制

1. 编制依据。主要依据生产预算、材料单件消耗量定额、存货预算、采购成本预算等确定。

2. 预算表。包括按品种编制的直接材料预算表（分季度或月份）、按品种编制的采购和库存预算表（分季度或月份）和应付账款预算表（分季度或月份）。

3. 计算。

直接材料预算：材料耗用量 = 预计生产量 × 单件消耗量

预计材料采购数量 = 预计生产量 × 单位产品的材料需用量 + 预计期末存货

、　　　　　　　－预计期初存货

预计材料采购额＝预计材料采购量×单价

4. 关注问题。主要关注材料消耗定额的制定、材料采购成本合理确定、采购、库存、生产的衔接和采购资金的安排。

（五）直接人工预算的编制

1. 编制依据。主要依据生产预算、工时定额和工资水平等指标确定。

2. 预算表。包括按品种编制的直接人工预算表（分季度或月份）和人工成本明细预算表。

3. 计算。

预计直接人工总工时＝预计产量×单位产品直接人工小时

预期直接人工费＝预计直接人工总工时×预计小时工资

4. 关注问题。主要关注工时定额、薪酬制度等。

（六）制造费用预算的编制

1. 编制依据。变动制造费用依据分配率确定；固定制造费用采用增量法或零基预算法等确定。

2. 预算表。包括制造费用预算表（分季度或月份）、制造费用明细预算表。

3. 计算。

预计制造费用＝预计直接人工小时×变动性费用分配率＋固定性制造费用

预计需用现金支付的制造费用＝预计制造费用－折旧等

4. 关注问题。主要关注变动费用分配率的合理性和各种固定费用具体计算方法（区别对待）等。

（七）期末存货预算的编制

1. 编制依据。期末存货预算应以销售预算、直接材料预算、生产预算等为编制基础。

2. 预计生产所需材料品种、数量、需求时间；了解期初原材料存货数量及构成，预计材料采购的数量与种类、采购进度。

3. 预测市场供求状况及其对公司存货的影响，确定保险储备的种类和数量。

4. 预测存货价格的变动趋势，预计期末存货价格。

5. 确定采购预算的编制方法。

6. 编制期末存货预算表。

（八）生产成本预算的编制

在变动成本法下，如果产成品存货采用先进先出法计价，则产品生产成本预算的编制程序为：

1. 估算每种产品预算期预计发生的单位生产成本。计算公式为：

某种产品某期预计发生的单位生产成本 = 该产品该期单位直接材料成本
　　　　　　　　　　　　　　　　　+ 该产品该期单位直接人工成本
　　　　　　　　　　　　　　　　　+ 该产品该期单位变动制造费用成本

某期单位产品耗用直接材料成本 = 该种材料该期平均采购单价
　　　　　　　　　　　　　　× 单位产品该期平均耗用该材料的数量

2. 估算每种产品预算期预计发生的生产成本。计算公式为：

某种产品某期预计发生的产品生产成本 = 该产品该期预计耗用全部直接材料成本
　　　　　　　　　　　　　　　　　+ 该产品该期预计耗用全部直接人工成本
　　　　　　　　　　　　　　　　　+ 该产品该期预计耗用变动制造费用成本

3. 估算每种产品预算期的预计产品生产成本。计算公式为：

某种产品某期预计产品生产成本 = 该种产品某期预计发生的产品生产成本
　　　　　　　　　　　　　　+ 该产品在产品成本期初余额
　　　　　　　　　　　　　　- 该产品在产品成本期末余额

三、实习环境与条件

仿真实习的制造公司实行全面预算管理制度，要在进行战略规划和年度计划的基础上，编制各种预算。

四、实习流程

1. 根据企业发展计划，预测企业目标利润；
2. 确定目标利润下所需销售量，并根据制造公司企业生产能力、销售预测、产品的销售单价和产品销售的收款条件等资料，编制销售预算；
3. 以销售量、企业生产能力和预计产成品存货为基础，编制生产预算；
4. 以生产预算为基础，考虑期初、期末原材料存货水平，编制直接材料预算；
5. 依据生产预算、工时定额和工资水平等编制直接人工预算；
6. 依据费用分配率编制变动制造费用预算；
7. 在销售预算、生产预算、直接材料预算、生产成本等预算基础上编制期末存货预算；
8. 以生产预算、直接材料预算、直接人工预算和制造费用预算为基础，编制生产成本预算。

五、实习成果与评价

1. 销售预算——10%；
2. 生产预算——15%；
3. 直接材料及采购预算——15%；
4. 直接人工预算——15%；
5. 制造费用预算——15%；
6. 期末存货预算——15%；
7. 生产成本预算——15%。

六、理论思考

1. 采购预算与销售预算、直接材料预算、生产预算及现金预算等预算之间是否存在一定关系？编制采购预算时是否考虑这些预算的影响？
2. 编制直接材料预算的同时还要预计材料各季度的现金支出，其目的是什么？
3. 期末存货预算与预计利润表、预计资产负债表、预计现金流量表和预计所有者权益变动表之间具有怎样的关系？存货一般会影响这些财务报表中的哪些项目？

第二节 编制费用预算

一、实习内容

实习销售费用预算和管理费用预算的编制。

二、相关知识提示

编制销售费用预算和管理费用预算时，一般把销售费用和管理费用分为两部分：变动费用和固定费用，变动费用根据费用水平确定，固定费用采用增量法或零基预算法等确定。

三、实习环境与条件

在编制业务预算的基础上编制费用预算。

四、实习流程

1. 分解销售费用和管理费用，分别划分为固定费用和变动费用两部分；

2. 确定销售费用和管理费用中变动费用的费用水平；
3. 确定销售费用和管理费用中的变动费用；
4. 确定销售费用和管理费用中的固定费用。

五、实习成果与评价

1. 销售费用预算——50%；
2. 管理费用预算——50%。

六、理论思考

1. 期间费用预算的编制依据是什么？
2. 期间费用预算的流程及其在财务预算中的地位？

第三节 编制财务预算

一、实习内容

实习现金预算、预计资产负债表、预计利润表的编制。

二、相关知识提示

现金预算是全面预算中用来反映预算期内企业现金流转状况的预算。此处的现金包括库存现金和银行存款等货币资金。现金预算的内容包括现金收入、现金支出、现金多余或不足的计算，以及多余部分的利用方案和不足部分的筹措方案。

1. 编制依据。销售预算、生产预算、直接材料预算、直接人工预算、制造费用预算、产品成本预算、销售费用和管理费用预算。

2. 现金预算是有关预算的汇总，由现金收入、现金支出、现金多余或不足、资金的筹集和运用四个部分组成。

3. "现金收入"部分包括期初现金余额和预算期现金收入，现金收入的主要来源是销货收入。年初的"现金余额"是在编制预算时预计的；"销货现金收入"的数据来自销售预算；"可供使用现金"是期初现金余额与本期现金收入之和。

4. "现金支出"部分包括预算的各项现金支出。其中"直接材料"、"直接人工"、"制造费用"、"销售与管理费用"的数据，分别来自前述有关预算；"所得税"、"购置设备"、"股利分配"等现金支出的数据分别来自另行编制的专门预算。

5. "现金多余或不足"是现金收入合计与现金支出合计的差额。差额为正，说明收入大于支出，现金有多余，可用于偿还借款或用于短期投资；差额为负，说明支出大于收入，现金不足，需要向银行取得新的借款。

三、实习环境与条件

在编制业务预算和费用预算的基础上编制现金预算、预计资产负债表、预计利润表。

四、实习流程

1. 根据销售预算填列现金收入；
2. 根据直接材料预算、直接人工预算、制造费用预算、销售费用和管理费用预算及"所得税"、"购置设备"、"股利分配"等专门预算的现金支出的数据，填列现金支出各栏；
3. 计算"现金多余或不足"；
4. 现金有多余，可用于偿还借款或用于短期投资，现金不足，需要向银行取得新的借款；
5. 编制预计利润表；
6. 编制预计资产负债表。

五、实习成果与评价

1. 现金预算——50%；
2. 预计利润表——20%；
3. 预计资产负债表——30%。

六、理论思考

1. 现金预算的流程及其在财务预算中的地位？
2. 编制现金预算的目的是什么？

第六章 财务分析

第一节 偿债能力分析

一、实习内容

实习公司偿债能力的分析。

二、相关知识提示

偿债能力是指企业偿还各种到期债务的能力。偿债能力分析包括短期偿债能力分析、长期偿债能力分析和偿债能力保障程度分析三方面的内容。

(一) 短期偿债能力分析

短期偿债能力是指企业偿还流动负债的能力,可以通过分析企业流动负债与流动资产之间的关系来判断,常见的比率有流动比率、速动比率、现金比率。

1. 流动比率。流动比率是企业流动资产与流动负债的比率。计算公式为:

流动比率 = 流动资产/流动负债

流动比率表示每1元的流动负债,有多少流动资产做保障,比率越高,说明偿还流动负债的能力越强,反之则表明企业的短期偿债能力弱。一般认为流动比率在2:1比较合适。

2. 速动比率。速动比率又称酸性试验比率,是指企业速动资产与流动负债的比率。计算公式为:

速动比率 = 速动资产/流动负债 = (流动资产 - 存货)/流动负债

速动比率是从流动资产中扣除存货,再除以流动负债的比值。通常认为正常的比率为1,低于1则认为是短期偿债能力偏低。

3. 现金比率。现金比率是企业的现金类资产与流动负债的比率。计算公式为:

现金比率 = (货币资金 + 现金等价物)/流动负债

现金比率高,表明企业直接偿还流动负债的能力强,但过高的比率意味着流动负债未能有效运用；过低的比率表明企业现金缺乏，可能会发生支付困难，将面临财务危机。

（二）长期偿债能力分析

长期偿债能力是指企业偿还长期债务的能力。分析企业长期偿债能力的指标主要有资产负债比率与股东权益比率。

1. 资产负债率。资产负债率是负债总额与资产总额的比率。计算公式为：

资产负债率 = 负债总额/资产总额

从债权人立场看，他们希望该比率越低越好，企业偿债有保证，贷款不会有太大风险。从股东角度看，在全部资本利润率高于借款利息率时，负债比率越大越好；否则，越低越好。从经营立场看，若举债多，超出债权人心理承受程度，企业就借不到钱；若企业不举债，或负债比例小，说明企业畏缩不前，对前途信心不足。

2. 产权比率。产权比率也称股东权益比率，是负债总额与股东权益总额的比率。计算公式为：

产权比率 = 负债总额/股东权益总额

该指标反映由债权人提供的资本与股东提供的资本的相对关系，反映企业的基本财务结构是否稳定。该比率越小，保障程度越高，债权人承担的风险越小。一般来说，股东资本大于负债总额较好，即比率小于1，但也不能一概而论。

（三）偿债能力保障程度分析

偿债能力保障程度分析是指企业的收益对还本付息的保障程度，评价该能力的指标主要是利息保障倍数。

利息保障倍数又称已获利息倍数、利息所得倍数，是指企业交纳所得税及支付利息之前的利润（息税前利润）与利息费用的比率。计算公式为：

利息保障倍数 = （净利润 + 所得税 + 利息费用）/利息费用
            = 息税前利润/利息费用

利息保障倍数反映企业息税前利润为所需支付的债务利息的多少倍。该比率越大，企业偿付利息的能力就越强。

三、实习环境与条件

仿真实习的制造公司在年度经营结束后，编制了公司的年度财务报告，同时，会计部门可以提供其他各种相关资料。

四、实习流程

1. 查阅公司近3年财务报告及各项财务活动资料；

2. 运用财务指标分析方法，计算公司近3年以下各项财务指标值：流动比率、速动比率、现金比率、资产负债率、产权比率、利息保障倍数；

3. 根据指标值，对公司年末短期偿债能力、长期偿债能力和偿债能力保障程度进行独立分析；

4. 根据近3年指标值，对公司短期偿债能力、长期偿债能力和偿债能力保障程度进行趋势分析；

5. 编写偿债能力分析报告。

五、实习成果与评价

制造公司偿债能力分析报告——100%。

六、理论思考

1. 如何运用现金流量表对偿债能力进行分析？
2. 如何运用偿债能力的指标对公司风险进行分析？

第二节 盈利能力分析

一、实习内容

实习公司盈利能力的分析。

二、相关知识提示

盈利能力是指企业获取利润的能力，它是投资人、债权人和企业管理层都关心的中心问题。盈利能力分析的常用指标有总资产报酬率、股东权益报酬率、销售净利率和每股收益等。

1. 总资产报酬率。总资产报酬率是指企业的净利润与总资产平均余额的比率。计算公式为：

总资产报酬率 = 净利润/总资产平均余额

资产报酬率表明企业资产利用的综合效果，指标越高，表明资产利用效率越高，说明企业在增收节支上取得了良好的效果。

2. 股东权益报酬率。股东权益报酬率又称净资产报酬率，是指企业的净利润与净资产的比率。计算公式为：

股东权益报酬率 = 净利润/股东权益平均余额

该指标用来衡量投资人投资的收益水平。股东权益报酬率越高，说明由投资人享有的净利润就越多，投资人投资的收益水平就越高。

3. 主营业务利润率。主营业务利润率是指企业一定时期主营业务利润同主营业务收入净额的比率。计算公式为：

主营业务利润率 = 主营业务利润/主营业务收入

它表明企业每单位主营业务收入能带来多少主营业务利润，反映了企业主营业务的获利能力，是评价企业经营效益的主要指标。

4. 销售净利率。销售净利率是指企业净利润与销售收入净额的比率。计算公式为：

销售净利率 = 净利润/销售收入净额

该比率说明了企业净利润占销售收入的比例，可以评价企业通过销售赚取利润的能力。销售净利率表明企业每元净收入可实现的净利润是多少，该比率越高，企业通过扩大销售获取收益的能力越强。

5. 每股收益。每股收益也称普通股每股利润或每股盈余，是指股份有限公司实现的净利润总额减去优先股股利后与已发行在外的普通股股数的比率。

普通股每股收益 = (净利润 − 优先股股利) ÷ 发行在外的普通股股数

该指标能反映普通股每股的盈利能力，便于对每股价值的计算，因此被广泛使用。每股收益越多，说明每股盈利能力越强。影响该指标的因素有两个方面，一是企业的获利水平；二是企业的股利发放政策。

6. 市盈率。市盈率是指普通股每股市价与每股收益的比率。计算公式为：

市盈率 = 每股市价/每股利润

市盈率是反映公司盈利能力的一个重要财务比率。一般来说，市盈率高，说明投资者对该公司的发展前景看好，愿意出较高的价格购买该公司股票。但也应注意，市盈率过高同时意味着该股票具有较高的投资风险。

三、实习环境与条件

仿真实习的制造公司在年度经营结束后，编制了公司的年度财务报告，同时，会计部门可以提供其他各种相关资料。

四、实习流程

1. 查阅公司近3年财务报告及各项财务活动资料；
2. 运用财务指标分析方法，计算公司近3年的资产报酬率、股东权益报酬率、主营业务利润率、销售净利率、每股收益和市盈率；
3. 根据指标值，对公司当前年度的盈利能力进行判断；

4. 根据近3年指标值，对公司盈利能力进行趋势分析；
5. 编写盈利能力分析报告。

五、实习成果与评价

公司盈利能力分析报告——100%。

六、理论思考

1. 销售收入的盈利能力与资产的盈利能力有何关系？
2. 如何运用市盈率指标对公司股票价格进行分析？

第三节　营运能力分析

一、实习内容

实习公司营运能力的分析。

二、相关知识提示

营运能力是指企业资产的周转运行能力，对此进行分析，可以了解企业的营业状况及经营管理水平。

评价企业营运能力常用的财务比率为：总资产周转率、流动资产周转率、存货周转率、应收账款周转率。

1. 总资产周转率。总资产周转率是指企业的销售收入与总资产平均余额的比率。计算公式为：

总资产周转率 = 销售收入/资产平均余额

该比率可以用来分析企业全部资产的使用效率。若该比率较低，说明企业利用资产进行经营的效率差，会影响企业获利能力。

2. 流动资产周转率。流动资产周转率是企业的销售收入与流动资产平均余额的比率。计算公式为：

流动资产周转率 = 销售收入/流动资产平均余额

流动资产周转率表明在一个会计年度内企业流动资产周转的次额，它反映了流动资产周转的速度，该指标越高，说明企业流动资产的利用效率越好，在分析时应注意结合企业和同行业历年的数据进行比较。

3. 存货周转率。存货周转率指企业的销售成本与存货平均余额的比率。计算公式为：

存货周转率＝销售成本/平均存货

存货周转状况也可以用存货天数来表示，即表示存货周转一次所需要的时间，天数越短说明存货周转越快。

存货周转天数＝360/存货周转率＝平均存货×360/销售成本

存货周转率说明了一定时期内企业存货周转的次数，可以用来测定企业存货的变现速度，衡量企业的销售能力及存货是否过量。该指标越高，说明存货周转越快，企业的销售能力越强，营运资金占用在存货上的金额越少；指标越低，说明企业在产品销售方面存在一定问题。

4. 应收账款周转率。应收账款周转率是指企业一定时期赊销收入与应收账款平均余额的比率。计算公式为：

应收账款周转率＝赊销收入/应收账款平均余额

该指标用来衡量企业的应收账款转变为现金的速度。该比率越高，说明企业催收账款的速度越快，可以减少坏账损失，而且资产流动性强，企业的短期偿债能力也会增强，在一定程度上可以弥补流动比率低的不利影响。若企业应收账款周转率过低，则说明企业催收账款的效率太低，或信用政策十分宽松，会影响企业资金利用率和资金的正常周转。

三、实习环境与条件

仿真实习的制造公司在年度经营结束后，编制了公司的年度财务报告，同时，会计部门可以提供其他各种相关资料。

四、实习流程

1. 查阅公司近3年财务报告及各项财务活动资料；
2. 运用财务指标分析方法，计算公司近3年的总资产周转率、流动资产周转率、存货周转率和应收账款周转率；
3. 根据指标值，结合行业情况对公司当前年度的营运能力进行判断；
4. 根据近3年指标值，对公司营运能力进行趋势分析；
5. 编写营运能力分析报告。

五、实习成果与评价

公司营运能力分析报告——100%。

六、理论思考

1. 营运能力分析的主要指标有哪些？

2. 你认为"存货周转率越高,意味着存货周转速度越快,对企业越有利"这种观点对吗?为什么?

第四节 综合财务分析

一、实习内容

实习对公司财务状况及经营成果进行综合财务分析。

二、相关知识提示

综合财务分析是将那些孤立的财务指标联系起来进行综合财务分析,从而全面系统分析和评价企业财务状况。综合财务分析采用的方法主要有杜邦分析法和财务状况综合分析法。

(一)杜邦分析法

杜邦分析法就是利用各主要财务比率之间的内在联系来综合分析企业财务状况的方法。因这种分析是由美国杜邦公司首创的,故称为杜邦分析法。

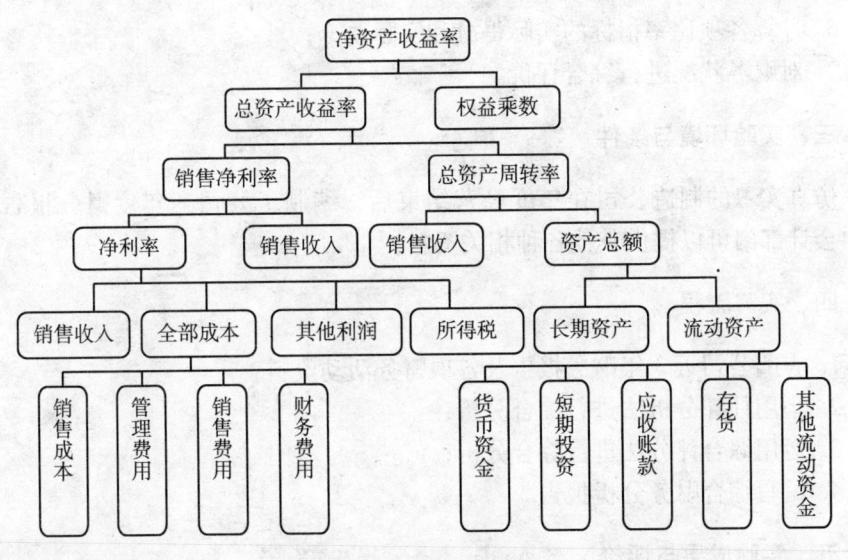

图 6-1 杜邦分析图

从杜邦分析图可知:

1. 股东权益报酬率是该分析系统中综合性最强、最有代表性的财务比率,是杜邦系统的核心。

2. 总资产收益率是反映企业获利能力的一个重要财务比率，它揭示了企业生产经营活动的效率，综合性也极强。

3. 从杜邦分析系统可以看出，企业的获利能力涉及到生产经营活动的方方面面。股东权益报酬率与企业的筹资结构、销售规模、成本水平、资产管理等因素密切相关，这些因素构成一个完整的系统，系统内部各因素之间相互作用。只有协调好系统内部各个因素之间的关系，才能使股东权益报酬率得到提高，从而实现股东财富最大化的目标。

（二）综合评分法

综合评分法是在选定评价指标的基础上，先分别按不同指标的评价标准对各评价指标进行评分，然后采用加权相加求得总分。

其程序如下：

1. 选定评价企业财务状况的比率指标；
2. 确定各项比率指标的标准分；
3. 确定各项比率指标的标准指标；
4. 确定比率指标得分的上限和下限；
5. 确定每分的比率差；
6. 计算各项比率指标的实际得分和实际总分；
7. 对财务状况进行综合评价。

三、实验环境与条件

仿真实习的制造公司在年度经营结束后，编制了公司的年度财务报告，同时，会计部门可以提供其他各种相关资料。

四、实习流程

1. 查阅公司近3年财务报告及各项财务活动资料；
2. 运用杜邦分析法进行综合分析；
3. 运用综合评分法进行综合分析；
4. 编写综合财务分析报告。

五、实验成果与评价

杜邦分析报告——50%；

综合评分法分析报告——50%。

六、案例分析

(一) 案例资料

仿真综合实习电子科技股份有限公司第 9 年度财务比率综合评分分析如表 6-1 所示。

表 6-1　　　　　　　　　　财务比率综合评分

财务评价指标	行业标准值 1	实际值 2	关系比率 3 = 2/1	权数 4	实际得分 5 = 3×4
流动比率	2	2.67	1.335	5	6.675
速动比率	1.2	2.59	2.158333	5	10.79167
权益乘数	2	1.50	0.75	5	3.75
存货周转率（次）	5	11.71	2.342	5	11.71
应收账款周转率（次）	8	4.28	0.535	10	5.35
总资产周转率（次）	2.10	0.80	0.380952	15	5.714286
资产报酬率（%）	15	0.389	0.025933	15	0.389
股权报酬率（%）	12	1.290	0.1075	15	1.6125
销售利润率（%）	15	0.488	0.032533	15	0.488
资本保值增值率（%）	108	150.83	1.396574	10	13.96574
合计	—	—	—	100	60.45

分析说明：

从表 6-1 可以看出，公司第 8 年的财务比率综合评分实际得分是 60.45，高于行业平均水平。其中，流动比率、速动比率、存货周转率和资本保值增值率均高于行业标准值，流动比率、速动比率、存货周转率高于行业标准值说明本企业的资产利用效率比行业标准高，资本保值增值率高于行业标准值则表示了企业本年资本在企业自身的努力下的实际增加情况，反映了投资者投入本企业资本的保全性和增长性，表明本企业的资本保全状况越好，所有者权益增长越快，债权人的债务越有保障，企业发展后劲越强。

另外，本公司的总资产周转率、资产报酬率和销售利润率均远低于行业标准值。总资产周转率较低说明本公司的资产周转速度较慢，反映销售能力较弱。资产报酬率和销售利润率较低表明企业资产的盈利能力较低，在今后的经营活动中应注意提高企业资产的盈利能力。

(资料来源：广东商学院校内仿真学习。)

(二) 案例点评

分析中说"财务比率综合评分实际得分是 60.45，高于行业平均水平"没有根据；分析内容不够清晰，没有层次感；流动比率和速动比率高并不能说明资产利用效率高。

七、理论思考

1. 杜邦分析法与前述的偿债能力分析、营运能力的分析方法之间有何联系与区别？

2. 公司运用了杜邦分析体系后，是否还有必要进行获利能力、偿债能力分析、营运能力的分析？为什么？

3. 运用综合评分法进行综合财务分析，应选取哪些财务指标？

第七章　公司并购中的财务管理

第一节　公司并购的成本效益分析

一、实习内容

实习企业并购中的成本效益分析。

二、相关知识提示

企业并购应该分析的成本项目包括并购完成成本、整合与营运成本和并购机会成本。狭义的并购成本仅指并购完成成本，所谓完成成本是指并购行为本身所发生的并购价款和并购费用。

并购收益是指并购后新公司的价值超过并购前各公司价值之和的差额。计算公式为：

并购收益＝并购后新公司价值－（并购公司原价值＋目标公司原价值）

如果并购收益为正，表示并购在财务方面具有协同效应。

并购净收益＝并购收益－并购溢价－并购费用
　　　　　＝并购后新公司价值－并购完成成本－实施并购前并购方公司价值

三、实习环境与条件

在仿真实习环境中，经过一段时间的经营，有的公司经营不善，难以为继。经营较好的公司可以选择目标公司进行并购。

四、实习流程

1. 确定目标公司；
2. 分析公司并购的成本；
3. 分析公司并购的收益；
4. 编写公司并购成本效益分析报告。

五、实习成果与评价

公司并购成本效益分析报告——100%。

六、理论思考

1. 企业并购的成本有哪些？
2. 如何进行并购的成本效益分析？

第二节 目标公司价值评估

一、实习内容

实习运用折现现金流量估价法对目标公司价值进行评估。

二、相关知识提示

企业并购是一项对企业全局具有重大和深远影响的综合性财务活动，更是企业发展战略的重要组成部分。企业并购的战略目标主要是以整合为目标，实现规模经济、范围经济或扩大市场竞争优势。因此，在企业并购决策中，需要解决的一个关键问题是要权衡并购的收益与并购的成本，即正确评估目标公司的价值和目标公司对主并企业可能的价值贡献。

公司的价值判断取决于其未来的获利能力。在并购活动中，对公司价值评估的方法很多，在这里主要以持续经营的观点讨论现行市价法、比率估价法和折现估价法。

1. 现行市价法。现行市价法是指可直接利用股票市场的供求关系以及价格生成机制对目标公司进行估价。

2. 比率估价法。比率估价法是根据目标公司的股票价值与每股收益、每股现金流量（税后利润＋折旧）、每股账面价值（股权账面价值）或销售收入等之间任一比率关系比较分析，从而确定其价值的方法。

3. 折现现金流量估价法。在折现现金流量估价法（Discount Cash Flow Model，DCF）下，影响公司价值的因素有三个：（1）公司未来预计的现金流量；（2）折现率；（3）公司存续期。

（1）预测现金流量。在 DCF 法下，按评估主体的不同，现金流量可分为股权自由现金流量和公司自由现金流量两种。

股权自由现金流量是指公司在履行了所有的财务责任，并满足其本身再投资

需要之后的"剩余现金流量"。其估算模式如下:

$$FCFE_t = EAT_t + D_t - \Delta W_t - \Delta F_t - d_t - P_t + B_t$$

式中:FCFE——股权自由现金流量;

EAT——税后利润;

D——折旧额;

ΔW——增量营运资本;

ΔF——增量固定资本支出;

d——优先股股息;

P——本金偿还额;

B——发行新债。

公司自由现金流量是公司在支付了经营费用和所得税之后,向公司权利要求者支付现金之前的全部现金流量,即:

公司自由现金流量 = 股权自由现金流量 + 债权现金流量 + 优先股现金流量

$$\begin{aligned}FCFF_t &= [EAT_t + D_t - \Delta W_t - \Delta F_t - d_t - P_t + B_t] + [I_t(1 - T_t) + P_t - B_t] + d_t \\ &= EAT_t + D_t - \Delta W_t - \Delta F_t + I_t(1 - T_t) \\ &= EBIT_t(1 - T_t) + D_t - \Delta W_t - \Delta F_t\end{aligned}$$

FCFF 模型是对整个公司而不是股权进行估价,但股权的价值可以用公司的价值减去发行在外债务的市场价值得到。

(2)折现率。估算现金流量的现值所采用的折现率既可表示筹资者的资本成本,也可表示投资者要求达到的最低收益率。在并购活动中,折现率的选择应注意以下几个问题:

第一,折现率的选择应与现金流量相匹配;

第二,折现率的选择应与并购方式相匹配;

第三,折现率的选择应与现金流量的风险相匹配,未来现金流量的不确定性越大,所采用的折现率就应越高。

(3)公司存续期。为了合理预测目标公司价值,一般将其未来现金流量分为两部分:一是预测期内的现金流量;二是预测期后的现金流量。对于预测期内的现金流量需要逐期预测,一般以 5～10 年作为预测期最为普遍。因为随着预测期的延长,不确定性因素越多,预测的难度越大,预测的可靠性越低。对于预测期后的现金流量一般根据公司发展阶段和现金流量的特点进行预测。

(4)确定目标公司价值。根据目标公司未来创造的现金流量和折现率,即可估计目标公司资产的 DCF 价值。其计算公式为:

$$TV = \sum \frac{CF_t}{(1 + K_w)^t} + \frac{V_t}{(1 + K_w)^t}$$

式中：TV——目标公司价值；

V_t——目标公司在第 t 期时的残值；

K_w——加权平均资本成本。

根据目标公司资产的 DCF 价值，即可估算目标公司股权价值或并购支付价格，即：

目标公司股权价值 = 目标公司资产价值 − 目标公司负债价值

目标公司负债价值是指并购公司承担各种债务的机会成本的现值。如果并购公司以股权价值购买目标公司的资产，则必须承担其对外的各种债务。

从某种意义上说，并购价格在很大程度上取决于公司所处的客观经营环境和公司自身的经营管理方式。不同的购买者，出于不同的并购动机和目的，或采用不同的评估方法和评估标准，对同一目标公司可能得出不同的价格。

此外，交易价格的协商或确定还应考虑各种并购条件。

事实上，按照以上各种方法确定的目标公司支付价格仅仅是并购交易的底价，最终交易价值的确定是各种因素综合的结果。在其他因素一定的情况下，并购双方谈判技巧及分析影响因素的能力在这里很重要。

三、实习环境与条件

在仿真实习环境中，经过一段时间的经营，有的公司经营不善，难以为继。经营较好的公司可以选择目标公司进行并购。

四、实习流程

1. 选定并购目标公司；
2. 对目标公司进行调查，搜集各种数据资料；
3. 选择公司价值评估的具体方法；
4. 根据并购目标公司的评估值。

五、实习成果与评价

目标公司价值评估报告——100%。

六、理论思考

1. 目标公司价值评估的方法有哪些？
2. 现金流量在公司价值评估中有何作用？

第三节　公司并购的财务影响分析

一、实习内容

实习公司并购的财务影响分析。

二、相关知识提示

公司并购的财务影响包括：

1. 并购对公司盈余的影响。并购会产生协同效应，影响公司收益。协同效应包括经营协同效应和财务协同效应。经营协同效益是指企业合并后，因经营效率提高而产生的效益，包括规模经济效益、纵向一体化效益。财务协同效益是指企业合并对企业财务方面所产生的有利影响，包括自由现金流量的充分利用、节税利益。并购的协同效应必将对企业的每股收益、每股市价产生潜在影响。由于企业并购投资决策以投资对股票价格的影响为依据，而股票价格的影响又取决于投资对企业每股收益的影响，所以，企业评估并购方案的可行性时应将其对并购后存续企业每股盈余的影响列入考虑的范围。

2. 并购对股票市场价值的影响。公开上市股票的价格反映了众多投资者对该企业内在价值的判断，因此，并购过程中，每股市价的交换比率是谈判的重点。计算公式为：

股票市价的交换比率 = 并购企业每股作价 ÷ 被并购企业每股市价

该比率大于1，表示并购对被并购企业有利，企业因被并购而获利；若小于1，则表示被并购企业因此而遭受损失。

3. 并购对公司财务状况的影响。并购通常要花费大笔资金，需要通过专门的融资来解决并购的资金需求，不同的融资方式对公司财务状况的影响不同。常见的融资方式有增资扩股、股权置换、金融机构信贷、卖方融资和杠杆收购。这些方式可归结为两类：负债融资和股权融资。负债融资会提高公司的资产负债率，从而增大公司的财务风险。

三、实习环境与条件

在仿真实习环境中，经过一段时间的经营，有的公司经营不善，难以为继。经营较好的公司可以选择目标公司进行并购。

四、实习流程

1. 搜集企业并购相关资料,对企业并购后的经营协同效益、财务协同效益和整合效益进行分析;
2. 分析并购对公司盈余的影响;
3. 分析并购对公司股票市场价值的影响;
4. 分析并购对公司财务状况的影响;
5. 编写公司并购的财务影响分析报告。

五、实习成果与评价

公司并购的财务影响分析报告——100%。

六、理论思考

1. 公司并购的财务影响有哪些方面?
2. 负债融资并购和股权融资并购对公司财务产生何种不同的影响?

第八章 利润分配

第一节 制定利润分配方案

一、实习内容

实习利润分配方案的制定。

二、相关知识提示

利润分配方案是企业的重要财务政策之一,现代企业的利润分配主要指股利分配,是指企业确定股利及与股利有关的事项所采取的方针和策略。其核心是股利支付比率的确定,此外也包括股利分派的时间、方式、程序的选择和确定。

(一)利润分配应解决的四个问题

何时分配——分配日期的确定;

分配多少——股利支付比率;

分配形式——股利支付形式;

现金股利资金来源——股金的筹措。

(二)利润分配的原则

1. 依法进行利润分配。企业应按照国家《公司法》、《税法》、《企业财务通则》等法规规定进行利润分配。

2. 正确处理分配与积累的关系。

3. 同股同权,同股同利。

4. 无利不分,资本保全。

(三)利润分配的顺序

企业缴纳所得税后的利润,按下列顺序进行分配:

1. 被没收财物损失,支付各种税收的滞纳金和罚款;

2. 弥补以前年度的亏损;

3. 提取法定盈余公积金;

4. 提取公益金；

5. 提取任意盈余公积金；

6. 向投资者分配利润。

应注意的是，企业以前年度亏损未弥补完，不得提取盈余公积金和公益金；在提取盈余公积金和公益金以前，不得向投资者分配利润。

不同所有制形式和经营方式的企业，都应遵循上述利润分配顺序，但对于股份制企业，在提取公益金之后，应先支付优先股股利，然后提取任意盈余公积金，最后支付普通股股利。

（四）股利支付的程序

主要经历：股利宣告日、股权登记日、股利支付日（除息日）。

股利宣告日，即公司董事会将股利支付情况予以公告的日期。公告中将宣布每股支付的股利、股权登记期限、股利支付日期等事项。

股权登记日，是在上市公司分派股利或进行配股时规定一个日期。在此日期收盘前的股票为"含权股票"或"含息股票"，即有权领取股利的股东有资格登记截止日期。只有在股权登记日前在公司股东名册上登记的股东，才有权分享股利。

股利支付日，是指已公告的支付股利的指定日。

（五）股利支付方式

1. 现金股利；

2. 财产股利；

3. 负债股利；

4. 股票股利。

三、实习环境与条件

仿真实习生产制造公司实现的利润，应当按法定程序进行利润分配：

1. 结转本会计年度实现的净利润或亏损；

2. 根据公司章程规定，按照本年净利润的10%提取法定盈余公积金；

3. 根据董事会决议，提取任意盈余公积金；

4. 按照公司制定的股利政策向股东分配股利；

5. 其他与利润分配相关的业务。

各个生产制造公司每年应向投资者分配现金股利，分配比例不得低于当年净利润与以前年度未分配利润之和的40%，按持股比例向各投资人分配现金股利（包括本公司管理层的各位持股领导人和持股职工）；公司可以根据实际情况自行决定股票股利的分配政策。投资人A占20%股权，B占20%股权，C占10%

股权。公司中层管理人员持有本公司30%的股份。

四、实习流程

1. 召集相关人员讨论公司利润分配方案；
2. 确定股利支付比率及股利支付形式；
3. 确定股利宣告日、股利支付日等具体时间；
4. 寻找相关媒体，就利润分配方案的相关内容进行公告。

五、实习成果与评价

公司利润分配方案——100%。

六、案例分析

（一）案例资料

招商银行2008年度利润分配方案

按照经审计的本公司境内报表税后利润人民币204.12亿元的10%提取法定盈余公积，计人民币20.41亿元；提取一般准备人民币14.00亿元；当年可供股东分配利润为248.74亿元。本公司以A股和H股总股本为基数，每10股派送红股3股；每10股现金分红1.00元（含税），以人民币计值和宣布，以人民币向A股股东支付，以港币向H股股东支付。港币实际派发金额按照股东大会召开前一周（包括股东大会当日）中国人民银行公布的人民币兑换港币平均基准汇率计算。其余未分配利润结转下年。

截至2009年7月2日，本公司总股本为14 707 203 828股，本次利润分配将以此为基数进行，共计派发现金红利人民币约14.71亿元（含税），派送红股4 412 161 148股，本次派送红股后总股本增至19 119 364 976股。

（二）案例点评

该分配方案说明了利润分配的去向（提取法定盈余公积、提取一般准备和分配股利）、股利的形式（股票股利和现金股利）、股利比率（每10股送红股3股，每10股现金分红1.00元）、股利数额（现金红利人民币约14.71亿元（含税），派送红股4 412 161 148股）。

七、理论思考

1. 简述股份制企业股利分配的项目及顺序。

2. 股利分配的理论有哪几种？其要点如何？

第二节 利润分配的财务影响分析

一、实习内容

实习利润分配的财务影响分析。

二、相关知识提示

利润分配政策所涉及的主要是公司对其收益进行分配或留存以用于再投资的决策问题。当企业的投资决策已定时，利润分配政策实际上是公司筹资政策的选择。利润分配政策对公司财务的影响既与公司选择的股利政策有关，也同公司选择的股利支付方式有关。

（一）股利政策及其对公司财务的影响

1. 剩余股利政策。就是在公司有着良好的投资机会时，根据一定的目标资本结构，测出投资所需的权益资本，先从盈余当中留用，然后将剩余的股利予以分配。

2. 固定或持续增长的股利政策。将每年发放的股利固定在某一固定水平上，并在较长时期内保持不变，只有当公司认为未来盈余会显著地、不可逆转地增长时，才会提高年股利的发放额。在通胀时期，也应提高股利发放额。

3. 固定股利支付比率政策。是指公司确定一个股利占盈余的比率，长期按此比率支付股利的政策。

4. 低正常股利加额外股利政策。公司先采取固定的低股利政策，当公司收益好时，则另外支付超常股利。

（二）股利支付方式对公司的财务影响

股利支付方式主要有两种：现金股利与股票股利。

1. 发放现金股利将减少企业的实物资财，直接影响企业内部资产的结构，致使长期资产与流动资产的比重发生变化，有利于调节资产的结构。现金股利将引起所有者权益总额的减少，但不会引起股本结构的变化。发放现金股利则会增强投资者的信心，向社会传递公司的运作非常好的信息，从而吸引更多的投资者。

2. 发放股票股利可使股东分享公司的盈利而无须分配现金，使公司留存了大量的现金，便于进行再投资，有利于公司的长期发展。发放股票股利可以降低每股价值，可以抑制股票价格上涨过快。一般来说，企业经营良好，股票价格上涨过快，反而会使投资者产生恐惧心情，害怕风险过大，不适宜大量交易，而发放股票股利就可以降低每股价格，从而达到分散个别投资者风险的目的，但总体风险无法分散。与此同时，降低每股价格，可以吸收更多的投资者。与此同时，股票股利将不影响所有权益的总额，资产、负债等均不发生变化；只有在公司同时存在普通股和优先股的时候，发行股票股利才会影响股本结构当中两种股本比例变化。发放股票股利往往会向社会传递公司将会继续发展的信息，从而提高投资者对公司的信心，在一定程度上稳定股票价格。但在某些情况下，发放股票股利也会被认为是公司资金周转不灵的征兆，从而降低投资者对公司的信心，加剧股价的下跌。发放股票股利的费用比发放现金股利的费用大，会增加公司的负担。

三、实习环境与条件

仿真实习的制造公司可以根据公司情况制定股利政策，股利分配可以是现金股利，也可以是股票股利。

四、实习流程

1. 根据公司的投资决策方案、筹资决策方案选择公司的股利政策；
2. 对公司实施该股利政策后给公司财务带来的影响进行分析；
3. 编写分析报告。

五、实习成果与评价

利润分配对公司财务影响的分析报告——100%。

六、理论思考

1. 股利分配的政策主要有哪些？如何评价？
2. 我国上市公司股权分置改革下管理层激励机制研究。

第二篇

会计实习

第九章 会计工作组织和管理

第一节 会计岗位设置及分工

一、实习内容

实习会计工作岗位的设置和分工，包括在公司内部设置会计工作岗位、配备必要的会计人员和制定岗位责任制。

二、相关知识提示

会计工作岗位一般包括：会计机构负责人或者会计主管人员、出纳、财产物资核算、工资核算、成本费用核算、财务成果核算、资金核算、往来结算、总账报表、稽核、档案管理等。可根据会计业务需要设置会计工作岗位，有的分设、有的合并、有的不设，以满足会计业务需要为原则。会计工作岗位可以一人一岗、一人多岗或者一岗多人，但出纳人员不得兼管稽核、会计档案保管和收入、费用、债权债务账目的登记工作。开展会计电算化和管理会计的单位，可以根据需要设置相应工作岗位，也可以与其他工作岗位相结合。

三、实习环境与条件

仿真实习环境中的制造公司是一家生产电子产品的非上市股份有限公司，创立已经7年，并已初具规模。从第8年开始，公司将由新一届管理团队经营管理，新搭建公司的组织架构，设立会计部门是重构公司组织架构的内容之一。

四、实习流程

1. 建立工作分析项目小组并组织学习，编写工作计划并明确小组成员分工；
2. 确定需要分析的职位名称；
3. 整理并确定岗位任务清单。

五、实习成果与评价

1. 生产制造公司会计部门的岗位分工情况——40%；
2. 各岗位的具体职责——30%；
3. 人员配备情况——30%。

六、理论思考

1. 设置会计工作岗位应遵循哪些基本原则？
2. 一般企业应设置哪些会计工作岗位？

第二节 确定会计核算形式

一、实习内容

实习会计核算形式的确定，即根据公司生产经营特点、会计核算要求和管理要求，选择本公司会计核算形式。

二、相关知识提示

会计核算形式也即账务处理程序，指在选定会计凭证、账簿的种类、格式的基础上，进行会计数据的记录、归类、汇总和提供会计信息的步骤和方法。会计核算形式主要有：记账凭证会计核算形式、汇总记账凭证会计核算形式、科目汇总表会计核算形式、多栏式日记账会计核算形式等。记账凭证会计核算形式适用于规模小且经济业务量较少的经济单位，科目汇总表会计核算形式适用于业务量较大、记账凭证较多的经济单位，汇总记账凭证会计核算形式适用于规模较大、业务量较多的企业，多栏式日记账会计核算形式适用于业务量不多、使用会计科目较少的经济单位。

选择会计核算形式必须考虑：（1）要适应本单位的经济活动特点、规模的大小和业务的繁简情况，以利于会计工作的合理分工和岗位责任制的建立；（2）尽可能地简化会计工作程序和核算手续，提高会计工作效率，节约人力物力，降低会计成本。

三、实习环境与条件

制造公司已经运营 7 年，资产总额已经达到 6 380 万元，具有相当规模，经济业务量较大，所以可选用科目汇总表会计核算形式。定期编制科目汇总表的具体时间可根据经济业务量来确定，一般 10 天或半月编一次。

四、实习流程

1. 通过市场调查与公司内外环境调查，分析预测公司的发展规模和业务量；
2. 研读生产制造公司有关业务规则，根据本单位业务规模、管理特点等选择合适的会计核算形式；
3. 编制所选择会计核算形式的流程图。

五、实习成果与评价

1. 有关公司发展规模与未来业务量的调查分析报告——20%；
2. 确定的会计核算形式及其说明——50%；
3. 会计核算形式流程图——30%。

六、理论思考

1. 什么是会计核算形式？常用的会计核算形式有哪些？不同会计核算形式的特点和适用范围是什么？
2. 结合所在公司的特点，你认为所在公司可以选择的账务处理程序有哪几种？为什么？哪一种账务处理程序更适合你所在的公司？

第三节　确定会计政策

一、实习内容

实习会计政策的选择。

二、相关知识提示

会计政策，是指企业在会计确认、计量和报告中所采用的原则、基础和会计处理方法。会计政策有强制性的会计政策和可选择的会计政策。强制性的会计政策是企业必须遵循的；可选择的会计政策需要借助会计人员的职业判断来选择。我国会计准则在规范企业会计行为的同时，也为企业提供了可供选择的会计政策。会计政策一经选定，在一定的时间内不得随意变更。如果变更，企业应当在会计报表附注中披露与会计政策有关的信息，如：会计政策变更的性质、内容和原因；当期和各个列报前期财务报表中受影响的项目名称和调整金额；无法进行追溯调整的，说明该事实和原因以及开始应用变更后的会计政策的时点、具体应用情况。

按《企业会计准则》的规定，常见的重要会计政策有发出存货成本所用的方法、固定资产折旧方法、投资性房地产的计量模式、收入的确认方法、借款费用的资本化和费用化、权益性投资的成本法和权益法、外币报表折算方法、金融工具的计量方法、经营租赁和融资租赁、企业合并的方法等。

三、实习环境与条件

生产制造公司有关的会计政策包括会计核算基本规则、存货计价方式、职工工资的分配与有关费用的提取、固定资产取得方式与折旧费用计算规则、设备维修费、维护费、固定资产租赁费、制造费用的归集和分配、固定资产出售规则、流动资产购销规则、成本计算规则、贴现和保理规则、坏账及其坏账损失核算规则、预借或报销差旅费、期间费用、利息计算、财产清查、利润分配等。

存货中，M_2 原材料、自制半成品 M_3 采用计划成本法核算，年末计算并分配材料成本差异；其他存货的计价方法由公司在实际成本法和计划成本法间选择。发出存货计价可在先进先出法、全月一次加权平均法、移动平均法等方法中选择。

公司应按照每月（季）职工薪酬的 14% 计提职工福利费，且每个季度必须使用全年职工福利费的 20%，全年使用率达 90% 以上。公司应按照每月（季）职工薪酬的一定比例提取工会经费，每个季度必须使用全年工会经费的 20%，全年使用率达到 90% 以上。公司应按照每月（季）职工薪酬的一定比例提取职工教育培训费。

固定资产采用直线法计提折旧，应根据制造成本的计算时间来确定计提折旧的时间，生产制造公司一般应按季度计提。

成本计算的基本方法为品种法，辅助计算方法可采用定额成本核算法或分类法。公司选择最适合的产品成本计算辅助方法。

生产制造公司采用备抵法核算坏账损失。坏账准备按年提取，一般按年末应收账款余额的 3%～5% 提取。公司自行选择具体比例。

四、实习流程

1. 研读生产制造公司有关业务规则，掌握业务规则中规定必须使用的会计政策和企业可以自主决定的会计政策；
2. 根据本单位生产经营特点、会计核算要求和管理要求，确定会计政策。

五、实习成果与评价

公司会计政策——100%。

六、理论思考

1. 企业基本的会计政策有哪些?
2. 会计政策选择应考虑哪些因素?
3. 会计政策选择应遵循哪些原则?

第四节 制定会计科目表

一、实习内容

实习会计科目的设置,包括总账科目的设置、二级明细科目的设置和三级明细科目的设置。

二、相关知识提示

会计科目是对会计要素的具体内容进行分类核算的项目。会计科目按经济内容可以分为资产科目、负债科目、所有者权益科目、成本科目和损益科目;按提供信息的详细程度可以分为总账科目和明细科目,明细科目可以进一步分为二级明细科目和三级明细科目。

企业应在遵循会计准则的前提下设置会计科目。会计科目的设置要全面反映经济业务活动、要满足企业经济管理的需要、要处理好科目关系。企业在不违反会计准则中确认、计量和报告规定的前提下,可以根据本单位的实际情况自行增设、分拆、合并会计科目。

三、实习环境与条件

生产制造公司第 7 年年末的资产负债表中有关项目包括货币资金、交易性金融资产、应收票据、应收利息、应收账款、存货、持有至到期投资、固定资产、无形资产、长期待摊费用、短期借款、应付账款、应付职工薪酬、应付股利、应交税费、长期借款、股本、资本公积、盈余公积、未分配利润。第 7 年 12 月利润表中有关项目包括营业收入、营业成本、营业税金及附加、销售费用、管理费用、财务费用、营业外收入、营业外支出、所得税费用。报表附注中说明货币资金有库存现金、银行存款;应收账款客户有华宏贸易有限公司和昌兴工贸有限公司；应收票据客户有云鹏贸易有限公司；固定资产有厂房、生产线、动力设备、办公设备、原材料仓库、产成品仓库、运输设备；短期借款有半年期流动资金借款和1年期流动资金借款；长期借款有固定资产贷款；应交税费下有应交所得税、应交增值税、应交教育费附加；应付账款有供应商京华科技公司；股本投资者有投资人A、投资人B、投资人C；应付股利受益者有投资人A、投资人B和投资人C。注意：坏账准备、累计折旧不需设置明细科目。根据这些可以设置一级科目和明细科目，实际业务发生时还可根据情况增加。

四、实习流程

1. 结合仿真实习基础信息和初始数据，分析确认本公司尚未清偿的债权债务及其对方单位；
2. 进一步确定本公司资产的来源及其明细项目（尚未清偿的债券债务以外的具体项目）；
3. 设计本公司组织会计核算所需要的会计科目体系。

五、实习成果与评价

1. 一级会计科目表——60%；
2. 有关明细科目——40%。

六、理论思考

1. 会计科目设置应坚持哪些原则？
2. 会计科目和账户有什么联系和区别？

第五节 票 据 管 理

一、实习内容

实习票据的使用和管理。包括商业汇票、支票的使用和管理以及各种收据、发票的使用和管理。

二、相关知识提示

发票、收据等主要是指用于公司之间往来的统一票据，所有票据的存根联必须保管好，以备检查。用完后的存根联应该整本交回税务部门，才能购买相应的新票据。会计业务处理时，要根据票据的有关记账联进行账务处理，不能用发票联作为原始凭证。

三、实习环境与条件

公司日常会计核算所需要的原始单据，如果属于公司内部往来的单据，可以自制，也可以购买；如果需要开具给外单位的票据，必须使用统一正规票据。发票等票据在税务部门购买，公司建立发票的使用制度和发票管理登记簿；支票等票据在银行购买。生产制造公司结算时可使用的票据有现金支票、转账支票、商业承兑汇票和银行承兑汇票。商业汇票分无息和带息两种，带息商业汇票月息1%。企业持有尚未到期的应收票据可以向银行申请贴现。

四、实习流程

1. 根据经济业务领用各种票据；
2. 根据公司的业务种类，预计实习中可能发生的业务类型，设计完善新单据；
3. 根据经济业务使用的各种票据，进行票据结算等票据行为；
4. 保管票据；
5. 进行会计处理。

五、实习成果与评价

1. 自制单据的设计——20%；
2. 外来单据的领购——10%；
3. 票据的出票、结算、贴现等票据行为的执行情况——20%；
4. 生产制造公司增值税专用发票存根联内部管理台账——15%；
5. 生产制造公司增值税专用发票抵扣联内部管理台账——15%；
6. 生产制造公司发票存根——10%；
7. 各种单据的保管——10%。

六、理论思考

1. 设置单据应考虑哪些因素？
2. 领购发票的一般程序是什么？
3. 如何使用和保管发票？
4. 各种票据结算在会计上如何进行账务处理？

第六节　会计档案管理

一、实习内容

实习会计档案的管理，包括会计档案的整理、立卷、保管和移交等。

二、相关知识提示

会计档案包括会计凭证、会计账簿和财务报表等会计核算的资料，银行余额调节表、银行对账单、会计档案移交清册、会计档案保管清册、会计档案销毁清册和其他应当保存的会计核算专业资料也是会计档案。各单位应遵循《会计档案管理办法》，每年形成的会计档案，应当由会计机构按照归档要求，负责整理立卷。会计档案的保管期限分为永久、定期两类。年度财务报告、会计档案保管清册、会计档案销毁清册为永久保管会计档案，其他为定期保管会计档案。定期保管会计档案中，月、季度财务报告的保管期为 3 年；固定资产卡片、银行存款余额调节表和银行对账单为 5 年；各种会计凭证、总账、明细账、辅助账簿和会计档案移交清册为 15 年；现金和银行存款日记账为 25 年。会计档案的保管期限，从会计年度终了后的第一天算起。所有会计凭证、会计账簿、财务报告等会计档案应该按年装订成册，并妥善保管，以便查阅。会计档案是记录公司生产经营活动的重要证据，不得随意销毁。会计档案是审计部门对公司生产经营活动进行审计的主要证据，各个公司必须主动配合注册会计师事务所的审计工作。

三、实习环境与条件

生产制造公司的档案包括会计档案和其他档案，其中会计档案是最重要的经济档案。各公司不得随意销毁会计档案；实习结束时将各年会计档案全部移交给实习指导教师。

四、实习流程

1. 研读《刑法》、《会计法》中关于会计档案的规定及财政部和国家档案局发布的《会计档案管理办法》；
2. 制定档案资料管理办法，包括档案整理办法、档案接收办法、档案移交办法和档案管理办法；
3. 公司内部指定专人负责档案资料的搜集与审核工作；
4. 对审核资料进行整理、分类、汇总，分类归集档案资料，并将档案资料装订成册，加具封面、目录，填写归档信息；

5. 移交实习档案资料并办理移交手续。

五、实习成果与评价

1. 档案资料管理办法——20%；
2. 各项会计档案资料——80%。

六、案例分析

（一）案例资料

郑州永明制药有限公司董事长王明亮对依法应当保存的会计凭证、会计账簿予以隐匿，日前被郑州市中原区人民法院以隐匿会计凭证、会计账簿罪判处王明亮有期徒刑2年，并处罚金5万元。

王明亮系河南省巩义市人，1994年6月至2000年，任郑州永明制药有限公司（以下简称永明公司）法定代表人、董事长。在他担任公司董事长期间，永明公司以购买设备、材料缺乏资金为由，先后多次向原河南省金育试验银行（后改为郑州市商业银行红旗路支行）等多家金融机构贷款2 000余万元，没有偿还。1999年8月，永明公司的财产被郑州市中级人民法院依法查封扣押。在此期间，为了躲避稽查，王明亮让公司员工田某将财务室内的会计凭证、会计账簿等资料，全部运到郑州市的汝州宾馆交给自己。王明亮随即又将这些会计资料运走藏匿。2001年12月，王明亮因涉嫌贷款诈骗罪被郑州市公安局刑事拘留，后被逮捕。在羁押期间，公安人员为了查清永明公司贷款去向，多次对王明亮进行讯问，但王明亮拒不交代永明公司会计资料的下落，致使公安机关无法查证落实这家公司贷款去向。

郑州市中原区人民法院经审理后认为，被告人王明亮隐匿依法应当保存的会计凭证、会计账簿，情节严重，其行为已经构成隐匿会计凭证、会计账簿罪，应予惩处。

（二）案例评析

《中华人民共和国会计法》规定，各单位必须依法设置会计账簿，并保证其真实、完整。单位负责人对本单位的会计工作和会计资料的真实性、完整性负责。该法第23条还规定，各单位对会计凭证、会计账簿、财务会计报告和其他会计资料应当建立档案，妥善保管。会计档案的保管期限和销毁办法，由国务院财政部门会同有关部门制定。对违反上述条款的行为，《会计法》第44条规定：隐匿或者故意销毁依法应当保存的会计凭证、会计账簿、财务会计报告，构成犯罪的，依法追究刑事责任。

隐匿或者销毁会计凭证、会计账簿、财务会计报告的行为不仅破坏了会计资料的真实性和完整性，而且往往是为了掩盖其他的违法犯罪行为，在司法实践中，一些犯罪分子为了掩盖其贪污、挪用、走私、偷税、骗取出口退税等犯罪行为，往往采取隐匿或者销毁会计凭证、会计账簿、财务会计报告等行为，以达到毁灭罪证，逃避刑事追究之目的。为严厉打击这类危害社会的犯罪行为，自1999年12月25日经第九届全国人民代表大会常务委员会第十三次会议通过的《中华人民共和国刑法修正案》，就将隐匿、故意销毁会计凭证、会计账簿、财务会计报告罪列入了其中。经过修正的《刑法》第162条规定，"隐匿或者故意销毁依法应当保存的会计凭证、会计账簿、财务会计报告，情节严重的，处五年以下有期徒刑或者拘役，并处或者单处二万元以上二十万元以下罚金"、"单位犯前款罪的，对单位判处罚金，并对其直接负责的主管人员和其他直接责任人员，依照前款的规定处罚"。

七、理论思考

1. 根据《会计档案管理办法》的规定，不同类别的会计档案，其保管期限有什么不同要求？

2. 如何制定本公司档案管理办法？包括哪些基本内容？

第十章 生产条件准备业务核算

第一节 固定资产投资的核算

一、实习内容

实习固定资产投资的核算，包括外购、自行建造、经营性租入固定资产的核算。

二、相关知识提示

（一）固定资产成本的构成

外购固定资产的成本，包括购买价款、进口关税和其他税费、使固定资产达到预定可使用状态前所发生的可归属于该项资产的运输费、装卸费、安装费和专业人员服务费。

自行建造固定资产的成本，由建造该项资产达到预定可使用状态前所发生的必要支出构成，包括工程用物资成本、人工成本、交纳的相关税费、应予资本化的借款费用以及应分摊的间接费用等。

（二）固定资产投资的账务处理

1. 外购固定资产的账务处理。

(1) 购入不需安装的固定资产，按应计入固定资产成本的金额：

借：固定资产
　　贷：银行存款

(2) 购入需要安装的固定资产：

借：在建工程
　　贷：银行存款

发生安装费用也在在建工程账户核算，工程完工后转入固定资产。

2. 自行建造的固定资产。

(1) 不管是自营还是出包，发生工程成本时：

　　　　借：在建工程
　　　　　　贷：银行存款
　　　　　　　　工程物资/原材料/库存商品
　　　　　　　　应交税费
　　　　　　　　应付职工薪酬
　　　　　　　　生产成本——辅助生产成本
　　　　　　　　长期借款等
（2）在建工程达到预定可使用状态，结转在建工程成本：
　　　　借：固定资产
　　　　　　贷：在建工程
3. 租入固定资产。经营性租赁固定资产，企业对租入的固定资产不能作为固定资产的增加来核算，只能通过备查登记的方式记录和管理租入固定资产。

三、实习环境与条件

　　公司建筑物包括厂房、仓库和行政大楼。建筑物可以自行建造，也可以从租赁公司经营性租用。公司可以购买或建造的厂房类型共有 6 种，公司的仓库包括原材料仓库、半成品仓库和产成品仓库。行政大楼是公司已拥有的。

　　供应商供应的所有设备合格率为 100%。生产制造公司的设备包括生产设备和运输设备等，其中生产设备包括生产设备和辅助生产设备。生产设备有生产线、装配线、动力设备。生产设备可购买并支付安装费用分期安装，也可以经营租赁方式从租赁公司经营性租用。购买生产设备时付款方式可选择分期付款和一次性付款。自有设备可按季度或按年度租用。租入设备需要安装调试后才能使用。生产线（装配线）和动力设备配套使用。生产设备可以进行改装、变更。设备还要进行维护和修理。生产制造公司如需要增加运输设备，可以购买，也可以向租赁公司经营性租入。

　　生产制造公司进行固定资产投资时，必须提出书面申请，写出可行性论证报告，经公司最高行政领导审核批准后，才可实施投资。

　　生产制造公司自行建造的厂房、仓库等，必须购买建筑材料，按照建筑材料价款的一定比例投入其他建筑费用并需要一定建筑周期才能完工，经验收合格办理相应手续的次月才能投产使用。自行建造的厂房、仓库的入账价值由材料买价、税款、运杂费及其他建造费用构成。生产制造公司自行建造厂房的建造费用按照建筑材料买价的 50% 计算，仓库的建造费用按建筑材料买价的 40% 计算。生产设备买进或租入后需要安装，买入后从安装完毕验收合格并办理相应手续的次月才可投入生产，租入设备的安装调试费为所租设备一个月的租赁费。

四、实习流程

1. 取得和审核购建固定资产的原始凭证,确定固定资产的原始成本;
2. 编制记账凭证;
3. 登记银行存款日记账、固定资产明细账、在建工程明细账等。

五、实习成果与评价

1. 固定资产取得成本的正确计算——20%。
2. 购买固定资产有关原始凭证——30%。
3. 按照原始凭证编制的记账凭证——20%。
4. 有关日记账、明细账记录——30%。

六、案例分析

(一) 案例资料

小贾所在的公司在筹建期就着手进行商品房的土建工程。该工程采取公开招标方式,以150万元人民币出包给了宏建工程公司。工程开工之后,小贾按照有关规定,利用在建工程账户记载与承包单位的工程结算。当公司按规定预付承包单位50%的工程价款时,小贾的会计处理是:

借:在建工程　　　　　　　　　　　　　　　750 000
　　贷:银行存款　　　　　　　　　　　　　　　　750 000

工程完工收到承包单位工程决算账单,补付工程承包款时,会计处理为:

借:在建工程　　　　　　　　　　　　　　　750 000
　　贷:银行存款　　　　　　　　　　　　　　　　750 000

工程完工交付使用时,账务处理遇到了以下麻烦:由于工程采用承包方式,工程造价固定为150万元。而该土建工程具体包括库房、库房院落道路及围墙,工程决算书中只标明了各具体工程的质量标准,并没有详细列示各具体工程的造价。如果按照该土建工程的总造价150万元借记固定资产,其固定资产明细该如何划分呢?因为,仓库的库房属于房产,按规定需要向税务机关缴纳房产税,而院内道路及围墙属于建筑物,按照规定就不需要缴纳房产税。根据有关规定,从价计征的各单位房产税是按房产的原值减除一定比例后的余值计征,而小贾所在地区的房产税是按以下公式计算:当年纳税额 = 应税房产原值 $\times (1-30\%) \times 1.2\%$。

显然,该工程如果全部纳入固定资产中的房屋类去核算,就会混淆纳税界限,甚至造成不必要的企业损失。如果小贾自己把握150万元的工程造价分类标准,凭想当然划分房屋类和建筑物类的工程造价,就会冒会计责任之风险。搞不好，还会有偷税、逃税之嫌。这种出力不讨好的事情是谁也不愿意做的。经过反复思考，小贾认为，宏建公司应该承担各项具体工程决算的编制任务。他扣发了最后一笔补付工程款，提出要承包单位做出详细的工程决算，列出每一个具体工程的造价；否则就暂停补付工程款。这一招果然灵验，宏建公司终于拿出了令小贾满意的工程决算书。小贾根据该工程决算书所列工程造价明细表，最终做出如下会计分录：

借：固定资产——库房　　　　　　　　　　　　1 000 000
　　固定资产——建筑物（围墙）　　　　　　　　200 000
　　固定资产——建筑物（道路）　　　　　　　　300 000
　　贷：在建工程　　　　　　　　　　　　　　　　1 500 000

（二）案例点评

小贾对出包完工工程的以上会计考虑以及账务处理体现了小贾的会计工作经验也日显成熟。经验和挫折使小贾变得能够保护自己。这也是任何会计工作者在现实环境下都无法回避的重要问题。

七、理论思考

1. 固定资产成本与存货成本的范围有何不同？
2. 对于非货币交易取得的固定资产，如何确定其入账价值？

第二节　购买原材料的核算

一、实习内容

实习材料采购的核算，包括材料采购成本的计算、材料按实际成本计价和按计划成本计价的账务处理、商业折扣和现金折扣的账务处理、采购差旅费的账务处理等。

二、相关知识提示

（一）材料采购成本的构成

材料的采购成本包括购买价款、相关税费、运输费、装卸费、保险费及其他可归属于材料采购成本的费用，运输中的合理损耗、入库前的整理挑选费用等。

（二）材料采购的账务处理

1. 材料按实际成本计价的账务处理。

（1）发票账单与原材料同时到达时：

借：原材料
　　　应交税费——应交增值税（进项税额）
　　贷：银行存款
（2）已经付款或已经开出、承兑商业汇票，但原材料尚未到达：
借：在途物资
　　　应交税费——应交增值税（进项税额）
　　贷：银行存款/应付票据
借：原材料
　　贷：在途物资
（3）材料已入库，但尚未付款：
月末时，按暂估价入账：
借：原材料
　　贷：应付账款
下月初用红字将上述分录冲回。
付款时：
借：原材料
　　　应交税费——应交增值税（进项税额）
　　贷：银行存款
（4）采用预付账款方式采购材料：
预付货款时：
借：预付账款
　　贷：银行存款
收到材料并补付货款时：
借：原材料
　　　应交税费——应交增值税（进项税额）
　　贷：预付账款
　　　　银行存款
2. 材料按计划成本计价的账务处理。
（1）支付货款或开出并承兑商业汇票时：
借：物资采购
　　　应交税费——应交增值税（进项税额）
　　贷：银行存款/应付票据
（2）收到材料时：
借：原材料　　　　　　　　　　　　　（计划成本）

　　　　材料成本差异　　　　　　　　　　　　　　　　　　　　（超支）
　　　贷：物资采购
　　　　材料成本差异　　　　　　　　　　　　　　　　　　　　（节约）
上述分录也可以在月末集中结转。

（三）折扣和采购差旅费的处理

采购材料中如有商业折扣，应按扣除商业折扣后的实际成本进行核算；如有现金折扣，应冲销财务费用。

采购材料发生的差旅费计入管理费用。

三、实习环境与条件

生产制造公司生产需要的材料包括 M_1、M_2、M_{31}、M_{32}、M_{41}、M_{42}，其供应商有三家国内供应商，即京华科技公司、竖立科技公司和华峰电子公司。

材料采购价格由双方协商确定，并以购销合同为准。供应商可能向买方提供商业折扣。材料货款可以通过三种方式支付：支付现金、签发商业汇票和托收承付。支付现金时，可获得一定的现金折扣。所购材料的合格率在 95%～100% 之间，不合格材料的损失根据合同规定确定责任承担者。材料购进中的运输费用由交易双方在购销合同中约定，如果由生产制造公司承担运输费用，可以自行运输，也可以外包给第三方物流公司运输。多种材料共同负担运输费的，应编制运杂费分配表，计算采购材料的实际成本。每次采购都视为出差行为，每次采购的固定成本（包括差旅费、谈判及合同处理等）为 50 000 元。

M_2 材料采用计划成本核算，其他材料的计价方式由公司自定。

四、实习流程

1. 确定原材料的计价方式，即按实际成本核算或按计划成本核算；
2. 从采购等业务部门获得相关原始凭证；
3. 支付货款；
4. 计算材料采购的实际成本；
5. 编制记账凭证；
6. 登记原材料明细账、应付账款明细账、应交增值税明细账、银行存款日记账等。

五、实验成果与评价

1. 原始凭证——30%；
2. 记账凭证——40%；

3. 明细账和日记账记录——30%。

六、案例分析

(一) 案例资料

某企业原材料采用计划成本核算。某日购入 A 材料一批。增值税专用发票填列：数量 12 000 千克，单价 10 元，价款 120 000 元，税率 17%，税额 20 400 元，价税合计 140 400 元。材料入库单填列：入库数量 11 250 千克，计划单价 8 元，入库材料计划成本 90 000 元。该材料定额损耗率为 5%。

企业根据发票金额付款时，会计处理为：

借：材料采购　　　　　　　　　　　　　　　　　140 400
　　贷：银行存款　　　　　　　　　　　　　　　140 400

材料验收入库时，会计处理为：

借：原材料　　　　　　　　　　　　　　　　　　90 000
　　应交税费——应交增值税（进项税额）　　　　20 400
　　材料成本差异　　　　　　　　　　　　　　　30 000
　　贷：材料采购　　　　　　　　　　　　　　　140 400

(二) 案例评析

该企业的材料入库的账务处理是错误的。A 材料的损耗共 750 千克（12 000 - 11 250），其中 600 千克（12 000×5%）属于定额内合理损耗，150 千克属于超定额的非正常损耗。合理损耗部分应计入材料采购成本，其增值税可以抵扣；非正常损耗部分应计入待处理财产损溢，其增值税不能抵扣，即材料采购成本和抵扣增值税应按 11 850 千克（12 000 - 150）计算。正确的会计处理应为：

借：原材料　　　　　　　　　　94 800　［11 850×8］
　　应交税费——应交增值税（进项税额）
　　　　　　　　　　　　　　　20 145　［11 850×10×17%］
　　材料成本差异　　　　　　　23 700　［11 850×(10-8)］
　　待处理财产损溢　　　　　　 1 755　［150×10×(1+17%)］
　　贷：材料采购　　　　　　　　　　　　　　　140 400

七、理论思考

1. 原材料按计划成本计价进行核算有何意义？
2. 进口原材料的各种税金应如何进行账务处理？
3. 材料采购中商业折扣和现金折扣的处理有何不同？为什么？
4. 已经验收入库但尚未付款的原材料，为什么要在月末按暂估价入账？

第三节　固定资产折旧的核算

一、实习内容

实习固定资产折旧的核算，计算固定资产折旧，并进行折旧的账务处理。

二、相关知识提示

固定资产折旧的计算方法包括平均年限法、工作量法、双倍余额递减法和年数总和法等。折旧方法一经确定，不得随意变更。企业应按月计提折旧，并根据用途计入相关资产的成本或当期损益。

按使用年限平均法计算折旧的公式是：

年折旧额＝（原始价值－预计净残值）/预计使用年限

或者：　年折旧额＝原始价值×年折旧率

年折旧率＝年折旧额/原始价值×100%

月折旧率＝年折旧率/12

计提折旧时，先编制固定资产折旧计算表，按照固定资产使用部门，将折旧费用计入相应的成本费用中。月份内新增的固定资产，下月开始计提折旧；月份内减少或停用的固定资产，当月照提折旧。所以，

当月固定资产应计提折旧额＝上月固定资产计提的折旧额
　　　　　　　　　　　　＋上月增加的固定资产应计提的月折旧额
　　　　　　　　　　　　－上月减少的固定资产应计提的月折旧额

计提折旧的账务处理为：
借：制造费用/管理费用/销售费用/其他业务成本
　　贷：累计折旧

三、实习环境与条件

仿真制造公司自有固定资产必须计提固定资产折旧，一律采用直线法，按季度计提。固定资产折旧计算表可根据公司固定资产第七年末基本信息以及公司财务造的固定资产卡片编制。

四、实习流程

1. 确定固定资产季度折旧率；
2. 分类汇总季初应计折旧固定资产原值；

3. 编制固定资产折旧计算表，计算应提取的折旧额；
4. 编制记账凭证；
5. 登记累计折旧明细账、制造费用明细账、管理费用明细账等。

五、实习成果与评价

1. 固定资产折旧计算表——40%；
2. 记账凭证——30%；
3. 有关明细账记录——30%。

六、理论思考

1. 试分析固定资产折旧的经济意义。
2. 固定资产折旧为什么要设置"累计折旧"科目进行核算？

第四节　材料发出的核算

一、实习内容

实习材料发出的核算，包括生产领用材料的核算、材料销售的核算等。

二、相关知识提示

（一）发出材料的计价方法

根据企业会计准则，对于发出的材料，按照实际成本核算的，可以分别采用先进先出法、加权平均法和个别计价法等方法确定其实际成本；对于发出材料采用计划成本核算的，应在会计期末结转应负担的成本差异，从而将发出材料的计划成本调整为实际成本。为确定发出材料的数量，需要选用实地盘存制或永续盘存制。

材料发出计价方法一旦选定，前后各期应保持一致。

（二）发出材料的账务处理

1. 生产经营领用的原材料，应根据领用部门和用途，分别计入有关成本费用项目。按计算出的实际成本：

借：生产成本/制造费用/委托加工物资/销售费用/管理费用
　　贷：原材料

2. 出售原材料，按出售原材料的实际成本结转销售成本：

借：其他业务成本

　　　　贷：原材料
　　3. 在建工程领用的原材料，相应的增值税进项税额不予抵扣：
　　　　借：在建工程
　　　　　　贷：原材料
　　　　　　　　应交税费——应交增值税（进项税额转出）
　　4. 公司以原材料进行非货币性资产交换、债务重组、作为非同一控制或同一控制下企业合并支付的对价等，应按材料销售处理。
　　上述都是按实际成本结转的，如果是按计划成本，则还应在会计期末将相应的材料成本差异进行结转。

三、实习环境与条件

　　M_2 原材料和自制半成品 M_3 采用计划成本核算。其他材料的计价方式由公司自定。采用计划成本核算的原材料，在年末计算并分摊材料成本差异，调整发出材料的实际成本。

　　发出存货可以采用先进先出法计价，也可以采用全月一次加权平均法计价或其他方法，具体核算方法由公司自行决定，但必须遵守一贯性原则。

　　公司如要出售原材料、半成品、产成品等流动资产，只能在同一市场中的生产制造公司之间寻找合作伙伴，而且必须签订书面购销合同，购销合同中应该约定成交价格、成交数量、付款方式、付款期限、违约责任等。

四、实习流程

　　1. 确定发出材料的计价方法；
　　2. 确定发出材料的数量；
　　3. 在确定发出材料的成本基础上，按发出材料的不同用途，编制原始凭证；
　　4. 编制记账凭证；
　　5. 登记原材料明细账、生产成本明细账、制造费用明细账、管理费用明细账、销售费用明细账等。

五、实习成果与评价

　　1. 发出材料计价方法的选择——20%；
　　2. 材料结存数量的确定方法——20%；
　　3. 有关材料发出的原始凭证、记账凭证——30%；
　　4. 明细账和日记账记录——30%。

六、案例分析

（一）案例资料

某年 5 月 1 日，A 公司结存原材料的计划成本为 50 000 元，材料成本差异——原材料科目的贷方余额为 1 000 元。经汇总，5 月份的材料采购业务中，已经付款或已开出、承兑商业汇票并已验收入库的原材料计划成本为 390 000 元，实际成本为 402 000 元，材料成本差异为超支 12 000 元。5 月份领用原材料的计划成本为 350 000 元，其中，基本生产车间领用 250 000 元，辅助生产车间领用 60 000 元，车间一般耗用 16 000 元，管理部门领用 2 000 元，出售 22 000 元。

1. 按计划成本发出原材料：

借：生产成本——基本生产成本	250 000
——辅助生产成本	60 000
制造费用	16 000
管理费用	2 000
其他业务成本	22 000
贷：原材料	350 000

2. 月末，计算本月材料成本差异：

本月材料成本差异率 =（-1 000 + 12 000）/（50 000 + 390 000）× 100% = 3%

在计算本月材料成本差异率时，本月收入存货的计划成本金额不包括已验收入库但发票等结算凭证月末尚未到达，企业按计划成本估价入账的原材料金额。

3. 分摊材料成本差异：

生产成本（基本生产成本）= 250 000 × 3% = 7 500（元）

生产成本（辅助生产成本）= 60 000 × 3% = 1 800（元）

制造费用 = 16 000 × 3% = 480（元）

管理费用 = 2 000 × 3% = 60（元）

其他业务成本 = 22 000 × 3% = 660（元）

借：生产成本——基本生产成本	7 500
——辅助生产成本	1 800
制造费用	480
管理费用	60
其他业务成本	660
贷：材料成本差异——原材料	10 500

4. 月末，计算结存原材料实际成本：

原材料科目余额 =（50 000 + 390 000）- 350 000 = 90 000（元）

材料成本差异科目期末余额 = (- 1 000 + 12 000) - 10 500 = 500（元）
结存原材料实际成本 = 90 000 + 500 = 90 500（元）

（二）案例点评

1. 本题中没有提到期末存货数量的确定方法，实务中应注意采用适当的盘点方法确定。
2. 本题中按月计算材料成本差异率，注意材料成本差异率的计算方法。
3. 期末若有以暂估价入账的材料，则计算期末原材料实际成本时要加上。

七、理论思考

1. 各种材料发出计价方法如何计算发出和结存材料的成本？
2. 材料发出用于不同的用途，核算时一般会涉及哪些账户？
3. 材料发出时，有关增值税如何处理？

第五节 职工薪酬的核算

一、实习内容

实习职工薪酬的核算，包括工资、职工福利费、工会经费和职工教育经费等的核算。

二、相关知识提示

（一）职工薪酬的构成

职工薪酬是指企业为获得职工提供的服务而给予各种形式的报酬及其他相关支出。包括：职工工资、奖金、津贴和补贴；职工福利费；医疗保险费、养老保险费、失业保险费、工伤保险费和生育保险费等社会保险费；住房公积金；工会经费和职工教育经费；非货币性福利；因解除与职工的劳动关系给予的补偿；其他与获得职工提供的服务相关的支出。

（二）应付职工薪酬的账务处理

1. 企业支付职工工资及代扣款项时：
借：应付职工薪酬——应付工资
　　贷：银行存款
　　　　其他应付款等
2. 月末分配工资费用时：
借：生产成本

制造费用
销售费用
管理费用
在建工程
应付职工薪酬——应付福利费等
　　贷：应付职工薪酬——应付工资

3. 企业计提职工福利费、社会保险费、住房公积金、工会经费和职工教育经费时：

借：相关账户
　　贷：应付职工薪酬——职工福利费
　　　　　　　　　　——社会保险费
　　　　　　　　　　——住房公积金
　　　　　　　　　　——工会经费
　　　　　　　　　　——职工教育经费

4. 支付或使用职工福利费、社会保险费、住房公积金、工会经费和职工教育经费时：

借：应付职工薪酬——职工福利费
　　　　　　　　——社会保险费
　　　　　　　　——住房公积金
　　　　　　　　——工会经费
　　　　　　　　——职工教育经费
　　贷：银行存款等

三、实习环境与条件

生产制造公司有直接生产人员、辅助生产人员、行政管理人员、销售人员和其他人员，销售人员有销售业务员、销售主管和销售经理。直接生产工人的工资包括岗位工资和计件工资。辅助生产人员按其有无技术级别分别按技术级别和所在生产线直接生产工人当月平均工资的60%计算。行政管理人员执行职称工资标准。所有销售人员都执行底薪加销售提成的工资标准。每个销售业务员必须完成基本年销售量，才能得到基本工资；如不能完成基本年销售量，只能按基本工资的80%计发工资。公司的其他人员按无职称人员发放工资。

制造公司职工工资费用由人事部门按月（季）计算，并将计算结果及时报送财务部门，由财务部门负责发放；公司不得拖欠职工工资，必须按时足额发放职工工资；职工工资收入应该缴纳个人所得税，个人所得税由职工个人负担，生产制造公司是职工个人所得税的代扣代缴义务人。公司职工应该享有正常福利，按照国家规定，生产制造公司应按当月（季）工资总额的14%计提职工福利费。还有特别规定，公司所计提的职工福利费，每个季度必须使用全年职工福利费的20%，全年使用率达到90%以上。公司必须按照当月（季）工资总额的一定比例提取工会经费。特别规定，公司提取的工会经费，每个季度必须使用全年工会经费的20%，全年使用率达到90%以上。为提高公司职工的水平、素质和能力，公司应按当月（季）工资总额的一定比例提取职工教育经费。公司已经使用的福利费、工会经费以及职工教育培训费，由外部相关部门代为收缴。各个生产制造公司相关岗位工作人员主动到银行交纳，并取得职工福利费使用时间、使用金额的证据。

四、实习流程

1. 编制工资计算表；
2. 按实发工资数提现；
3. 编制工资发放表，支付职工工资，从应付工资中扣除代扣职工应缴的各种款项；
4. 职工福利费的提取和使用，工会经费、职工教育经费的提取；
5. 按每月职工实际耗用于各项生产经营活动的劳动量进行工资分配，编制记账凭证；
6. 登记应付职工薪酬明细账、各种费用明细账以及有关日记账。

五、实习成果与评价

1. 职工工资计算表、工资费用分配表——40%；
2. 记账凭证——30%；
3. 有关日记账、明细账记录——30%。

六、理论思考

1. 职工薪酬包括哪些内容？
2. 企业为职工缴纳的医疗保险费、养老保险费、失业保险费、工伤保险费用、生育保险费用等社会保险费用和住房公积金，应当在职工为企业提供服务的会计期间，根据工资总额的一定比例计算，在成本费用中列支。那么这个比例定为多少合适？

第十一章 生产业务核算

第一节 材料费用的归集和分配

一、实习内容

实习材料费用的归集和分配,确定当期生产产品发生的材料费用。

二、相关知识提示

(一)材料费用发出

材料费用这里指的是企业在产品生产中消耗并构成产品实体的原料、主要材料,以及有助于产品形成的辅助材料、设备配件和外购的半成品等。材料费用的归集和分配是由财会部门在月份终了时,将当月发生的应计入产品成本的全部领料单、限额领料单和退料单等各种原始凭证按产品和用途进行归集,编制发出材料汇总表,对于直接用于制造产品的材料费用能够直接计入成本核算对象的,直接记入生产成本账户中的直接材料项下;几种产品合用一种材料的,要采用适当的方法进行分配,通常按各种产品的材料定额耗用量的比例或各种产品的重量比例分配。

发出材料汇总表格式如表11-1所示。

表11-1　　　　　　　　　发出材料汇总表

200×年×月×日　　　　　　　　　　　　　　　单位:元

会计科目	领用单位及用途	原材料	低值易耗品	合　计
生产成本——基本生产成本	甲产品 乙产品			
生产成本——辅助生产成本				
制造费用				
管理费用				
合计				

（二）材料发出的账务处理

根据发出材料汇总表，可对材料费用进行账务处理：

借：生产成本——基本生产成本
　　　　　　——辅助生产成本
　　制造费用
　　管理费用
　　贷：原材料
　　　　低值易耗品

三、实习环境与条件

根据各种产品的物料清单和材料消耗定额，计算直接材料费。生产制造公司有详细的产品物料清单。间接材料费计入制造费用。

四、实习流程

1. 确定公司生产产品的物料清单；
2. 从仓储部门取得材料发出相应原始单据，确认用于不同用途材料的数量等信息，编制材料发出汇总表；
3. 填制记账凭证；
4. 登记日记账、各种明细账。

五、实习成果与评价

1. 审核无误的原始凭证——20%；
2. 根据审核无误的生产业务原始凭证填制记账凭证——30%；
3. 日记账、各种明细账——50%。

六、理论思考

1. 材料费用主要指什么？
2. 如何编制材料发出汇总表？

第二节　人工费用的归集和分配

一、实习内容

实习人工费用的归集和分配，确定当期生产产品应负担的直接人工费用。

二、相关知识提示

(一) 直接人工的有关知识

直接人工是指企业支付给直接参加产品生产的工人的工资，以及按生产工人工资总额的一定比例计算提取并计入产品生产成本的职工福利费等。

生产车间直接从事产品生产工人的工资，能直接计入各种产品成本的，应根据工资结算汇总表直接计入基本生产成本明细账和产品成本计算单。

(二) 直接人工的账务处理

根据工资结算汇总表：

借：生产成本——基本生产成本
　　　　　　——辅助生产成本
　　制造费用
　　管理费用
　　贷：应付职工薪酬

三、实习环境与条件

生产制造公司的直接生产工人的工资包括岗位工资和计件工资。岗位工资按技术级别确定。不同产品有不同的计件工资标准。职工福利费按照直接生产人员工资的一定比例提取。

四、实习流程

1. 确定生产部门人员的工资标准，编制工资结算汇总表；
2. 填制记账凭证；
3. 根据记账凭证登记日记账、各种明细账。

五、实习成果与评价

1. 审核无误的原始凭证——20%；
2. 根据审核无误的生产业务原始凭证填制记账凭证——30%；
3. 日记账、各种明细账——50%。

六、理论思考

1. 直接人工费用主要包括哪些？
2. 如何选择直接人工费用的分配标准？

第三节 制造费用的归集和分配

一、实习内容

实习制造费用的归集和分配，确定当期生产产品应负担的制造费用。

二、相关知识提示

（一）制造费用的内容

制造费用指直接用于产品生产，但不便于直接计入产品成本的费用，以及间接用于产品生产的各项费用，如生产部门管理人员的工资及职工福利费、生产单位固定资产的折旧费和修理费、物料消耗、办公费、水电费、保险费、劳动保护费等。

（二）制造费用的归集

制造费用的归集通过各车间的制造费用明细账进行。材料费用、人工费用和折旧费用一般在期末根据各种分配表分别计入制造费用明细账，其他零星费用通常在平时发生时记账。归集时的账务处理为：

借：制造费用
　　贷：原材料/应付职工薪酬/累计折旧/银行存款等

（三）制造费用的分配

在生产多个品种产品的情况下，归集的制造费用还应在各种产品之间进行分配。常用的制造费用分配方法有生产工时比例法、生产工人工资比例法等。分配制造费用时：

借：生产成本
　　贷：制造费用

三、实习环境与条件

制造费用包括间接材料费、间接人工费和计入制造费用的折旧费、维护费、大修理费用、动力费等。

公司拥有一套动力设备，可以为 4 条生产线（装配线）提供足够的动力。动力费用分为变动动力费用和固定动力费用。动力设备需要日常维护保养，有日常维护费。

生产设备每年需要支付固定的维护保养费；正常设备每两年大修一次，有大修理费用。

机器设备的日常维护费必须按月（季）支付，大修理费用于修理时一次性支付。各个生产制造公司因为维护保养、修理设备而支付的维护费、维修费，由外部相关部门收缴。各公司相关岗位工作人员主动到银行交纳，并取得设备维修、维护的时间、使用金额的证据。

生产车间发生的各项间接费用，必须先归集后分配，编制制造费用分配表。归集的制造费用可以按月、季、年度分配，应根据制造成本的计算时间来确定，一般应按季度归集和分配。如果不能及时归集和分配，以至于影响产品成本计算的生产制造公司，可以采用定额成本法核算制造费用，或用定额成本法核算产成品成本，但是年末需将定额成本转为实际成本。

四、实习流程

1. 取得各种间接费用发生的原始凭证；
2. 编制记账凭证；
3. 根据记账凭证登记日记账、制造费用明细账等。

五、实习成果与评价

1. 有关制造费用的原始凭证（包括制造费用分配表）——20%；
2. 有关制造费用的记账凭证——30%；
3. 制造费用明细账、总分类账——50%。

六、理论思考

1. 制造费用有哪些分配方法，各方法如何操作？
2. 制造费用一般有哪些项目？

第四节　产品成本计算

一、实习内容

实习产品成本的计算，确定当期生产产品的总成本和单位成本。

二、相关知识提示

（一）产品成本计算的方法

完工产品指已经完成了规定的生产工序，并且已经具备了对外销售条件的各种产成品。企业的生产特点和管理要求不同，归集和分配的顺序也不同，从而形成了不同的产品成本计算方法。成本计算的基本方法有品种法、分批法和分步法，辅助方法有分类法和定额法等。

（二）产品成本计算的程序

以品种法为例，其成本计算程序为：

(1) 按照产品品种设置成本明细账，分别成本项目设置专栏。

(2) 月末，编制各种费用分配表，将直接费用如直接材料、直接人工等，直接记入各产品成本明细账；将辅助生产费用按车间分别在"生产成本——辅助生产成本"账户内归集，再按一定的分配方法，记入各生产车间的"制造费用"账户内；将制造费用按其车间在"制造费用"账户内归集，再按一定比例分配，记入各产品成本明细账。

(3) 月末，将各种产品成本明细账所汇集的各产品成本，分别加总，扣除在产品成本（如有在产品），就是产成品总成本，除以产量可得到产品的单位成本。

（三）生产费用在完工产品和在产品之间分配的方法

常用的方法有：(1) 不计算在产品成本法；(2) 按年初数固定计算在产品成本法；(3) 按产品所耗原材料费用计价法；(4) 约当产量比例法；(5) 在产品按完工产品计价法；(6) 在产品按定额成本计价法；(7) 定额比例法。上述方法适用于不同的情况，企业应根据实际情况选择合适的方法。

三、实习环境与条件

根据生产制造公司的物料清单，生产每一种产品的原材料不尽相同。P_1产品直接由原材料加工生产，P_2、P_3、P_4产品都由自制半成品和原材料加工装配而成。

成本计算的基本方法为品种法，辅助计算方法可采用定额成本法或分类法，各个公司根据实际情况，自行选择合适的产品成本计算辅助方法。

制造公司自制半成品成本可以按批次计算，也可以按月（季）计算；计算自制半成品成本应编制半成品成本计算单。

产成品成本按品种法计算。计算产成品成本的制造总成本和单位成本，应该编制产品成本计算单。

生产制造公司生产的产品，按照各种产品的合格率计算合格品数量和废品数量，合格品入库，次品确认为废品损失。

四、实习流程

1. 建立需进行成本计算的半成品、产成品的生产成本多栏式明细账；

2. 计算在产品成本和完工产品成本；
3. 编制记账凭证；
4. 登记日记账、生产成本明细账等。

五、实习成果与评价

1. 各种费用分配明细表——30%；
2. 半成品成本计算单——20%；
3. 产成品成本计算单——20%；
4. 有关记账凭证、明细账记录——30%。

六、理论思考

1. 产品成本有哪些计算方法？
2. 品种法下如何计算完工产品的成本？
3. 各种间接费用如何在不同产品之间进行分配？

第十二章　市场和销售业务核算

第一节　市场开发的核算

一、实习内容

实习市场开发业务的核算，对市场开发过程中发生的费用进行账务处理。

二、相关知识提示

市场开发业务包括市场调查、市场预测与分析、制定客户发展计划、市场细分和市场定位、制定市场策划方案、实施市场策划方案、用户关系协调、工程进度协调、市场准入资格的获取等。

市场开发中发生的费用应记入销售费用账户。

三、实习环境与条件

生产制造公司已开发了本地市场，并占有较高的市场份额。公司未来还可以开发国内市场或国际市场，但必须在一定时期内投入一定量的资金，经工商行政管理部门确认后才有资格进入市场销售。公司未开发或开发未成功的市场，公司不得进入销售。如果公司擅自进入没有开发或没有开发成功的市场销售产品，工商行政管理部门有权裁定其销售合同无效，与销售产品有关的支出计入营业外支出，并处以50万元罚款。

公司与客户建立购销关系后，除签约的当年外，应每年向客户支付一定金额的维护费。

四、实习流程

1. 接受并分类汇总市场开发与维护、客户开发与维护等业务发生或者完成情况的原始凭证；
2. 审核原始凭证；

3. 确定会计核算的明细科目并编制会计分录,填制记账凭证;
4. 审核会计凭证;
5. 根据记账凭证登记日记账、各种明细账。

五、实习成果与评价

1. 审核无误的原始凭证——20%;
2. 根据审核无误的原始凭证填制记账凭证——30%;
3. 日记账、各种明细账和总账——50%。

六、理论思考

1. 市场开发过程中发生费用应予资本化还是费用化?为什么?
2. 市场开发业务与客户开发和维护业务在账务处理方面有什么特点?

第二节 产品销售的核算

一、实习内容

实习产品销售的核算,包括销售收入的确认、计量,销售中提供商业折扣和现金折扣的账务处理等。

二、相关知识提示

(一)收入的确认条件

收入按交易的性质,分为销售商品收入、提供劳务收入和让渡资产使用权收入;收入按其在经营业务中所占的比重,分为主营业务收入和其他业务收入。工业企业以销售产成品、半成品和提供工业性劳务作业为主。

销售必须满足销售实现的条件,才能确认销售收入:一是企业已将商品所有权上的主要风险和报酬转移给购货方;二是企业既没有保留通常与所有权相联系的继续管理权,也没有对已售出的商品实施有效控制;三是收入的金额能够可靠地计量;四是相关的经济利益可能流入企业;五是相关的已发生或将发生的成本能够可靠地计量。

(二)收入实现的账务处理

1. 正常销售实现。
(1)销售时:
借:应收账款/应收票据/银行存款

　　　　贷：主营业务收入
　　　　　　应交税费——应交增值税（销项税额）
（2）能同时确认成本的，可结转成本：
借：主营业务成本
　　贷：库存商品
2. 预收货款销售。
（1）收到预收货款时：
借：银行存款
　　贷：预收账款
（2）销售实现时：
借：预收账款
　　贷：主营业务收入
　　　　应交税费——应交增值税（销项税额）
（3）收到补付货款时：
借：银行存款
　　贷：预收账款
3. 销售中有商业折扣时，交易价格为商品标价扣除商业折扣，销售的会计处理不受影响。

销售有现金折扣条件时，按现行准则规定采用总价法处理。

三、实习环境与条件

本地市场、国内市场和国际市场上对不同产品的需求量是不同的。生产制造公司可在本地市场、国内市场或国际市场上销售本公司已完成开发的 P_1、P_2、P_3、P_4 中的任何产品。生产制造公司在已成功开发的市场上进行产品销售，不得与该市场以外的客户公司交易。在与客户签订合约的情况下，可以销售半成品或产成品，半成品只能销售给本市场的其他生产制造公司。每年年初均召开商品订货会。

商品销售价格由买卖双方洽谈确定。卖方公司可向客户提供商业折扣和现金折扣。货款结算可采用现金、托收承付和商业汇票方式。紧俏商品可以收取定金，定金最高不得超过合同额的 30%。销售产品时发生的运输费用，根据合同确定承担方为销售方、购买方或双方按比例承担。

四、实习流程

1. 接受并分类汇总各种半成品、产成品销售及其相关业务发生或者完成情况的原始凭证；

2. 填制记账凭证；

3. 根据记账凭证登记日记账、各种明细账。

五、实习成果与评价

1. 审核无误的原始凭证——20%；
2. 根据审核无误的销售业务原始凭证填制记账凭证——30%；
3. 日记账、各种明细账和总账——50%。

六、案例分析

（一）案例资料

A 公司向 B 公司销售一批产品。产品的生产成本为 100 000 元，合同约定的销售价格为 120 000 元，增值税额为 20 400 元。A 公司开出发票账单并按合同约定的品种和质量发出产品，B 公司收到产品并验收入库。根据合同规定，B 公司须于 30 天内付款。

借：应收账款——B 公司　　　　　　　　　　140 400
　　贷：主营业务收入　　　　　　　　　　　120 000
　　　　应交税费——应交增值税（销项税额）　20 400
借：主营业务成本　　　　　　　　　　　　　100 000
　　贷：库存商品　　　　　　　　　　　　　100 000

（二）案例评析

在这项交易中，A 公司已按合同约定的品种和质量发出产品，B 公司也已将该产品验收入库，表明产品的所有权上的风险和报酬已经转移给了 B 公司，A 公司既没有保留与所有权相联系的继续管理权，也不再对该批售出的商品实施控制；虽然 B 公司尚未付款，但并无证据表明 B 公司会不按合同约定支付货款；收入可以按合同约定的销售价格计量，产品的实际成本也已确定。因此，按照收入确认的条件，该项销售产品的收入已经实现，A 公司应确认销售收入，并结转销售成本。

七、理论思考

1. 什么条件下可确认销售收入？
2. 如何区分主营业务收入和其他业务收入？
3. 销售时提供商业折扣和现金折扣的账务处理有何不同？为什么？

第三节　销售费用的核算

一、实习内容

实习销售费用的核算，包括客户开发与维护费、广告费、差旅费、业务招待费和市场调研费用的核算。

二、相关知识提示

（一）销售费用的构成

销售费用指企业销售商品和材料、提供劳务的过程中发生的各种费用，包括保险费、包装费、展览费和广告费、商品维修费、预计产品质量保证损失、运输费、装卸费等，以及为销售本企业商品而专设的销售机构的职工薪酬、业务费和折旧费等经营费用。

（二）销售费用的账务处理

企业发生的各种销售费用：

借：销售费用
　　贷：银行存款/应付职工薪酬等

三、实习环境与条件

生产制造公司要与某一家客户公司建立购销关系，需一次性投入客户开发费和每年支付客户维护费。当前，公司已与本地市场上的所有客户建立购销关系，无须支付客户开发费，今后若要与这些客户有业务往来，需按规定支付客户维护费。本地市场、国内市场和国际市场的客户开发费、客户维护费各不相同。

销售产品时发生的运输费用，根据合同确定承担方为销售方、购买方或双方按比例承担。

生产制造公司每年需投入一定的广告宣传费用，金额不得低于上年销售额的3%。

市场部有关人员外出洽谈业务、开拓市场，视为出差行为，发生固定差旅费和变动差旅费。固定差旅费出差时支付，变动差旅费年末一次性支付。公司当年的业务招待费应不低于上年销售额的1%。公司每年最低市场调研费为15万元。差旅费、业务招待费和市场调研费可在年初预算，按季分摊，于每季初交银行专门账户。公司有关人员参加订货会时需发布订货会销售费用投入表，列示出详细的广告费、业务招待费和市场调研费用情况。

四、实习流程

1. 取得并审核各种有关销售费用的原始凭证；
2. 编制记账凭证；
3. 根据记账凭证登记日记账、各种明细账。

五、实习成果与评价

1. 审核无误的原始凭证——20%；
2. 根据审核无误的原始凭证填制记账凭证——30%；
3. 日记账、明细账记录——50%。

六、理论思考

1. 销售费用一般都包括哪些项目？
2. 销售费用包括销售商品本身的成本和劳务成本吗？

第四节 销售成本的结转

一、实习内容

实习销售成本的结转，计算已销产成品、半成品和原材料的成本，并进行账务处理。

二、相关知识提示

企业在生产经营过程中结转的成本包括主营业务成本和其他业务成本。主营业务成本是指企业销售商品、提供劳务等主营业务收入对应结转的成本。其他业务成本是指企业除主营业务活动以外的其他经营活动所发生的支出，包括出售材料的成本、经营性出租固定资产的折旧额等。

结转主营业务成本时：
  借：主营业务成本
    贷：库存商品/产成品
结转其他业务成本时：
  借：其他业务成本
    贷：原材料/累计折旧等

三、实习环境与条件

生产制造公司可以向客户销售产品，也可以向本地市场的其他制造公司销售半成品。发出存货可以采用先进先出法计价，也可以采用全月一次加权平均法计价或其他方法计价，具体核算方法由公司自行决定，但必须遵守一贯性原则。根据发出存货的计价方式，销售成本可以随时结转，也可以期末一次结转。

四、实习流程

1. 编制产品销售成本汇总表；
2. 编制记账凭证；
3. 登记主营业务成本、其他业务成本的明细账、库存商品或产成品明细账。

五、实习成果与评价

1. 销售成本汇总表——30%；
2. 记账凭证——30%；
3. 明细账记录——40%。

六、理论思考

1. 如何确定已经实现销售的各种半成品、产成品的成本？
2. 销售成本的随时结转和期末一次结转与存货计价方法有何联系？

第十三章 筹资业务核算

第一节 银行借款的核算

一、实习内容

实习短期借款和长期借款的核算,计算短期借款和长期借款的利息,并对短期借款和长期借款的借入、计息和偿还进行账务处理。

二、相关知识提示

(一) 短期借款的核算

短期借款是指企业向银行或其他金融机构借入的期限在一年以下的各种借款。一般是企业为维持正常生产经营所需资金而借入的或为抵偿某项债务而借入的款项。

(1) 取得借款时:
借:银行存款
　　贷:短期借款
(2) 资产负债表日尚未支付的利息:
借:财务费用
　　贷:应付利息
(3) 到期偿还借款本金和利息时:
借:短期借款
　　应付利息
　　财务费用
　　贷:银行存款

(二) 长期借款的核算

长期借款是企业向银行或其他金融机构借入的、偿还期超过一年的各种借款。

(1) 取得借款时：

借：银行存款
　　贷：长期借款

(2) 资产负债表日，应按摊余成本和实际利率计算确定的长期借款的利息费用：

借：在建工程/制造费用/财务费用
　　贷：应付利息（按合同利率计算确定的应付未付利息）
　　　　长期借款——利息调整

(3) 归还长期借款本金：

借：长期借款
　　贷：银行存款

(4) 同时，存在利息调整余额：

借：在建工程/制造费用/财务费用
　　贷：长期借款——利息调整

三、实习环境与条件

生产制造公司可向银行贷款，有流动资金贷款和固定资产贷款。流动资金贷款只能用于生产周转，固定资产贷款只能用于购建固定资产。公司可以用自有固定资产向银行申请抵押贷款，或用动产向银行申请质押贷款。申请贷款时，需向银行提供贷款项目可行性论证报告，并交由银行审查；如若不能提供，则提交经工商管理部门审核的抵（质）押物清单，银行根据抵（质）押物账面净值的70%~80%提供抵（质）押贷款。

流动资金贷款利息按季收取利息，固定资产贷款按照合同约定的时间收取利息。

四、实习流程

1. 公司与资金供给方商谈，确定筹资方式和金额；
2. 提交贷款可行性论证报告并审批；
3. 签订贷款合同，办理贷款业务；
4. 填制记账凭证；
5. 根据记账凭证登记日记账、长期借款明细账、短期借款明细账等。

五、实习成果与评价

1. 审核无误的原始凭证——20%；

2. 根据审核无误的借款业务原始凭证填制记账凭证——40%；

3. 日记账、各种明细账记录——40%。

六、案例分析

（一）案例资料

2008年11月1日，某公司为修建办公楼与某商业银行达成借款协议，向该银行借入5 000万元长期借款。11月5日，款项划入公司。11月10日，办公大楼已经开始建造。到2008年底，该笔借款尚未动用。在年底计提借款利息时，会计人员将借款利息予以资本化计入工程成本中。

（二）案例评析

该期间的利息计入工程成本的做法是错误的。款项已经划入公司，至年底，借款费用已经发生。办公大楼已经开始建造，所以，为使资产达到预定可使用状态所必要的购建活动已经开始。公司尚未动用该笔借款，所以利息费用的发生与建造办公大楼没有关系，即资产支出尚未发生。所以，该期间的利息不完全满足利息资本化的条件，不应计入工程成本，而应计入当年损益。

七、理论思考

1. 借款费用的费用化和资本化对企业有何财务影响？
2. 借款业务如何进行账务处理？

第二节　发行债券的核算

一、实习内容

实习债券发行的核算，包括债券发行时、债券计息、债券溢折价摊销和债券收回的核算。

二、相关知识提示

（一）债券的定义与分类

债券是企业为筹集资金而依照法定程序发行，约定在一定日期还本付息的有价证券。

债券有不同种类。可分为有担保债券和无担保债券、记名债券和无记名债券、一次还本债券和分次还本债券等。

（二）应付债券的账务处理

（1）债券发行时（可按面值、溢价、折价发行）：

借：银行存款

　　贷：应付债券——面值/利息调整

（2）资产负债表日计息：

借：财务费用/在建工程

　　贷：应付债券——应计利息/应付利息

（3）债券溢价或折价摊销：

借：应付债券——利息调整

　　贷：在建工程/财务费用

（4）债券到期还本付息：

借：应付债券——面值和应计利息/应付利息

　　贷：银行存款

三、实习环境与条件

生产制造公司可以通过发行债券筹资。公司债券发行应遵守有关债券发行审批程序。公司债券发行章程必须载明是否达到债券发行条件、发行总额、利率、期限、还本付息方式、募集资金的用途等；发行公司债券的期限为 1~3 年，债券发行总额中，1 年期债券不低于 40%；发行债券面向整个市场，包括仿真企业和虚拟社会公众。虚拟社会公众最多能购买本次发行总额的 60%；发行公司债券的发行费为千分之五，银行代销手续费千分之三。

四、实习流程

1. 公司准备各种发行债券需提交的文件，并提交给银行证券部审批；
2. 经审批后，公告公开发行募集文件，委托银行发行；
3. 取得发行款的原始凭证，填制记账凭证；
4. 根据记账凭证登记日记账、应付债券明细账。

五、实习成果与评价

1. 原始凭证——20%；
2. 根据审核无误的债券业务原始凭证填制记账凭证——30%；
3. 日记账、应付债券明细账记录——50%。

六、理论思考

1. 债券有哪些分类?
2. 债券有哪些构成要素?
3. 债券的发行价格如何确定?
4. 如何对债券的溢价和折价进行摊销?

第三节 发行股票的核算

一、实习内容

实习发行股票的核算,包括溢价发行和平价发行股票的核算。

二、相关知识提示

(一) 发行股票的有关知识

公司可以通过发行股票的方式筹集资金。公司发行股票,一般需要经过股东认购、实收股款、发行股票等阶段,时间间隔较长。股票的发行价格受发行时资本市场的需求和投资人对公司获利能力的估计的影响,公司发行股票的价格往往与股票的面值不一致。按《公司法》的规定,同次发行的股票,每股的发行条件和价格应当相同。任何单位或者个人所认购的股份,每股应当支付相同价格。

(二) 发行股票的账务处理

(1) 面值发行股票,收到股款时:

借:银行存款
　　贷:股本——普通股
　　　　　——优先股

(2) 溢价发行股票,收到股款时:

借:银行存款
　　贷:股本——普通股
　　　　　——优先股
　　　　资本公积——股本溢价

三、实习环境与条件

生产制造公司可通过发行股票的方式来筹集资金。其条件为:

(1) 最近1个会计年度净利润均为正数,净利润以扣除非经常性损益前后较低者为计算依据；
 （2）最近 1 个会计年度经营活动产生的经营性现金流量净额均为正数；
 （3）发行前股本总额不少于人民币 3 000 万元；
 （4）最近一期末无形资产占净资产的比例不高于 20%；
 （5）最近一期末不存在未弥补亏损。

四、实习流程

1. 接受发行股票业务完成的原始凭证，进行审核；
2. 填制记账凭证；
3. 根据记账凭证登记日记账、股本、资本公积等明细账。

五、实习成果与评价

1. 审核无误的原始凭证——20%；
2. 根据审核无误的原始凭证填制发行股票投资款的记账凭证——30%；
3. 日记账和各种明细账记录——50%。

六、理论思考

1. 收到直接投入资本和发行股票投资在处理上有什么不同？
2. 首次公开发行股票（IPO）业务对公司资格有什么要求？

第十四章 投资业务核算

第一节 债权投资的核算

一、实习内容

实习债券投资业务的核算,包括持有至到期投资的取得、利息收入的确认、持有至到期投资的处置以及可供出售金融资产的处理等。

二、相关知识提示

(一) 持有至到期投资与可供出售金融资产

持有至到期投资是指到期日固定、回收金额固定或可确定,且企业有明确意图和能力持有至到期的非衍生金融资产。

可供出售金融资产通常是指企业初始确认时即被指定为可供出售的非衍生金融资产,以及没有划分为以公允价值计量且其变动计入当期损益的金融资产、持有至到期投资、贷款和应收款项的金融资产。比如,企业购入的在活跃市场上有报价的股票、债券和基金等,没有划分为以公允价值计量且其变动计入当期损益的金融资产或持有至到期投资等金融资产的,可归为此类。

(二) 持有至到期投资的账务处理

1. 企业取得持有至到期投资:
借:持有至到期投资——成本
　　应收利息
　　贷:持有至到期投资——利息调整
　　　　银行存款

2. 持有至到期投资利息收入的确认:
(1) 分期付息,一次还本:
借:应收利息
　　贷:投资收益

持有至到期投资——利息调整

（2）一次还本付息：

借：持有至到期投资——应计利息
　　投资收益
　　　贷：持有至到期投资——利息调整

3. 持有至到期投资的处置：

借：银行存款
　　　贷：持有至到期投资——成本
　　　　　持有至到期投资——应计利息
　　　　　持有至到期投资——利息调整
　　　　　投资收益

（三）可供出售金融资产的账务处理

1. 购入债券，划分为可供出售金融资产：

借：可供出售金融资产——成本
　　　贷：银行存款
　　　　　可供出售金融资产——利息调整

2. 确认利息收入：

借：应收利息/可供出售金融资产——应计利息
　　可供出售金融资产——利息调整
　　　贷：投资收益

3. 确认公允价值变动形成的损失：

借：资本公积——其他资本公积
　　　贷：可供出售金融资产——公允价值变动

4. 可供出售金融资产出售：

借：银行存款
　　资本公积——其他资本公积
　　可供出售金融资产——利息调整
　　　贷：应收利息
　　　　　可供出售金融资产——成本
　　　　　　　　　　　——公允价值变动
　　　　　投资收益

三、实习环境与条件

生产制造公司对外投资主要是债券投资，债券投资的种类、期限、利率等信息可以参考债券代售机构即银行公布的相关信息。银行每年限量代售国库券、金融债券和公司债券等，需要投资购买的公司，需提前做规划，提前向银行申请。相关信息向银行咨询。

公司第七年末持有长期的债权投资，是第六年末购入的 3 年期国库券，面值 1 000 万元，账面价值 1 200 万元，票面利率 5%，到期一次还本付息。

四、实习流程

1. 接受并分类汇总对外投资业务发生或者完成情况的原始凭证，进行审核；
2. 填制记账凭证；
3. 根据记账凭证登记日记账、持有至到期投资明细账等。

五、实习成果与评价

1. 审核无误的原始凭证——20%；
2. 根据审核无误的对外债权投资业务原始凭证填制记账凭证——30%；
3. 日记账、各种明细账和总账——50%。

六、案例分析

（一）案例资料

200×年 1 月 1 日，A 公司购入丙公司于前一年 1 月 1 日发行的面值 800 000 元、期限 5 年、票面利率 5%，每年 12 月 31 日付息、到期还本的债券作为持有至到期投资，实际支付的购买价款为 818 500 元，该价款中包含已到付息期但尚未支付的利息 40 000 元。A 公司在持有债券期间采用实际利率法确认利息收入。持有 2 年后的 9 月 1 日，将债券提前出售，取得转让收入 815 600 元。处理如下：

1 月 1 日购入债券时，持有至到期投资取得成本 = 818 500 − 40 000 = 778 500（元）。

借：持有至到期投资——丙公司债券（成本）　　　　　800 000
　　应收利息　　　　　　　　　　　　　　　　　　　 40 000
　　贷：银行存款　　　　　　　　　　　　　　　　　818 500
　　　　持有至到期投资——丙公司债券（利息调整）　 21 500

收到债券利息时：

借：银行存款　　　　　　　　　　　　　　　　　　　40 000
　　贷：应收利息　　　　　　　　　　　　　　　　　 40 000

在持有期采用实际利率法确认利息收入：

第一，计算实际利率。A 公司取得丙公司债券的成本低于丙公司债券的面值,因此,该项投资的实际利率一定高于票面利率。以 6% 作为折现率进行测算,债券年利息额 = 800 000 × 5% = 40 000(元),利息和本金的现值 = 40 000 × 3.46510561 + 800 000 × 0.79209366 = 772 279(元),小于丙债券的成本,使用插值法估算实际利率如下:实际利率 = 5% + (6% - 5%) × (800 000 - 778 500)/(800 000 - 772 279) = 5.78%。

第二,编制利息收入确认表。

表 14 - 1 利息收入确认表(实际利率法) 单位:元

计息日期	应计利息	实际利率	利息收入	利息调整	摊余成本
第一年 1 月 1 日					778 500
12 月 31 日	40 000	5.78%	44 997	4 997	783 497
第二年 12 月 31 日	40 000	5.78%	45 286	5 286	788 783
第三年 12 月 31 日	40 000	5.78%	45 592	5 592	794 375
第四年 12 月 31 日	40 000	5.78%	45 625	5 625	800 000
合　计	160 000	—	181 500	21 500	—

各年利息收入确认的会计分录如下:
第一年 12 月 31 日　借:应收利息　　　　　　　　　　　　40 000
　　　　　　　　　　　　持有至到期投资——丙公司债券(利息调整)
　　　　　　　　　　　　　　　　　　　　　　　　　　　　4 997
　　　　　　　　　　　贷:投资收益　　　　　　　　　　　　44 997
第二年 12 月 31 日　借:应收利息　　　　　　　　　　　　40 000
　　　　　　　　　　　　持有至到期投资——丙公司债券(利息调整)
　　　　　　　　　　　　　　　　　　　　　　　　　　　　5 286
　　　　　　　　　　　贷:投资收益　　　　　　　　　　　　45 286
第三年 12 月 31 日　借:应收利息　　　　　　　　　　　　40 000
　　　　　　　　　　　　持有至到期投资——丙公司债券(利息调整)
　　　　　　　　　　　　　　　　　　　　　　　　　　　　5 592
　　　　　　　　　　　贷:投资收益　　　　　　　　　　　　45 592
第四年 12 月 31 日　借:应收利息　　　　　　　　　　　　40 000
　　　　　　　　　　　　持有至到期投资——丙公司债券(利息调整)
　　　　　　　　　　　　　　　　　　　　　　　　　　　　5 625
　　　　　　　　　　　贷:投资收益　　　　　　　　　　　　45 625
第二年后的 9 月 1 日,将债券提前出售。转让日,丙公司债券账面摊余成本为 788 783 元，其中成本 800 000 元，利息调整（贷方余额）11 217 元。则处置损益 = 815 600 - (800 000 - 11 217) = 26 817（元）。

借：银行存款　　　　　　　　　　　　　　　　　　815 600
　　持有至到期投资——丙公司债券（利息调整）　　 11 217
　　贷：持有至到期投资——丙公司债券（成本）　　　800 000
　　　　投资收益　　　　　　　　　　　　　　　　　 26 817

（二）案例点评
1. 此案例处理从购买债券开始到出售为止，处理步骤合理，计算正确。
2. 注意实际利率法计息的计算和业务处理。
3. 其中没有涉及债券的重分类以及减值等问题。

七、理论思考

1. 持有至到期投资的实际利率如何计算？如何进行持有至到期投资的重分类和减值处理？
2. 持有至到期投资重分类为可供出售金融资产时如何处理？

第二节　股权投资的核算

一、实习内容

实习股权投资的核算。

二、相关知识提示

（一）长期股权投资概述
长期股权投资是指企业准备长期持有的权益性投资，可以通过企业合并取得，也可以通过企业合并以外的其他方式取得。设置长期股权投资账户核算，明细科目包括成本、损益调整等。企业取得的长期股权投资在持有期间，要根据所持有股份的性质、占被投资单位股份总额比例的大小以及对被投资单位财务和经营政策的影响程度等，分别采用成本法或权益法进行会计处理。长期股权投资可按被投资单位进行明细核算。长期股权投资采用权益法核算的，还应当分别成本、损益调整、其他权益变动进行明细核算。

（二）长期股权投资的账务处理
1. 长期股权投资的初始计量。
同一控制下企业合并形成长期股权投资，应在合并日按取得被合并方所有者权益账面价值的份额，借记长期股权投资，按享有被投资单位已宣告但尚未发放的现金股利或利润，借记应收股利科目，按支付的合并对价的账面价值，贷记有关资产或借记有关负债科目，按其差额，贷记资本公积——资本溢价或股本溢价；为借方差额的，借记资本公积——资本溢价或股本溢价，资本公积（资本溢价或股本溢价）不足冲减的，借记盈余公积、利润分配——未分配利润。

非同一控制下企业合并形成的长期股权投资，应在购买日按企业合并成本（不含应自被投资单位收取的现金股利或利润），借记长期股权投资，按享有被投资单位已宣告但尚未发放的现金股利或利润，借记应收股利，按支付合并对价的账面价值，贷记有关资产或借记有关负债科目，按发生的直接相关费用，贷记银行存款等科目，按其差额，贷记营业外收入或借记营业外支出等科目。非同一控制下企业合并涉及以库存商品等作为合并对价的，应按库存商品的公允价值，贷记主营业务收入，并同时结转相关的成本。涉及增值税的，还应进行相应的处理。以支付现金、非现金资产等其他方式（非企业合并）形成的长期股权投资，比照非同一控制下企业合并形成的长期股权投资的相关规定进行处理。投资者投入的长期股权投资，应按确定的长期股权投资成本，借记长期股权投资，贷记实收资本或股本。

2. 长期股权投资的后续计量。

（1）采用成本法核算。应按被投资单位宣告发放的现金股利或利润中属于本企业的部分，借记应收股利，贷记投资收益；属于被投资单位在取得本企业投资前实现净利润的分配额，应作为投资成本的收回，借记应收股利，贷记长期股权投资。

（2）采用权益法核算。长期股权投资的初始投资成本大于投资时应享有被投资单位可辨认净资产公允价值份额的，不调整已确认的初始投资成本。长期股权投资的初始投资成本小于投资时应享有被投资单位可辨认净资产公允价值份额的，应按其差额借记长期股权投资（成本），贷记营业外收入。根据被投资单位实现的净利润或经调整的净利润计算应享有的份额，借记长期股权投资（损益调整），贷记投资收益。被投资单位发生净亏损做相反的会计分录，但以长期股权投资的账面价值减记至零为限；还需承担的投资损失，应将其他实质上构成对被投资单位净投资的长期应收款等的账面价值减记至零为限；除按照以上步骤已确认的损失外，按照投资合同或协议约定将承担的损失，确认为预计负债。发生亏损的被投资单位以后实现净利润的，应按与上述相反的顺序进行处理。被投资单位以后宣告发放现金股利或利润时，企业计算应分得的部分，借记应收股利，贷记长期股权投资（损益调整）。收到被投资单位宣告发放的股票股利，不进行账务处理，但应在备查簿中登记。在持股比例不变的情况下，被投资单位除净损益以外所有者权益的其他变动,企业按持股比例计算应享有的份额,借记或贷记长期股权投资(其他权益变动),贷记或借记资本公积——其他资本公积。

(3)长期股权投资核算方法的转换。将长期股权投资自成本法转按权益法核算的,应按转换时该项长期股权投资的账面价值作为权益法核算的初始投资成本,初始投资成本小于转换时占被投资单位可辨认资产公允价值份额的差额,借记长期股权投资(成本),贷记营业外收入。长期股权投资自权益法转按成本法核算的,除构成企业合并的以外,应按中止采用权益法时长期股权投资的账面价值作为成本法核算的初始投资成本。

3. 长期股权投资的期末计量。

处置长期股权投资时,应按实际收到的金额,借记银行存款等科目,按其账面余额,贷记长期股权投资,按尚未领取的现金股利或利润,贷记应收股利,按其差额,贷记或借记投资收益。已计提减值准备的,还应同时结转减值准备。采用权益法核算长期股权投资的处置,还应结转原记入资本公积的相关金额,借记或贷记资本公积——其他资本公积,贷记或借记投资收益。

三、实习环境与条件

取得有关长期股权投资的原始凭证。

四、实习流程

1. 接受并分类汇总对外投资业务发生或者完成情况的原始凭证;
2. 审核投资业务原始凭证;
3. 确定会计核算的明细科目并编制会计分录,填制记账凭证;
4. 审核会计凭证;
5. 根据记账凭证登记日记账、各种明细账。

五、实习成果与评价

1. 审核无误的原始凭证——20%;
2. 根据审核无误的对外股权投资业务原始凭证填制记账凭证——30%;
3. 日记账、各种明细账和总账——50%。

六、理论思考

1. 长期股权投资的成本法和权益法分别如何进行核算?
2. 试比较生产制造公司筹资业务与对外投资业务的特点及其账务处理方法。

第十五章 货币资金核算

第一节 现金的核算

一、实习内容

实习库存现金的核算,包括库存现金的收入、支出和盘点清查的核算。

二、相关知识提示

现金是企业的一种流动性最强的货币性资产,可以直接用于支付或结算。现金的核算通过"库存现金"账户进行。

三、实习环境与条件

在仿真市场的各项交易活动中,严格限制现金的使用,一般来说,现金只能用于限额为1 000元以下的交易,特殊业务除外,例如差旅费,可以支付现金。

生产制造公司每年应向投资者分配现金股利。

企业应对库存现金进行盘点,填写现金盘点报告单和账存实存对照表,确认库存现金长、短款金额。

四、实习流程

1. 接受并分类汇总库存现金业务发生或者完成情况的原始凭证;
2. 填制收付款凭证;
3. 根据收付款凭证登记现金日记账及相关明细账。

五、实习成果与评价

1. 审核无误的原始凭证——30%;
2. 根据审核无误的库存现金业务原始凭证填制记账凭证——30%;
3. 现金日记账及相关明细账——40%。

六、理论思考

1. 单位可以使用现金的范围？
2. 现金清查时会发生现金账实不符的情况，原因是什么？

第二节 银行存款的核算

一、实习内容

实习银行存款的核算，包括银行存款收付的核算和银行存款余额调节表的编制。

二、相关知识提示

银行存款是企业存入银行和其他金融机构的各种款项，包括人民币存款和外币存款。企业应根据《银行账户管理办法》和《支付结算办法》的规定，在银行开立基本存款账户、一般存款账户、临时存款账户和专用存款账户。一个企业只能在一家银行开立一个基本账户。企业可以采用银行汇票、银行本票、商业汇票、支票、汇兑、委托收款、托收承付等结算方式。商业汇票核算是在应收票据账户。

银行存款收付的核算通过"银行存款"账户进行。企业要定期将银行存款日记账的记录与银行转来的对账单进行核对，每月至少核对一次，如二者不符，应查明原因，予以调整。由于未达账项的存在会使银行对账单与银行存款日记账不符，需要编制银行存款余额调节表才能确定银行存款的实有数。

三、实习环境与条件

生产制造公司在取得新的营业执照和税务登记号后，需要选定开户银行，开立银行结算账户，并获取银行账号。

仿真实习制造公司可以使用的银行结算方式有支票、托收承付结算、商业汇票，其他结算方式暂不使用。

公司购销业务，付款期不同，有不同的现金折扣可以享受。以商业汇票结算的，汇票有无息和带息两种，带息商业汇票月息1%。托收承付结算方式不算利息。具体付款期限和付款方式由交易双方协商后约定，以购销合同相应条款为执行依据。

公司在获取银行对账单后，进行银行对账，编制银行存款余额调节表。

四、实习流程

1. 取得银行存款业务发生或者完成情况的原始凭证,如支票存根、托收承付回单等;
2. 填制收付款凭证;
3. 根据收付款凭证登记银行存款日记账及相关明细账。

五、实习成果与评价

1. 审核无误的原始凭证——20%;
2. 根据审核无误的银行存款业务原始凭证填制记账凭证——20%;
3. 日记账、各种明细账记录——30%;
4. 银行存款余额调节表——30%。

六、案例分析

(一)案例资料

京通公司出纳员张玉在每个工作日下班前都要进行例行的现金清查,曾经有两次分别发现现金短缺 10 元和现金溢余 5 元,他反复查找也没有找到原因。考虑到金额很小,现金短缺那一次,他就用自己的钱垫上。现金溢余那一次,他就先把钱收起来。这两次他都作了备查记录。

另外,银行每个月会送来一份银行对账单。张玉在编制银行存款余额调节表时,他把对账单中银行已入账但公司尚未入账的款项登记到本公司的银行存款日记账上,而且据此确定本公司银行存款的实有数。

(二)案例评析

1. 每天下班前进行现金清查是符合规定的。但是针对清查出现的现金溢余和短缺,要编制现金盘点报告表,查找原因。核算时计入待处理财产损溢,无法查明原因时,分别转入管理费用或营业外收入,不得用个人财产垫付或收归个人。
2. 根据银行存款余额调节表来登记银行存款日记账的做法是不正确的。银行存款余额调节表中的调节后存款余额表示企业银行存款的实有数额,但是,银行存款余额调节表只是起到对账的作用,不能作为调整企业银行存款账面余额的凭据。各项未达账项的登记,只有待收到有关原始凭证后才可进行。

七、理论思考

1. 银行存款对账如何进行,如何编制银行存款余额调节表?
2. 为什么银行对账单不能作为登记日记账的依据?

第十六章 利润业务核算

第一节 利润形成的核算

一、实习内容

实习利润形成的核算,计算企业的营业利润、利润总额及净利润。

二、相关知识提示

(一)利润的形成

利润是指企业在一定会计期间的经营成果,包括收入减去费用后的净额、直接计入当期利润的利得和损失等。在利润表中,利润分为营业利润、利润总额和净利润三个层次。营业利润=营业收入-营业成本-营业税费-期间费用-资产减值损失-/+公允价值变动净损益-/+投资净损益,利润总额=营业利润+营业外收入-营业外支出,净利润=利润总额-所得税费用。

(二)利润形成的账务处理

1. 会计期末,企业应将收入类科目贷方余额转入本年利润贷方登记:

借:主营业务收入/其他业务收入/营业外收入/投资收益
　　贷:本年利润

将支出类科目借方余额转入本年利润借方登记:

借:本年利润
　　贷:主营业务成本/营业税金及附加/其他业务成本
　　　　销售费用/管理费用/财务费用
　　　　营业外支出/所得税费用

2. 年度终了,企业应将本年收入和支出相抵后结出的本年实现的净利润,转入利润分配——未分配利润,结转后,本年利润科目应无余额。

三、实习环境与条件

生产制造公司的销售费用和财务费用按当年实际发生额核算；管理费用分为固定管理费用和变动管理费用，固定管理费用每月 5 万元，变动管理费用按当年主营业务收入的千分之五计算。期间费用于发生时立即支付。短期贷款等应支付的利息，应按月计息，按季付息；长期贷款利息一般按月（季）计算，按贷款合同约定时间支付。发行公司债券应支付的利息，应按月（季）计算，按发行时的承诺按时足额支付。凡是与公司内外部门发生的期间费用，由往来部门直接收取；凡是没有明确往来部门的，由外部相关部门代收。生产制造公司相关岗位工作人员主动到银行交纳，并取得支付时间、支付金额的证据。

公司购买国债、公司债券等，于收到利息时确认利息收入；在购买前已经包含的利息应计入"应收利息"。分期收取利息的，按应收取的时间确认利息收入。

当企业发生年度亏损时，可以用下一纳税年度的所得弥补；下一纳税年度所得不足以弥补的，可以逐年延续弥补，但延续弥补期最长不得超过 5 年。5 年内不论纳税人是盈利还是亏损，都应连续计算弥补年限。先亏先补，按顺序连续计算弥补期。亏损额是经税务机关按税法规定核实，对利润表中的亏损额调整后的金额。

四、实习流程

1. 编制内部转账单；
2. 填制记账凭证；
3. 根据记账凭证登记本年利润等明细账。

五、实习成果与评价

1. 审核无误的原始凭证——20%；
2. 根据审核无误的原始凭证填制记账凭证——30%；
3. 各种明细账记录——50%。

六、理论思考

1. 不同层次的利润如何进行计算？
2. 如何通过结转在本年利润账户得到当前年度的利润？

第二节　利润分配的核算

一、实习内容

实习利润分配的核算。

二、相关知识提示

（一）利润分配的一般顺序

企业当期实现的净利润加上年初未分配利润（或减去年初未弥补亏损）后的余额，为可供分配的利润，按照一定的程序分配。可供分配的利润，一般按下列顺序分配：

1. 提取法定盈余公积。按有关法律的规定，按净利润的10%提取盈余公积。法定盈余公积累计金额超过企业注册资本的50%以上时，可不再提取。

2. 提取任意盈余公积。按股东大会决议提取的任意盈余公积。

3. 应付现金股利或利润。按利润分配方案分配给股东的现金股利，也包括非股份有限公司分配给投资者的利润。

4. 转作股本的股利。按利润分配方案以分派股票股利的形式转作股本的股利，也包括非股份有限公司以利润转增的资本。

（二）利润分配的账务处理

1. 企业按规定提取的盈余公积：
借：利润分配（提取法定盈余公积、提取任意盈余公积）
　　贷：盈余公积——法定盈余公积/任意盈余公积

2. 经股东大会或类似机构决议，分配给股东或投资者的现金股利或利润：
借：利润分配（应付现金股利或利润）
　　贷：应付股利

3. 经股东大会或类似机构决议，分配给股东的股票股利，应在办理增资手续后：
借：利润分配（转作股本的股利）
　　贷：股本

4. 用盈余公积弥补亏损：
借：盈余公积——法定盈余公积/任意盈余公积
　　贷：利润分配（盈余公积补亏）

5. 年度终了，企业应将本年实现的净利润，自本年利润科目转入利润分配科目：

  借：本年利润
    贷：利润分配（未分配利润）

为净亏损的做相反的会计分录。

同时，将利润分配科目所属其他明细科目的余额转入利润分配下未分配利润明细科目。结转后，利润分配科目除未分配利润明细科目外，其他明细科目无余额。

三、实习环境与条件

仿真实习生产制造公司实现的利润，应当按法定程序进行利润分配：
1. 结转本会计年度实现的净利润或亏损；
2. 根据公司章程规定，按照本年净利润的10%提取法定盈余公积金；
3. 根据董事会决议，提取任意盈余公积金；
4. 按照公司制定的股利政策向股东分配股利；
5. 其他与利润分配相关的业务。

各个生产制造公司每年应向投资者分配现金股利，分配比例不得低于当年净利润与以前年度未分配利润之和的40%，按持股比例向各投资人分配现金股利（包括本公司管理层的各位持股领导人和持股职工）；公司可以根据实际情况自行决定股票股利的分配政策。投资人A占20%股权，B占20%股权，C占10%股权。公司中层管理人员持有本公司30%的股份。

四、实习流程

1. 编制利润分配计算表；
2. 填制记账凭证；
3. 根据记账凭证登记利润分配等明细账；

五、实习成果与评价

1. 审核无误的原始凭证（利润分配计算表）——20%；
2. 根据审核无误的原始凭证填制记账凭证——30%；
3. 各种明细账和总账——50%。

六、案例分析

（一）案例资料

小李大学毕业后到一家公司担任会计，该公司只有三名会计人员：会计科长、出纳及小李。科长负责编制记账凭证、编制报表，小李负责审核原始凭证、登记各种明细账。到了年终，科长突然生病住院，科长的工作也落在了小李肩上。

公司年初有未弥补亏损35万元，当年实现净利润74万元，公司决定不提取任意盈余公积，也不向投资者分配利润。在进行利润分配的账务处理时，小李首先查阅了《企业财务通则》，通则规定的利润分配顺序为：(1) 弥补以前年度亏损；(2) 提取10%法定公积金；(3) 提取任意公积金；(4) 向投资者分配利润。因此，小李做了如下会计处理：

借：利润分配——弥补以前年度亏损　　　　　　350 000
　　贷：利润分配——未分配利润　　　　　　　　350 000
借：利润分配——提取法定盈余公积　　　　　　 74 000
　　贷：盈余公积　　　　　　　　　　　　　　　 74 000

（二）案例点评

小李的会计处理是错误的。首先，用净利润弥补以前年度亏损不需要进行账务处理。以前年度未弥补的亏损35万元表现为"利润分配——未分配利润"账户的借方余额，当年实现的净利润74万元要转入"利润分配——未分配利润"账户的贷方，二者可以自然抵销，剩余39万元就是弥补亏损后的利润净额。其次，提取法定盈余公积的数额有误。在弥补以前年度亏损的情况下，应按弥补亏损后的净利润提取法定盈余公积。本例中，应提取法定盈余公积 =（740 000 - 350 000）×10% = 39 000（元）。

七、理论思考

1. 利润分配的一般程序是怎样的？
2. 年度终了时，利润分配各明细账户有无余额？

第十七章 纳税会计

第一节 增值税纳税申报

一、实习内容

实习增值税的计算、处理和纳税申报。

二、相关知识提示

（一）增值税的有关规定

增值税是流转税中的主要税种，是就企业货物或劳务的增值部分征收的税金，在我国境内销售货物或提供加工、修理修配劳务以及进口货物的单位和个人，为增值税的纳税义务人。纳税人有一般纳税人和小规模纳税人的区分。一般纳税人增值税的基本税率是17%，低税率是13%，小规模纳税人增值税征收率一般为6%。

应纳增值税的计算采用税款抵扣制，根据本期销售货物或提供劳务销售额，按规定的税率计算应纳税额（销项税额），扣除本期购入货物或接受应税劳务已纳增值税款（进项税额），余额为纳税人实际应缴纳的增值税款。当期进项税额的确定依据有增值税专用发票、完税凭证、收购凭证和运费单据。外购货物所支付的运杂费，按运费单据所列运费金额和7%的扣除率计算进项税额。

视同销售业务有：将自产或委托加工的货物用于非应税项目；将自产或委托加工的货物用于集体福利或个人消费；将自产、委托加工或购买的货物作为投资，提供给其他单位或个体经营者；将自产、委托加工或购买的货物分配给股东或投资者；将自产、委托加工或购买的货物无偿赠送给他人。

不予抵扣增值税进项项目有：购进用于集体福利或个人消费的固定资产；用于非应税项目的购进货物或应税劳务；用于免税项目的购进货物或应税劳务；用于集体福利或个人消费的购进货物或应税劳务；非正常损失的购进货物；非正常损失的在产品、库存商品所耗用的购进货物或应税劳务。

增值税的纳税期限分别为 1 日、3 日、5 日、10 日、15 日或者 1 个月。具体纳税期限，由主管税务机关根据纳税人应纳税额的大小分别核定；不能按照固定期限纳税的，可以按次纳税。纳税人以 1 个月为一期纳税的，自期满之日起 10 日内申报纳税；以 1 日、3 日、5 日、10 日或 15 日为一期纳税的，自期满之日起 5 日内预缴税款，于次月 1 日起 10 日内申报纳税并结清上月应纳税款。

增值税纳税申报的资料有：增值税纳税申报表及发票领用存月报表、增值税（专用/普通）发票使用明细表、增值税（专用发票/收购凭证/运输发票）抵扣明细表，另外还有发票存根联、增值税专用发票抵扣联、运输发票复印件、收购凭证存根联或报查联、收购农产品的普通发票复印件等。

（二）增值税的账务处理

企业缴纳的增值税，在应交税费账户下设置的应交增值税明细账户进行核算。应交税费——应交增值税账户分别设置进项税额、已交税金、进项税额转出、销项税额等专栏。

企业缴纳的增值税，在应交税费账户下设置的应交增值税明细账户进行核算。企业购进货物或接受应税劳务支付的进项税额，以及实际已缴纳的增值税额，应记入应交增值税账户的借方，销售货物或提供应税劳务所收取的销项税额，应记入应交增值税的贷方。期末，该账户借方余额，反映企业尚未抵扣的增值税；如为贷方余额，则反映企业应缴纳的增值税。

三、实习环境与条件

在税收征收期内，按生产制造公司的经营情况，填制申报表，带齐相关会计账簿、报表如期到税务部门办理纳税申报业务，得到税务部门开出的税收缴款书，并到银行缴纳税款。

仿真实习中，公司一般都为增值税一般纳税人，发生应税行为时应主动及时纳税，遵循税法规定。

采购业务发生时，供应商需给客户开具增值税专用发票。产成品销售价格一律为不含税价，销售业务发生时，销售方需给客户开具增值税专用发票。

对增值税实行凭票抵扣进项税额，不能提供进项税发票联的，不予抵扣。

增值税申报时除提供必要的申报表、账簿之外，还需提供当期增值税发票的填开、抵扣明细及原始凭证。

按税务部门规定，申报纳税按年为周期，每年纳税申报一次。每年的第一季度为征收期，进行上年度的纳税申报。如有特殊情况，可向税务部门申请延期申报纳税。

生产制造公司在第七年末欠交增值税 20 万元。

四、实习流程

1. 一般纳税人外购货物及劳务所支付的增值税的业务处理。收集采购部提供的采购原始凭证、运输原始凭证，编制会计凭证，登记应交增值税明细账；根据发票领购、使用与保管的要求，填写增值税专用发票抵扣联内部管理台账。

2. 进项税额转出的业务处理。设计增值税进项转出业务内部管理台账，并在物流部记录进项转出业务；季度终了，财务部收集台账资料，根据进项转出业务，编制会计凭证，登记应交增值税明细账。

3. 外售应税货物及其销项税额业务处理。根据销售部提供的销售原始凭证和财务部提供的会计凭证，填写增值税专用发票存根联内部管理台账，登记应交增值税明细账。

4. 视同销售业务处理。设计增值税视同销售业务内部管理台账，交物流部记录视同销售业务；财务部按月统计视同销售台账；根据视同销售业务，编制会计凭证，登记应交增值税明细账。

5. 申报纳税。

五、实习成果与评价

1. 增值税纳税会计业务处理，其中包括：能正确计算销项税额、进项税额、进项税额转出、能正确计算应交增值税——50%；

2. 正确编制会计凭证并记录应交增值税明细账及总账——30%；

3. 申报纳税——20%。

六、案例分析

（一）案例资料

北京市第一中级人民法院 10 日审结一起虚开增值税发票案，判处被告刘冬辉有期徒刑 8 年，剥夺政治权利 1 年，并处罚金人民币 6 万元。

据介绍，今年 33 岁的刘冬辉是北京通州人，曾先后在蔡某（另案处理）控制的北京都诚易田科技有限公司、北京金圣诚科贸有限公司、北京报捷文汇科技发展有限公司做兼职会计。2005 年 2 月至 2006 年 6 月期间，她在明知这三家公司没有实际经营活动的情况下，受蔡某的指使，以上述三家公司的名义先后从北京市门头沟区国税局、北京市宣武区国税局领购增值税专用发票共计 175 份，并办理增值税纳税申报。蔡某单独或伙同王某（另案处理）等人将刘冬辉领购的增值税专用发票共计145份为多家单位虚开，虚开税款共计人民币209万余元，已抵扣税款共计人民币191万余元。案发后，追缴税款共计人民币56万余元。

法院经审理认为，刘冬辉违反增值税专用发票的管理规定，为他人虚开增值税专用发票提供帮助，其行为已构成虚开增值税专用发票罪，涉案数额特别巨大，依法应予惩处。鉴于被告人刘冬辉是受他人指使，为他人虚开增值税专用发票提供帮助，在共同犯罪中起次要辅助作用，可依法对其减轻处罚。据此，法院以虚开增值税专用发票罪，一审判处刘冬辉有期徒刑8年，剥夺政治权利1年，并处罚金人民币6万元。

（二）案例评析

虚开发票是指在没有任何购销事实的前提下，为他人、为自己或让他人为自己或介绍他人开具发票的行为。这种行为是严重的违法行为。虚开增值税专用发票的，一律按票面所列货物的适用税率全额征补税款，并按《税收征收管理法》的规定按偷税给予处罚。对纳税人取得虚开的增值税专用发票，不得作为增值税合法抵扣凭证抵扣进项税额。构成犯罪的，按有关法律接受处罚。

七、理论思考

1. 如何划分增值税的一般纳税人和小规模纳税人？
2. 如何区分混合销售行为与兼营业务？什么是视同销售业务？
3. 如何确定允许抵扣的进项税额，哪些情况需进行进项税额转出业务处理？

第二节　企业所得税纳税申报

一、实习内容

实习企业所得税的计算、处理和纳税申报。

二、相关知识提示

所得税的应纳税额是根据应纳税所得额和税率计算的。应纳税所得额和会计利润两者存在一定差异。应纳税所得额计算时，通常对会计利润进行调整得到。按照资产负债表债务法对所得税进行处理。从2008年1月1日起，在中国的外资企业将与内资企业按照25%的统一税率交纳企业所得税。

企业应当自月份或者季度终了之日起15日内，向税务机关报送预缴企业所得税纳税申报表、财务会计报告和税务机关规定应当报送的其他有关资料；年度终了之日起 5 个月内，向税务机关报送年度企业所得税纳税申报表、财务会计报告和税务机关规定应当报送的其他有关资料。

三、实习环境与条件

企业所得税以 25% 为基本税率。

鼓励和扶持某些产业或企业的发展，规定有减免税优惠：生产 P_4 产品的制造企业均属于高技术企业，其企业所得税减按 15% 征收。

企业享受税收优惠政策，需提前向税务机关提交税收减免优惠申请书，经税务部门审核验证后执行。

生产制造公司第七年末欠交所得税 60 万元。欠交税款在下年初交纳。

四、实习流程

1. 计算会计利润；
2. 按会计利润计提应预缴的企业所得税；
3. 编制季度所得税申报表；
4. 编制会计凭证；
5. 登记所得税、应交税费——应交所得税明细账；
6. 编制年度所得税申报表。

五、实习成果与评价

1. 要求能正确核算会计利润，正确计提应交的企业所得税——30%；
2. 编制会计凭证并记录应交税费——应交所得税明细账——30%；
3. 企业所得税申报表——40%。

六、理论思考

1. 企业如何申报与缴纳企业所得税？
2. 在资产负债表债务法下如何进行所得税会计处理？

第三节 个人所得税纳税申报

一、实习内容

实习个人所得税的计算与缴纳。

二、相关知识提示

个人所得税的有关规定：

个人所得税，以所得人为纳税义务人，以支付所得的单位或者个人为扣缴义务人。扣缴义务人每月所扣的税款，自行申报纳税人每月应纳的税款，都应当在次月 7 日内缴入国库，并向税务机关报送纳税申报表。

单位按照国家或省（自治区、直辖市）人民政府规定的缴费比例或办法实际缴付的基本养老保险费、基本医疗保险费和失业保险费，免征个人所得税；个人按照国家或省（自治区、直辖市）人民政府规定的缴费比例或办法实际缴付的基本养老保险费、基本医疗保险费和失业保险费，允许在个人应纳税所得额中扣除。单位和个人超过规定的比例和标准缴付的基本养老保险费、基本医疗保险费和失业保险费，应将超过部分并入个人当期的工资、薪金收入，计征个人所得税。公司发给个人的住房补贴，应当缴纳个人所得税。

应纳个人所得税额 = 应纳税所得额 × 适用税率 - 速算扣除数

个人所得税可以自行申报纳税或是代扣代缴。

三、实习环境与条件

仿真实习中，主要以生产制造公司员工的工资及薪金为征税对象征收个人所得税。生产制造公司代扣代缴个人所得税。

四、实习流程

1. 按照工资发放汇总表，计算应交个人所得税；
2. 编制会计凭证；
3. 登记应交税费等明细账；
4. 填制"代扣代缴个人所得税明细申报表"。

五、实习成果与评价

1. 要求能正确核算应交个人所得税——30%；
2. 编制会计凭证并记录明细账——30%；
3. 代扣代缴个人所得税明细申报表——40%。

六、理论思考

1. 个人所得税应税所得项目有哪些？
2. 个人所得税的计税依据如何确定？

第四节 其他税种纳税申报

一、实习内容

实习有关税种的纳税申报，包括消费税、营业税等。

二、相关知识提示

（一）有关规定

消费税是对特定的消费品或消费行为征收的一种间接税。计税依据分为两种：一种是从量征收，即以应税消费品的一定数量为计税依据定额征收；一种是从价计税即以应税消费品的销售额或销售数量为依据征收。

应纳税额＝销售额×适用税率

营业税是对提供应税劳务、转让无形资产和销售不动产的单位和个人，根据其营业额（转让额、销售额）征收的一种税。

应纳税额＝应纳营业额×营业税税率

城市维护建设税是指对从事生产经营活动的单位和个人，以其实际缴纳的增值税、消费税和营业税的税额为计税依据，按纳税人所在地适用税率计算征收的一种税。

应纳税额＝纳税人实际缴纳的增值税、消费税、营业税税额×适用税率

纳税人生产的应税消费品于销售时纳税，纳税义务发生的时间，以货款结算方式或行为发生时间分别确定。按规定，消费税的纳税期限分别为1日、3日、5日、10日、15日或1个月。纳税人的具体纳税期限，由主管税务机关根据纳税人应纳税额的大小分别核定；不能按照固定期限纳税的，可以按次纳税。纳税人以1个月为一期纳税的，自期满之日起10日内申报纳税；以1日、3日、5日、10日或15日为一期纳税的，自期满之日起5日内预缴税款，于次月1日起至10日内申报纳税并结清上月应纳税款。

营业税的纳税义务发生时间为纳税人收讫营业收入款项或取得索取营业收入款项的凭据的当天。纳税期限分别为5日、10日、15日或1个月。具体纳税期限，由主管税务机关根据纳税人应纳税额的大小分别核定；不能按固定期限纳税的，可以按次纳税。纳税人以1个月为一期纳税的，自期满之日起10日内申报纳税；以5日、10日或15日为一期纳税的，自期满之日起5日内预缴税款，于次月1日起至10日内申报纳税并结清上月应纳税款。

城建税以纳税人实际缴纳的增值税、消费税、营业税税额为计税依据，分别

与这三种税同时缴纳。三种税的纳税地点，就是缴纳城建税的地点。具体纳税期限分别与三种税相同。

(二) 账务处理

为核算应该由企业经营活动负担的税金及附加，包括营业税、消费税、城市维护建设税等，企业应设置营业税金及附加账户。企业按税法有关规定计算出应由主营和附营业务负担的税金及附加，记入营业税金及附加账户的借方，同时记入应交税费账户下设置的应交消费税、应交营业税、应交城市维护建设税等明细账户的贷方。

销售应税消费品时，计算应交消费税：

借：营业税金及附加
　　贷：应交税费——应交消费税

按规定计算应交的营业税：

借：营业税金及附加/固定资产清理
　　贷：应交税费——应交营业税

按规定计算应交的城市维护建设税和教育费附加：

借：营业税金及附加
　　贷：应交税费

三、实习环境与条件

P_4 产品为消费税应税产品，采用从价定率方式计税，税率为10%。

从事交通运输、出售不动产和无形资产，提供咨询服务时，应交纳营业税。交通运输业的营业税税率为3%，出售不动产和无形资产及提供咨询服务的营业税税率为5%。

税务部门征收的其他税种包括土地增值税、印花税、车船税、城市维护建设税、教育费附加等。其征税范围、计税依据及适用税率均参照现行中国税收制度的规定执行。

四、实习流程

1. 统计各季度应税消费品的不含税销售额，计算应交消费税，编制会计凭证，登记"应交税费——应交消费税"明细账。

2. 与生产制造公司各部门进行信息沟通，收集生产制造公司提供劳务、销售不动产、转让无形资产的业务信息，计算应交营业税，编制会计凭证，登记"应交税费——应交营业税"明细账。

3. 计算应交的城建税和附加，编制会计凭证，计提应交税费及附加，登记

"应交税费"明细账。

4. 按期计算应纳的其他各税，编制会计凭证，登记"应交税费"明细账。

五、实习成果与评价

1. 要求能正确核算应交的各种税费——50%；
2. 正确编制会计凭证，并记录相应的明细账、总账——50%。

六、理论思考

1. 简述消费税、营业税的征税范围。
2. 如何对消费税、营业税、城建税等进行账务处理？

第五节 出口退税

一、实习内容

实习出口退税的核算，包括出口货物"免、抵、退"税的计算方法以及账务处理。

二、相关知识提示

（一）有关规定

出口货物退（免）税是指在国际贸易业务中，对我国报关出口的货物退还或免征其在国内各生产和流通环节按税法规定缴纳的增值税和消费税，即对增值税出口货物实行零税率，对消费税出口货物免税。它是国际贸易中通常采用的并为各国接受的、目的在于鼓励各国出口货物公平竞争的一种税收措施。根据国家规定：对出口的凡属于已征或应征增值税、消费税的货物，除国家明确规定不予退（免）税的货物和出口企业从小规模纳税人购进并持普通发票的部分货物外，都是出口货物退（免）税的货物范围，均应予以退还已征增值税和消费税或免征应征的增值税和消费税。享受退（免）税的货物出口贸易方式大致有：一般贸易、进料加工贸易、易货贸易、补偿贸易、小额边境贸易、境外带料加工贸易、寄售代销贸易等。享受退（免）税的出口货物一般应具备以下四个条件：（1）必须是属于增值税、消费税征税范围的货物；（2）必须是报关离境的货物；（3）必须是在财务上作销售处理的货物；（4）必须是出口收汇并已核销的货物。

1. 增值税的退（免）税。我国的出口货物税收政策有三种形式：出口免税并退税、出口免税不退税、出口不免税也不退税。

出口货物退税有两种计算办法，第一种是"免、抵、退"办法，主要适用于自营和委托出口自产货物的生产企业；第二种是"先征后退"，主要用于收购货物出口的外贸企业。

"免、抵、退"税的计算方法：

免指对生产企业出口的自产货物，免征本企业生产销售环节增值税；

抵指生产企业出口自产货物所耗用的原材料、零部件、燃料、动力等所含应予退还的进项税额，抵顶内销货物的应纳税额；

退指生产企业出口的自产货物在当月内应抵顶的进项税额大于应纳税额时，对未抵顶完的部分予以退税。

当期应纳税额＝当期内销货物的销项税额－（当期进项税额－
　　　　　　　当期免抵退税不得免征和抵扣税额）

免抵退税额＝出口货物离岸价×外汇人民币牌价×出口货物退税率
　　　　　－免抵退税额抵减额

(1) 如当期期末留抵税额小于或等于当期免抵退税额：

当期应退税额＝当期期末留抵税额

当期免抵税额＝当期免抵退税额－当期应退税额

(2) 如当期期末留抵税额大于当期免抵退税额：

当期应退税额＝当期免抵退税额

当期免抵退税额＝0

免抵退税不得免征和抵扣税额的计算：

免抵退税不得免征和抵税税额＝出口货物离岸价×外汇人民币牌价
　　　　　　　　　　　　×（出口货物征税率－出口货物退税率）
　　　　　　　　　　　　－免抵退税不得免征和抵扣税额抵减额

免抵退税不得免征和抵扣税额抵减额＝免税购进原材料价格
　　　　　　　　　　　　　　　×（出口货物征税率－出口货物退税率）

纳税人出口适用税率为零的货物，可以按月向税务机关申报办理该项出口货物的退税。

2. 出口应税消费品退（免）税。出口应税消费品退还消费税按应税消费品所适用的消费税税率计算。企业应将不同消费税税率的出口应税消费品分开核算和申报，凡划分不清适用税率的，一律从低适用税率计算应退消费税税额。

出口应税消费品退（免）消费税分出口免税并退税、出口免税但不退税、出口不免税也不退税三种政策。

从价定率计征消费税的应税消费品，应依照外贸企业从工厂购进货物时征收消费税的价格计算应退消费税税款。

应退消费税税款＝出口货物的工厂销售额（不含税销售额）×税率

从量定额计征消费税的应税消费品，应依货物购进和报关出口的数量计算应退消费税税款。

应退消费税税款＝出口数量×单位税额

出口的应税消费品办理退税后，发生退关，或者国外退货进口时予以免税的，报关出口者必须及时向其所在地主管税务机关申报补缴已退的消费税税款。

（二）账务处理

实行"免、抵、退"的企业，按应收的出口退税额。

借：其他应收款

　　贷：应交税费——应交增值税（出口退税）

三、实习环境与条件

仿真市场中，凡成功开发了国际市场的制造企业即具备了出口商品的资格，且生产出口商品的制造企业即为出口企业。该类企业应及时向税务部门申请办理出口退（免）税登记业务。办证时企业如实填写企业退税登记表作为申请，并带相关资料（营业执照、税务登记证、国际市场准入证等）报送税务机关，经审核无误后，发给企业《出口企业退税登记证》。

在发生出口业务（与国际市场客户签订了销售合同，且货物已报关离境）后，按年度（实际工作中是月）填报退（免）税申报表及相关资料，并提供海关出口货物报关单，向税务机关申请退（免）税。

根据仿真市场的情况，免征出口企业生产销售环节的增值税和消费税，并退还已征的增值税。退税率为15%。

四、实习流程

1. 到现实社会税务部门的门户网站了解出口退税的最新政策和管理相关规定；
2. 到仿真税务部门门户网站了解出口退税的政策规定，持工商登记证、出口产品经营权标准文件（国际市场开发证明）、税务登记证等证件及资料办理出口退税登记证；
3. 下载并学习生产企业出口货物免抵退申报汇总表；
4. 运用免、抵、退法计算应免、抵、退的税款，填写生产企业出口货物免抵退税申报汇总表；
5. 到仿真税务部门办理免抵退税申报。

五、实习成果与评价

1. 出口退税登记证——20%；
2. 生产企业出口货物免抵退税申报汇总表，要求能正确计算应抵退税的增值税和消费税——40%；
3. 办理出口退税——20%；
4. 各种会计凭证、明细账及日记账——20%。

六、理论思考

1. 如何计算应抵、应退出口退税额？
2. 如何计算消费税的出口退税额？
3. 如何办理出口退税？

第十八章 建账、对账与结账

第一节 账簿启用及建账

一、实习内容

实习账簿的启用和建账。

二、相关知识提示

账簿都由封面、扉页、账页构成。启用新的会计账簿，都应遵循账簿的启用规则，填写账簿启用表。应根据建立的会计科目体系来建账，结转年初余额。

三、实习环境与条件

同一仿真市场中的生产制造公司都应该根据财政部的有关规定，按照《生产制造公司会计制度》的要求建立本公司的账簿体系，包括总分类账、明细分类账及日记账；根据本公司设计的会计科目体系，结转年初余额，并派专人负责登记总账、明细分类账及日记账。

四、实习流程

1. 建立本公司账簿体系，各个生产制造公司必须建立特种日记账簿、各种明细账簿和总分类账簿；
2. 根据建立的会计科目体系，开账，结转年初余额。

五、实习成果与评价

1. 公司会计核算账簿体系——50%；
2. 总分类账年初余额——20%；
3. 各种明细账簿年初余额——20%；
4. 特种日记账年初余额——10%。

六、案例分析

（一）案例资料

小贾是刚从某财经院校财政专业毕业的本科生。由于毕业时正逢国家公务员队伍改变了从学校招聘的传统办法，使小贾进机关的愿望成了泡影。在求职的压力下，他应聘做了一家外商投资企业的出纳员。作为一名男性公民，整天身不离岗地待在财会办公室里虽不尽他的意，但毕竟有了正当的职业和优良的工作环境。比较其他尚在拥挤的人才市场奔波忙碌的同窗好友还是有几分庆幸。因此，他希望能胜任本职工作，并努力学习自己不擅长的企业会计业务。

然而，事物的发展并不总是与小贾的主观愿望相统一。由于他在校学习的专业与现在所从事工作的错位，使他要干好本职工作并不是一件轻松的事。加之，在校学习时的"T字账"模式的"黑板账务处理"使他只知其理而不知其用，由此使他陷入了不少的尴尬。最使他深感"掉架"的就是他为总经理开出的第一张转账支票，由于在填写支票时不懂得支票的填写规则遭到了客户的"退票"，从而将自己"没有实践经验"的缺陷暴露无遗。于是，他遭到了公司总经理的带有几分讽刺性的批评。这个批评就像一桶冷水，把他从头灌到脚，他深刻地认识到，必须尽快地学习掌握出纳业务的所有实务操作规范要领，决不能凭"想当然"去处理实际业务。

时隔不久，公司收到了合营外方投入的资本金200万美元。公司总经理指示小贾：其中的100万美元转为1年期的定期存款（因1年之内不可能动用）；另外100万美元分为30万美元的半年期定期存款和70万美元的活期存款。当小贾领受了这个指示之后，他的脑袋里出现了三个疑问：

1. 银行能否同意将企业的外币存款分为定期、活期方式分别储存呢？

2. 如果分别定期、活期的不同外币储存方式，公司的外币存款日记账该如何设置呢？

3. 根据公司的经营业务性质，日后还会有日元的货款进账，是否需要多本外币银行存款日记账呢？

正当小贾一筹莫展之际，公司邀请了当地会计师事务所的注册会计师进行公司资本的验证。抓住这个机会，他虚心地向注册会计师请教。

注册会计师听了他的情况介绍之后，回答了他的三个疑问：

1. 开户银行应该同意企业的不同存款形式的要求。

2. 美元存款分别定期、活期不同的存款方式在核算上只是要求在同一本外币银行存款日记账中按不同账页登记不同的业务，其中活期存款账号要保留足够业务需要的账页，而定期存款只占用一张账页即可。

3. 即使贵公司又发生了日元或其他外币业务，按照贵公司的实际业务量，外币银行存款日记账也只需要一本账本。只有当贵公司的外币业务特别多的情况下，才可以考虑按不同的外币币种登记不同的账本。显然，贵公司的实际情况不需要设置多本外币银行存款日记账。

接着，该注册会计师又抽出一张纸，将以上有关银行存款日记账设置的设想用草图勾画出来。

小贾看明白了注册会计师勾画的银行存款日记账的设计草图，心中有了底。第二天就到公司的开户银行办理了美元存款的分户手续，并按美元分户后的金额开始了多币种的银行存款会计记录；之后，又根据公司人民币结存量的增加和动用量的相对稳定的特点，上报公司总经理，请求将公司暂时闲置的人民币银行存款分别以活期与大面额存单的形式分别储存。公司总经理批准了他的请求，并赞扬了他的工作责任心。由于小贾的银行存款日记账设置顺应了公司的业务需要，并避免了一项外币增设一本外币日记账的无效浪费，核算起来也得心应手。受到了当地财政部门检查小组的称赞。在年终市财政局组织的外商投资企业财务决算表彰会上受到了提名奖。

（二）案例点评

企业有权根据银行的存款条件决定企业的存款方式。在企业现有存款相对过剩的情况下，分流一部分存款而定期储存是企业货币资产投资的表现。这样不仅提高了企业外币资产的安全性，而且提高了存款的利息所得。银行也可以根据所吸收的外币存款之性质决定贷款期限。这对银企双方都有利。

七、理论思考

1. 为什么要设计会计账簿体系？经营性公司一般应该建立哪些账簿？各类账簿的用途是否相同？

2. 如何才能正确登记账簿？如何更正账簿错误？

第二节 对　　账

一、实习内容

实习对账，核对公司账目，保证账目的真实性和正确性。

二、相关知识提示

对账即是在本期发生的经济业务登记入账之后，对账簿记录所进行的核对工作。一般在会计期末进行，如果遇到特殊情况，如有关人员办理调动或发生非常事件后，应随时进行对账。

生产制造公司对账的内容一般包括账证核对、账账核对及账实核对。

账证核对就是将各种账簿（包括总分类账、明细分类账及日记账）记录与有关的会计凭证（包括记账凭证及其附件）进行核对，做到账证相符。一般可采用抽查法进行。

账账核对是在账证核对相符的基础上，对各种账簿记录的内容所进行的核对工作，做到账账相符。账账核对的具体内容包括：（1）总分类账中各账户的本期借方、贷方发生数合计数，期末借方、贷方余额合计数，应当分别核对相符，以检查总分类账户的登记是否正确。其核对方法是编制总分类账户发生额及余额试算平衡表进行核对。（2）库存现金日记账、银行存款日记账的本期借方、贷方合计数及期末余额合计数，分别与总账中的库存现金账户、银行存款账户的记录核对相符，以检查日记账的登记是否正确。（3）总分类账户本期借方、贷方双方发生额及余额与所属明细分类账户本期借方、贷方发生额合计数及余额合计数核对相符，以检查总分类账户和明细分类账户登记是否正确。其核对方法一般是编制总分类账户与明细分类账户发生额及余额对照表进行核对。（4）会计部门登记的各种财产物资明细分类账的结存数，与财产物资保管或使用部门的有关保管账的结存数核对相符，以检查双方登记是否正确。

账实核对是在账账核对的基础上，将各种账簿记录余额与各项财产物资、库存现金、银行存款及各种往来款项的实存数核对，做到账实相符。（1）库存现金日记账的余额与现金实际库存数核对相符。（2）银行存款日记账的发生额及余额与银行对账单核对相符。（3）财产物资明细账的结存数分别与财产物资的实存数核对相符。（4）各种债权债务的账面记录应定期与有关债务、债权单位或个人核对相符。

三、实习环境与条件

按照生产制造公司规则，生产制造公司采用季结方法组织对账，至少每年进行一次财产清查。

对库存现金盘点，填写现金盘点报告单和账存实存对照表，确认现金长款、短款；

获取银行对账单，进行银行对账，编制银行存款余额调节表；

对公司的流动资产、固定资产等实物资产进行全面盘点，填写盘点报告单和账存实存对照表，确认盘盈和盘亏资产的种类、数量和金额；

核对各种往来款项，确认账实是否相符；

对账实不符的各项资产进行账务处理；

查明账实不符的原因，报经有关领导批准，分别就不同原因对盘盈、盘亏资产进行相应的账务处理。

四、实习流程

1. 制定公司财产清查制度与每一会计期末的盘存制度；
2. 确定期末存货等其他实物资产盘点方法，制定盘点方案；
3. 设计盘点与对账表格；
4. 实物资产盘点与对账；
5. 现金盘点与对账；
6. 与开户银行核对银行存款账目；
7. 往来款项询证核对，与债权债务单位核对往来款项；
8. 盘点与对账结果统计表与原因分析；
9. 对盘点与对账结果进行账务处理。

五、实习成果与评价

1. 财产清查或会计期末货币资产与实物资产盘点与对账方案——20%；
2. 设计盘点与对账原始单据——20%；
3. 盘点与对账统计分析表——20%；
4. 盘点与对账结果的账务处理——40%。

六、理论思考

1. 何时应进行财产清查？何时进行盘点与对账？财产清查与盘点对账有什么区别与联系？
2. 财产清查和期末盘点对账的一般程序和工作内容包括哪些？
3. 对财产清查或盘点对账结果应该如何处理？

第三节 结　　账

一、实习内容

实习结账，包括季结和年结。

二、相关知识提示

结账是在将本期内发生的经济业务全部登记入账的基础上，按照规定的方法对该期内的账簿记录进行小结，结算出本期发生额合计和期末余额，并将余额结转下期或者转入新账的过程。结账包括月结、季结和年结。

结账工作主要包括几个步骤：（1）结账前，必须将本期发生的全部经济业务登记入账。（2）在本期经济业务全面登记入账的基础上，按照权责发生制原则的要求，将收入和费用归属于各个相应的会计期间。（3）编制结账分录。将收入与费用类账户结转到本年利润中去。结账分录也要登记到相应的账簿中。（4）计算各账户的本期发生额合计和期末余额。结账时，需要结出当月发生额的，应当在摘要栏内注明"本月合计"，并在下面通栏画单红线。需要结出本年累计发生额的，应当在摘要栏内注明"本年累计"字样，全年累计发生额下面应当通栏画双红线。本年各账户的年末余额转入下年，应在摘要栏注明"结转下年"及"上年结转"字样。

三、实习环境与条件

各公司必须按《会计工作基础规范》的要求定期结账。生产制造公司采用季结、年结方法组织结账。年终结账必须按时完成。

四、实习流程

1. 查清本期的经济业务是否完全入账；
2. 按权责发生制原则的要求，将收入和费用归属于各个相应的会计期间，编制结账分录；
3. 计算各账户的本期发生额和期末余额，画红线。本年各账户的年末余额转入下年。

五、实习成果与评价

各账簿结账处理——100%。

六、理论思考

1. 如何进行月结、季结和年结？
2. 结账的具体程序是怎样的？

第十九章 编制会计报表

第一节 编制资产负债表

一、实习内容

实习资产负债表的编制。

二、相关知识提示

资产负债表是反映某一特定日期财务状况的报表。资产负债表遵循"资产=负债+所有者权益"这一会计等式,全面地揭示企业在某一特定日期所拥有或控制的经济资源、所承担的债务以及偿债以后属于所有者的剩余权益。按我国《企业会计准则》规定,资产负债表采用账户式结构。

资产负债表的期初余额栏各项数字应根据上年末资产负债表期末余额栏内所列数字填列。资产负债表本期的期末余额栏各项目主要是根据资产、负债和所有者权益期末余额记录编制的。

三、实习环境与条件

财务部门在正确组织会计核算的基础上,要及时反映公司经营业绩,按年编制财务报告。各生产制造公司的年度财务报告必须在经营年度结束后的次年第一季度末前上报。

公司第七年年末资产负债表已给出。

四、实习流程

1. 编制各年度资产负债表,填列各项目的年初数;
2. 填列各项目的期末数。

五、实习成果与评价

各个经营年度年末的资产负债表——100%。

六、理论思考

1. 资产负债表的账户式和报告式有何异同？
2. 资产负债表项目的填列方法有哪几种？

第二节 编制利润表

一、实习内容

实习利润表的编制。

二、相关知识提示

利润表是反映企业在某一期间经营成果情况的报表，是一张动态报表。通过该表可以全面地反映企业在某一期间实现的各项收入、发生的各项费用的具体构成情况，表明企业在该期间内的投入与产出的比例关系，从而评价企业的盈利能力，分析企业的盈利趋势。我国采用多步式利润表格式。利润表的填列依据主要是各类损益类账户的本期发生额。收入类项目应根据相应的收入类账户的贷方发生额填写，费用类项目应根据相应的费用类账户的借方发生额填写。编制月报时，利润表中本期金额栏反映各项目的本月实际发生数，本期累计金额栏反映各项目自年初起至报告期末止的累计实际发生数。编制年报时，上年金额栏内各项数字，应根据上年度利润表本年金额栏内所列数字填列。如果上年度利润表与本年度利润表的项目名称和内容不相一致，应对上年度利润表项目的名称和数字按本年度的规定进行调整，填入本表上年金额栏内。

三、实习环境与条件

生产制造公司第七年12月利润表已给出。
财务部与其他部门沟通，已经处理本会计期间相关的经济业务。

四、实习流程

1. 编制各年度的利润表，填列利润表项目的本期金额；
2. 填列利润表项目的本年累计金额。

五、实习成果与评价

各会计年度的利润表——100%。

六、理论思考

1. 试分析单步式利润表和多步式利润表的优缺点。
2. 利润表与资产负债表有何关系？

第三节 编制现金流量表

一、实习内容

实习现金流量表的编制。

二、相关知识提示

现金流量表是反映企业在一定会计期间内有关现金和现金等价物的流入和流出的报表。它实际上是以现金为基础编制的财务状况变动表。这里的现金是相对广义的现金，不仅包括库存现金，还包括企业随时支用的银行存款、其他货币资金以及现金等价物。现金流量表属于年报，由报表主表和补充资料两部分组成。现金流量表的编制依据是资产负债表、利润表和所有者权益变动表及有关账户记录资料。现金流量表的编制基础是收付实现制。编制现金流量表时，应当调整那些由于运用权责发生制原则而增减了本期的净利润但并没有增加或减少现金的一些收益和费用、支出，以及存货、应收应付等项目。现金流量表附注主要披露三方面内容：（1）企业应当采用间接法在现金流量表附注中披露将净利润调节为经营活动现金流量的信息；（2）企业应当披露当期取得或处置子公司及其他营业单位的有关信息；（3）企业应当披露现金及现金等价物的信息。

现金流量表中用直接法填列的经营活动产生的现金流量净额等于现金流量表附注中用间接法调整得到的经营活动产生的现金流量净额；现金流量表中由经营活动产生的现金流量净额、投资活动产生的现金流量净额、筹资活动产生的现金流量净额以及汇率变动对现金和现金等价物的影响之和得出的现金及现金等价物净增加额等于现金流量表附注中通过库存现金、银行存款、其他货币资金账户的期末期初余额的差额以及现金等价物的差额得出的现金及现金等价物净增加额。

三、实习环境与条件

财务部与其他部门沟通协调,已经处理本会计期间相关的经济业务。

四、实习流程

1. 编制年度现金流量表,填列现金流量表主表;
2. 填列现金流量表附表。

五、实习成果与评价

某一会计年度的现金流量表——100%。

六、理论思考

1. 现金流量表有何作用?其编制的基础是什么?
2. 现金流量表包括哪些具体内容?其结构如何?

第三篇

内部审计实习

第二十章　内部审计的组织与管理

第一节　内部审计机构的设置

一、实习内容

在制造公司内部合理设置内部审计机构、配备内部审计人员，确定内部审计业务部门、设置相关岗位并分配权力、明确责任。

二、相关知识提示

内部审计机构一般有以下几种模式：（1）董事会领导型；（2）审计委员会领导型；（3）监事会领导型；（4）总经理领导型；（5）总会计师或财务副总经理领导型；（6）财务经理领导型。

内部审计机构的设置应当遵循以下基本原则：（1）独立性，即保证内部审计机构的独立；（2）权威性，即保证内部审计机构具有足够的权威性；（3）合法性，即要符合国家相关法律、法规的要求；（4）适应性，即内部审计机构要与企业的性质、规模、组织形式和管理体制等相适应。

内部审计机构内部还应当根据内部审计机构的业务需要设置若干下属业务部门，开展具体的内部审计业务。业务部门的设置可以按照公司业务类型（采购、生产、市场与销售、技术开发、筹资、投资等）设置，也可以按照审计目的（财务审计、效益审计）等设置。

三、实习流程

1. 熟悉制造公司的性质、规模、组织形式、治理结构、管理体制、业务范围等；
2. 研读国家有关内部审计的法规；
3. 确定内部审计的模式；
4. 确定内部审计的组织结构；

5. 配备内部审计人员；
6. 确定相关职能岗位，编写岗位职责说明书。

四、实习成果与评价

1. 内部审计组织结构图——60%；
2. 内部审计人员分工明细表——20%；
3. 内部审计各岗位职责说明书——20%。

五、实习环境与条件

仿真实习环境中的制造公司是一家生产电子产品的非上市股份有限公司，创立已经 7 年，并已初具规模。从第 8 年开始，公司将由新一届管理团队经营管理，并重新搭建公司的组织架构，设立内部审计部门是重构公司组织架构的内容之一。

六、理论思考

1. 如何根据公司的治理结构和管理体制选择恰当的内部审计模式？
2. 不同内部审计模式的独立性和权威性有何差异？

第二节　制定内部审计制度

一、实习内容

熟悉内部审计制度应包括的内容，制定公司内部审计制度或管理办法。

二、相关知识提示

内部审计制度或管理办法一般包括以下内容：（1）制定内部审计制度的目的；（2）内部审计的隶属关系和报告关系；（3）内部审计机构的职责；（4）内部审计机构的权限；（5）内部审计的工作程序；（6）对内部审计人员的要求；（7）内部审计机构的评价和奖惩。

三、实习流程

1. 熟悉制造公司的性质、规模、组织形式、管理体制、业务范围等；
2. 研读国家有关内部审计的法规；
3. 确定内部审计制度应包括的内容；
4. 撰写、修改和完善内部审计制度。

四、实习成果与评价

实习成果：制造公司内部审计制度——100%。
评价标准：内容全面、清晰、合理。

五、理论思考

1. 内部审计机构有哪些职责和权限？
2. 如何加强对内部审计的管理？

第三节　编制年度内部审计计划

一、实习内容

编制年度审计计划，对下年度内部审计部门的工作进行规划和安排。

二、相关知识提示

年度审计计划是对年度的审计任务所作的事先规划，是组织年度工作计划的重要组成部分。年度审计计划应在下年度开始前编制完成，并报组织适当管理层批准，以指导内部审计机构下年度的工作。内部审计机构负责人负责年度审计计划的制定工作。

年度审计计划应当包括以下基本内容：
（1）内部审计年度工作目标；
（2）需要执行的具体审计项目及其先后顺序；
（3）各审计项目所分配的审计资源；
（4）后续审计的必要安排。

在制定年度审计计划时，应当考虑公司风险、管理需要和审计资源，以确定具体审计项目。

三、实习流程

（一）确定下年度可能实施的审计项目
（1）了解公司下年度的发展目标及年度工作重点；
（2）了解严重影响公司相关经营活动的法规、政策、计划和合同；
（3）了解公司相关经营活动的复杂性及下年度变化；
（4）了解公司管理层对下年度内部审计工作的需求；

(5) 确定下年度可能实施的审计项目。

（二）确定可能审计项目的先后顺序

(1) 了解相关内部控制的质量；
(2) 了解相关人员的能力、品行及其岗位的近期变动；
(3) 了解其他与审计项目有关的重要情况；
(4) 分析各审计项目的风险；
(5) 根据风险大小确定各审计项目执行的先后顺序。

（三）编制年度审计计划

(1) 了解各可能审计项目的性质、复杂性、风险和时间限制；
(2) 把审计资源分配于各可能审计项目；
(3) 确定下年度应予实施的审计项目；
(4) 编制年度审计计划。

四、实习成果与评价

实习成果：制造公司年度审计计划——100%。

成果评价：（1）清晰性。各审计项目的名称、审计时间、审计对象、审计目标、审计内容、负责人等能在审计计划中清楚地反映出来。（2）适当性。审计计划与公司经营业务的范围、经营风险和管理需要相适应，能把高风险的经营领域纳入审计计划中，能满足管理层对公司经营管理的需要。（3）可行性。审计计划量力而行，内部审计部门现有审计资源通过努力能够圆满完成审计计划。

五、案例分析

（一）案例资料

某公司2006年度审计工作计划如表20-1所示。

表20-1　　　　　　　　　　2006年度审计计划

编制日期：2005年12月20日

序号	审计时间	审计项目	审计对象	审计目标和主要内容	负责和参加人
1	1月	财务审计	财务部	会计资料和财务收支的真实性、合法性	略
2	合同签订前	经济合同审计	本公司对内对外合同	经济合同的合法性、完整性和有效性	略
3	每年初	经营管理审计	公司内部各经营管理部门	内部控制和经营活动的合法性、合理性和有效性	略

续表

序号	审计时间	审计项目	审计对象	审计目标和主要内容	负责和参加人
4	4月	专项审计	劳动服务公司	历年财务收支的合法性和真实性、债权债务的真实性	略
5	5月	经济责任审计	基建队	负责人离任审计	略
……	……	……	……	……	……

内部审计机构负责人：×××

（二）案例点评

该年度审计计划确定了需要执行的具体审计项目及其时间、资源和审计目标等，但没有反映内部审计部门整体的年度工作目标。

六、理论思考

在制定年度审计计划中，选择审计项目应考虑哪些因素？

第四节 编制年度内部审计报告

一、实习内容

编制年度内部审计报告，对本年度内部审计部门的工作进行总结。

二、相关知识提示

年度内部审计报告是内部审计部门的年度工作总结，一般包括如下内容：(1) 本年度内部审计项目的实施情况；(2) 重要审计发现；(3) 提出的审计建议；(4) 内部审计的成效；(5) 内部审计工作存在的问题；(6) 下年度审计工作展望。

三、实习流程

1. 总结本年度实施审计项目的情况；
2. 归纳本年度内部审计重要发现；
3. 归纳本年度内部审计提出的审计建议；
4. 分析本年度内部审计工作存在的问题；
5. 展望下年度内部审计工作；
6. 撰写和修改内部审计年度报告。

四、实习成果与评价

实习成果：××年度内部审计报告——100%。

成果评价：结构完整、层次清楚、要素齐全、内容真实、重点突出、简明扼要、文字通顺、格式规范。

五、案例分析

（一）案例资料

2006年仿真企业运作综合实验C18电子制造有限公司第九年度内部审计报告如下：

第九年度内部审计报告

一、年度审计计划和审计实施方案制定情况

第九年年初，我们拟定了年度审计计划，本年度计划以风险为基础，确定了本年度内部审计工作目标和审计计划的工作重点，本年度审计工作围绕年度计划组织和实施。

根据年度审计计划，我们制定了针对财务收支的审计实施方案，由于被审项目差异较大，被评估的高风险领域不同，我们在选择审计项目时充分考虑了这种差异性，并充分考虑了公司实际情况后确定的。

在审计实施方案中，对选定审计项目、审计级次（重要性水平）、项目负责、项目成员、实施时间和期间、了解内部控制的调查方式和记录方式、对项目的审计目标、审计重点与查核指引、适用的审计程序等都做了明确界定。

二、审计项目实施情况

1. 对一至四季度经营活动重要事项的审计关注。主要包括：生产与销售异动情况的关注与跟踪；应收账款动态关注与账龄分析；生产成本异动关注等。
2. 第九年度财务报告及运营情况审计。
3. 对采购中心和采购环节的审计。
4. 对固定资产的审计。
5. 对应收账款的审计和坏账的审计。
6. 对三大费用事项审计，即：营业费用、管理费用和财务费用。

三、重要审计发现

1. 通过内控测试，各部门其内部控制相对比较完善。但在第九年间，出现

部分失误：研发 P3 产品花费较大，导致流动资金出现危机。

2. 人力资源部在车间工人招聘方面欠缺合理的指导规划，导致车间人工招用方面欠缺合理的用工计划及经常性的大量招工。

3. 发现管理费用数目仍然较大，费用开支和控制计划不合理。

四、审计建议及改进措施

1. 针对生产计划过程的不足，我们建议其与生产、销售部门多沟通，以更好地考虑资金及市场开拓的协调，保证公司的正常运作。

2. 生产主管应与人力资源主管进行了有效沟通，人力资源部将在审查车间用工计划，规范用工申报程序和用工招录制度方面进行改进，根据生产计划合理用工计划的申报审批，以有效控制工资成本的增长。

3. 第九年度我们发现的管理费用欠缺合理的开支计划反馈公司管理层后，公司高层非常重视，立即拟定管理费用开支计划和控制标准，目前各项费用开支计划都已落实到各部门和各主管，超计划不合理开支将在审批环节予以剔除，公司不予承担。

我们关注到，上述建议提交已得到领导注重，他们愿意接受建议进行改进。

五、年度审计计划完成情况与下年度审计实施方案与工作日程

1. 年度审计计划完成情况如表 20-2 所示。

表 20-2　　　　　　　　　年度审计计划完成情况

年度审计项目	已执行项目	未执行项目	未执行项目原因说明
销售及应收账款审计	销售及应收账款		
存货及生产成本审计	存货及生产成本		
费用及支出审计	费用及支出		
固定资产管理审计	固定资产		
工资审计	工资		
税金审计		税金	年度决算后执行
年度报告审计		年度报告	年度决算后执行

2. 财务部门尽可能准确地记录和核对生产及领料方面的数据，以实施对采购、生产部门的后检，提高工作效率。

3. 人事部门用工计划要结合各部门实际需要进行申报审批，以实施对各部门费用、成本的控制。

4. 下年度，我们将继续加强与外部审计师、外部财务机构的配合，积极协助外部审计师、外部财务机构审计工作进行，针对外部审计师提出的内控与改善

建议，我们将积极改进；同时我们将与公司各部门密切配合，共同防范、控制风险，提高经营效率。

C18 电子制造有限公司内部审计部
第十年三月一日

（二）案例点评

该年度内部审计报告层次基本清楚，内容比较全面，能如实地反映内部审计部门该年度的工作情况。但该报告存在如下问题：一是要素不齐全，没有报送对象；二是审计项目实施情况部分过于简略，没有反映审计的具体内容；三是没有概括该年度内部审计部门的工作成效；四是年度审计计划完成情况与审计项目实施情况部分重复，而且放在最后与下年度审计工作的展望合并在一起，显得有点混乱。

六、理论思考

年度审计报告应包括哪些内容？

第二十一章 项目审计管理

第一节 重大差异或缺陷风险评估

一、实习内容

实习对公司经营活动及内部控制的重大差异或缺陷风险进行评估。

二、相关知识提示

(一)重大差异或缺陷风险及其影响因素

重大差异或缺陷风险,是指被审计单位经营活动及内部控制中存在重大差异或缺陷的可能性。发生重大差异或缺陷风险的可能性与被审计单位经营性质、业务复杂程度、内部控制状况、内部外部环境等诸多因素有关。

(二)重大差异或缺陷风险的评估

重大差异或缺陷风险的评估是一个动态的过程,贯穿于审计的计划、实施和报告阶段。在计划阶段评估重大差异或缺陷风险的目的在于确定检查风险的可接受水平,进而确定实质性测试的性质、时间和范围。

评估重大差异或缺陷风险,应考虑以下因素:(1)管理层的品德和能力;(2)管理层遭受的异常压力;(3)重要岗位人员的变动情况;(4)经营活动的复杂性;(5)影响被审计单位的环境因素;(6)容易受损失或被挪用的资产;(7)经营活动中运用估计和判断的程度;(8)内部控制设计及执行情况的预估;(9)其他。

评估重大差异或缺陷风险,可通过如下审计程序进行:(1)询问被审计单位相关人员及组织相关管理层;(2)查阅被审计单位的经营业务手册、内部控制手册等资料;(3)查阅被审计单位年度经营计划、财务预算等文件;(4)检查交易或事项的凭证和记录;(5)观察被审计单位经营活动及内部控制的执行情况;(6)选择若干交易进行测试。

三、实习流程

1. 了解公司的经营目标;

2. 了解公司经营活动的复杂性和可确定性；
3. 了解公司的管理人员，包括他们的品德、能力、遭受的异常压力等；
4. 了解公司内部控制的设计和执行情况；
5. 了解公司外部环境对公司经营目标实现的影响；
6. 评估公司实现经营目标的可能性；
7. 确定重大差异或缺陷风险。

四、实习成果与评价

实习成果：重大差异或缺陷风险评估表——100%。

成果评价：风险评估中考虑的因素全面，风险评估结果能恰当地反映公司实际面临的风险水平。

五、案例分析

（一）案例资料

某公司内部审计部门对重大差异或缺陷风险进行评估，如表 21-1 所示。

表 21-1　　　　　　　　　重大差异或缺陷风险评估表

客户：宏达机电厂		签名	日期		
项目：审计风险评估	编制人	吴伟	2007.1.30	索引号	B2-1
截止时间：2006年12月31日	复核人	赵平	2007.1.30	页次	1
工作项目	具体内容	管理当局或董事会说明			
审计目的	财务收支审计				
委托人动机	正常				
项目对独立性的影响	无影响				
行业环境	一般				
销售情况	尚好				
企业背景	属国有企业某集团公司的子公司				
以前年度是否审计	连续审计				
是否连续亏损	2004年亏损，2005年扭亏为盈	2005年调整了产品结构，新产品适销对路			
资产负债率	58.78%	2005年新增贷款3亿元，用于生产线改造			
内部控制	尚好				
是否有潜亏因素	有，估计不大				
审计部门业务经验	尚好				
审计人员安排	无问题				
结论	根据以上情况，估计审计风险为低水平，风险不大				

（二）案例点评

案例中的风险评估存在以下问题：（1）考虑的因素不够全面，如没有包括管理层的品德、能力、遭受的压力以及经营活动的复杂性、经营目标实现的可能性等；（2）在评估因素中，把审计部门业务经验和审计人员安排包括进来不够妥当。因为重大差异或缺陷风险是审计之前被审计单位经营活动和内部控制客观存在的风险，与审计人员的品德、独立性和业务能力等无关。

六、理论思考

1. 重大差异或缺陷风险和注册会计师审计中的重大错报风险有何异同？
2. 如何评估重大差异或缺陷风险？
3. 重大差异或缺陷风险的评估在审计中有何作用？

第二节　编制项目审计计划

一、实习内容

实习项目审计计划的编制。

二、相关知识提示

项目审计计划是对具体审计项目实施的全过程所作的综合安排，是年度审计计划的具体化，又是制定审计方案的依据。在具体实施审计项目前，审计项目负责人应充分了解被审计单位的以下情况，以制定项目审计计划：（1）经营活动概况；（2）内部控制的设计及运行情况；（3）财务、会计资料；（4）重要的合同、协议及会议记录；（5）上次审计的结论、建议以及后续审计的执行情况；（6）上次外部审计的审计意见；（7）其他与项目审计计划有关的重要情况。

项目审计计划应当包括以下基本内容：（1）审计目的和审计范围；（2）重要性和审计风险的评估；（3）审计小组构成和审计时间的分配；（4）对专家和外部审计工作结果的利用；（5）其他有关内容。

三、实习流程

1. 了解被审计单位的背景资料，包括经营目标或计划、基本情况和重大变化、内部控制等；
2. 与被审计单位管理层进行沟通，讨论本次审计的相关情况，如审计目的、范围、程序等；

3. 初步调查，进一步熟悉经营活动、控制系统及风险等；

4. 编制项目审计计划。

四、实习成果与评价

实习成果：项目审计计划——100%。

成果评价：（1）全面性，即项目审计计划要素齐全、内容完整；（2）关联性，即项目审计计划要与重大差异或缺陷风险的评估相关，重大差异或缺陷风险评估的结果对项目审计计划有影响。

五、案例分析

（一）案例资料

信达公司审计部门编制的财务报表审计的项目审计计划如表21-2所示。

表21-2 项目审计计划

审计项目名称：财务报表审计

审计组主要人员：组长：秦刚 主审：张兰

审计组其他成员：（略）

序号	审计范围	风险评估	审计时间	审计人员
1	销售与收款循环审计	高	2008年1月5日~2006年1月8日	略
2	采购及付款循环审计	高	2008年1月9日~2006年1月11日	略
3	生产循环审计	中	2008年1月12日~2006年1月14日	略
4	工薪循环审计	低	2008年1月15日~2006年1月16日	略
5	投资与筹资循环审计	低	2008年1月17日~2006年1月18日	略
6	货币资金审计	高	2008年1月19日~2006年1月20日	略
7	存货审计	中	2008年1月21日~2006年1月25日	略
8	固定资产审计	低	2008年1月26日~2006年1月27日	略

（二）案例点评

该项目审计计划确定的审计范围清楚，与影响财务报表的因素一致，比较全面；对每项审计都分别评估了风险；人员分工明确，职责清楚。不足的是：（1）没有反映审计目标（包括总体审计目标和各业务循环的审计目标），不清楚本次审计究竟要达到什么目的；（2）把生产费用审计安排在工资薪金审计之前，不便于审查生产费用中的人工费用。

六、理论思考

1. 项目审计计划与年度审计计划有何不同?
2. 重大差异或缺陷风险的评估如何影响项目审计计划?

第三节　编制审计方案

一、实习内容

实习审计方案的编制。

二、相关知识提示

审计方案是对具体审计项目的审计程序及其时间等所做出的详细安排。制定审计方案应考虑：(1) 被审计事项的工作目标及其控制方法；(2) 被审计事项存在的重要风险；(3) 被审计事项的风险管理和控制系统是否适当和有效；(4) 对被审计事项的风险管理和控制系统做出显著改善的可能性。

审计方案应当包括以下基本内容：(1) 具体审计目的；(2) 具体审计内容、方法和程序；(3) 预定的执行人及执行日期；(4) 工作底稿索引号；(5) 其他有关内容。

三、实习流程

1. 确定被审计事项的风险因素；
2. 确定风险因素的控制措施；
3. 确定相应的审计程序；
4. 编制审计方案。

四、实习成果与评价

实习成果：审计方案——100%。

评价标准：(1) 全面性，审计方案要素齐全、内容完整；(2) 关联性，即审计方案与项目审计计划重大差异或缺陷风险的评估相关。

五、案例分析

(一) 案例资料

2008 年仿真实习某科技股份有限公司材料采购审计方案如表 21-3 所示。

表 21-3　　　　　　　　　　**某科技股份有限公司审计方案**

审计内容：材料采购业务审计
审计时间：第 9 年 1 月 17 日～第 8 年 1 月 18 日
审计人员：×××

项目	内　　容	备注
审计目标	1. 合法性：生产准备业务的开展符合有关法律的规定。 2. 真实性：生产准备业务的各项交易的发生具有真实性。 3. 正确性：生产准备业务的进行符合公司和行业的有关规定。	
审计范围	第 8 年全年材料采购业务	
审计方法和审计程序	（一）生产准备业务的控制测试 1. 检查会议记录或请购单上签字，确定物资采购是经过授权批准的； 2. 观察职务分工情况； 3. 检查物资验收凭证，并与合同核对； 4. 询问大宗物资是否通过招标采购； 5. 检查物资采购环节的各种凭证，查看其签字、号、日期和内容； 6. 检查独立核查的凭证和标识； 7. 询问采购物资加工的确定方式； 8. 检查物资采购的会计记录，确定其完整性。 （二）生产准备业务的证实测试 1. 核对请购单、合同、验收单和会计记录，确定每笔物资采购业务都做出了会计记录； 2. 从原材料等明细账出发，追查记账凭证、原始凭证、合同和批准记录或标识，确定所记录的物资采购业务都是合法的； 3. 审查验收单，并与合同核对，确定采购物资的品名、数量、单价和金额的一致性； 4. 收集采购物资价格的历史信息，确定采购物资价格的合理性； 5. 核对原始凭证、记账凭证和明细账，确定会计记录的正确性； 6. 检查付款凭证，确定采购付款的合法性； 7. 实地盘查采购物资，确定实物的存在。	

编制人：　　　　　　　项目负责人：　　　　　　　部门负责人：

（二）案例点评

该案例的审计目标较为笼统，"生产准备业务的进行符合公司和行业的有关规定"也属于合法性目标；要素不齐全，如没有包括索引号等要素。

六、理论思考

1. 审计方案与项目审计计划有何关系？
2. 风险因素是如何联结风险评估、项目审计计划和审计方案的？

第四节 编制内部审计报告

一、实习内容

实习项目审计报告的编制。

二、相关知识提示

（一）内部审计报告概述

内部审计报告是指内部审计人员根据审计计划对被审计单位实施必要的审计程序后，就被审计单位经营活动和内部控制的适当性、合法性和有效性出具的书面文件。

内部审计报告应当体现内部审计项目目标的要求，并有助于组织增加价值。内部审计项目目标的要求主要包括但不限于对以下方面的评价：（1）经营活动合法性；（2）经营活动的经济性、效果性和效率性；（3）组织内部控制的健全性和有效性；（4）组织负责人的经济责任履行状况；（5）组织财务状况与会计核算状况；（6）组织的风险管理状况。

（二）内部审计报告的构成要素

内部审计报告因审计项目预定目的的不同而存在差异，一般的内部审计报告应包括以下基本要素：

1. 标题。内部审计报告的标题应能反映审计的性质，力求言简意赅并有利于归档和索引。一般应当包括以下内容：（1）被审计单位名称；（2）审计事项（类别）；（3）审计期间；（4）其他。

2. 收件人。内部审计报告的收件人应当是与审计项目有管理和监督责任的机构或个人。一般应当包括：（1）被审计单位适当管理层；（2）董事会或其下设的审计委员会或者组织中的主要负责人；（3）组织最高管理当局；（4）上级主管部门的机构或人员；（5）其他相关人员。

3. 正文。内部审计报告的正文是审计报告的核心内容。一般应当包括以下项目：（1）审计概况；（2）审计依据；（3）审计发现；（4）审计结论；（5）审计建议；（6）其他方面。

4. 附件。内部审计报告的附件是对审计报告正文进行补充说明的文字和数字材料。一般应当包括：（1）相关问题的计算及分析性复核审计过程；（2）审计发现问题的详细说明；（3）被审计单位及被审计责任人的反馈意见；（4）记录审计人员修改意见、明确审计责任、体现审计报告版本的审计清单；（5）需要提供解释和说明的其他内容。

5. 签章。内部审计报告应当由主管的内部审计机构盖章，并由以下人员签字：(1) 审计机构负责人；(2) 审计项目负责人；(3) 其他经授权的人员。

6. 报告日期。审计报告日期一般采用内部审计机构负责人批准送出日作为报告日期。在以下情况下使用相关的日期：(1) 因采纳组织主管负责人的某些修改意见时；(2) 内部审计人员在本机构负责人审批之后又发现被审计单位存在新的重大问题时；(3) 内部审计报告存在重要疏忽时；(4) 其他情况。

（三）内部审计报告的主要内容

审计报告的正文应包括以下主要内容：

1. 审计概况：说明审计立项依据、审计目的和范围、审计重点和审计标准等内容。

2. 审计依据：应声明内部审计是按照内部审计准则的规定实施，若存在未遵循核准则的情形，应对其做出解释和说明。

3. 审计发现：审计发现是内部审计人员在对被审计单位的经营活动与内部控制的检查和测试过程中所得到的积极或消极的事实。

4. 审计结论：根据已查明的事实，对被审计单位经营活动和内部控制所做的评价。

5. 审计决定：针对审计发现的主要问题提出的处理、处罚意见。

6. 审计建议：针对审计发现的主要问题提出的改善经营活动和内部控制的建议。

三、实习流程

1. 汇总审计发现；
2. 确定所要提出的审计建议；
3. 编写项目审计报告初稿；
4. 对审计报告进行复核；
5. 与被审计单位商讨、交流；
6. 修改审计报告。

四、实习成果与评价

实习成果：

项目审计报告——50%；

审计报告附件——50%。

实验评价：审计报告客观、完整、清晰、及时，有建设性，体现重要性。

五、案例分析

（一）案例资料

某股份有限公司审计部对下属某百货公司实施财务收支审计的报告如下：

关于××百货商场2005年度财务收支的审计报告

××股份有限公司董事会：

根据（2006）审字第10号《审计通知书》，我们于2006年3月15日至3月20日对××百货商场2005年的财务收支情况进行审计。我们的审计是按照《中国内部审计准则》进行的。在审计过程中，我们根据《企业会计准则》和《企业会计制度》，审查了该商场2005年度资产负债表、利润表、现金流量表和有关财务收支的账簿，抽查了年度内的有关记账凭证和原始凭证，盘点了库存现金和存货，按照审计计划如期完成了审计任务。经审计查明：该商场2005年度尽管经营业务有所发展，较好地完成了商业任务，但由于财经法纪观念不强，财会工作薄弱，仍存在内部控制制度执行不严、会计处理不及时、财务收支不真实等错弊行为。审计发现并落实的有：隐匿各项收入161 520元，扩大各项开支140 321元，人为加大销售成本125 625元，造成偷逃所得税36 265元。

（一）被审计单位概况

××百货商场系××股份有限公司所属的中型百货企业，以零售为主，兼营少量批发业务。2003年1月开业，经营大小百货、文化用品、针纺织品、五金交电、服装、鞋帽、家具、家用电器等类商品17 000多种。2005年实有干部、职工225人，专职财会人员8人。按商品大类设15个商品柜组，每个柜组的副组长为兼职核算员。

近年来，在经济体制改革中，商场的经营业务有所发展，较好地完成了商业任务。该商场2005年的流动资金平均占用额为145万元（其中商品资金占82.7%），年销售总额为1 387万元，实现毛利176万元，毛利率为12.73%（比2004年增长12%），实现利润总额85万元，利润率为6.13%（比2004年增长13.33%），开支商品流通费41万元，费用水平为2.95%，比上年下降3.06%，全年全员劳动效率为61 664元，人均利润为3 778元。总的来看，各项主要经济指标完成计划较好。

（二）发现的问题和处理意见

除内部控制制度不严、存在漏洞，以及账务处理不及时、长期挂账，致使会计资料不实等问题已分别指出纠正外，查实的属于财务收支错弊问题和处理意见如下：

1. 加大销售成本，压低销售利润。

（1）该商场经营的两种电扇，2005 年 6 月份进货的价格每台已调低 30 元，月末计算销售成本时仍按当月初成本计算，而未按先进先出法计算，使当月售出的 780 台电扇，每台多计成本 30 元，共计加大成本 23 400 元，压低了销售利润，造成偷逃所得税 12 870 元。商场财务科科长承认有弄虚作假的错误并做了书面检查。

（2）该商场的小百货、文化用品和糖果烟酒三个商品柜组的库存商品分别实行售价金额核算，分柜组计算已销商品的进销差进。经审核计算发现，该三个商品柜组 12 月份已销商品进销差价并未按实际计算，而是按 11 月份的三个商品柜组进销差价率计算的，致使 12 月份实际实现的进销差价少计 2 225 元，造成少计利润，偷逃所得税 1 223.75 元。商场财务科科长承认错误，并申辩称当时因年终财会业务繁忙，图省事造成，并非故意作弊。

以上两项人为地扩大销售成本、压低利润，造成偷逃所得税 14 039.75 元。虽已做出检查，但情节较为严重。除应立即调整账项、补缴所得税外，对 2005 年 6 月所售电扇 780 台有意多计成本，偷逃所得税 12 870 元，已征得税务部门同意，处以 1 倍的罚金。

2. 隐匿收入，偷逃所得税。

（1）该商场自 2005 年 1 月起将 6 个临街门面橱窗租借给本市 6 家工厂商品宣传广告栏用。每月收取租金 12 000 元（每个橱窗 200 元），全年合计 14 400 元，记入"应付账款——其他应付款"明细账户下长期悬挂而不作清结。商场承认此项收入准备用作"意外"支出，但尚未动用，以致偷逃所得税 4 752 元。

（2）该商场 2005 年 10 月为家用电器厂代销 33 台滞销收录机，每台代销手续费 50 元，共得手续费 1 650 元。采用以上手段，偷逃所得税 544.50 元。

以上两项均应计算经营成果，照章缴纳所得税。其中长期悬挂而备作"意外"开支，属隐匿收入行为。虽未动用，但已造成严重后果，应立即补交所得税，并调整 2005 年度的未分配利润。

3. 扩大商品流通费开支。

（1）2005 年 3 月 16 日，支付蒸笼款 9 只，单价 35 元，合计 315 元，加上支付餐饮用具款 307 元，两项共计 622 元，列入管理费用。该项开支均属商场餐厅所用，按财务制度规定应由职工福利基金列支，因而少交所得税 205.26 元。

（2）2005 年 9 月 10 日，支付消防运动会奖品 493 元，列入管理费用。根据财务制度规定，职工运动会奖品属于职工福利基金开支范围，因乱计费用而少交所得税 162.69 元。

4. 乱列营业外支出。

（1）2005年财税大检查中，商场因乱计费用、偷逃所得税受到罚款11 000元的处理。按现行会计制度规定，支付罚款应先列入营业外支出，计算缴纳所得税时，进行纳税调整。但该商场并未进行纳税调整，造成应税所得不实，偷逃所得税3 300元。

（2）2005年6月20日，经商场经理同意，将截至6月份的医药费11 642元，在营业外支出列账，违反了现行财务制度，偷逃所得税3 841.86元。

以上两笔乱列营业外支出22 642元，均属有意违反制度的弄虚作假行为。为维护财经纪律，除将偷逃所得税7 141.86元补交入库外，并征得税务部门同意处以1倍罚金。

（三）决定和建议

从这次审计中发现的问题可以看出，××百货商场负责人法制观念淡薄，财会工作质量较低，并未从历次财务检查所发现的错弊行为中吸取教训，以致继续发生有意、无意隐匿收入、扩大开支、财务收支严重不实、偷逃国家税收等一系列违反国家财经纪律和财会制度的行为。为了维护国家利益，严肃财经法纪，促进改善管理，我们做出决定和建议如下：

1. 对上列问题分别按各项处理意见进行纠正、调整，并按规定补交所得税，处以罚金。

2. 公司应对该商场的财会工作进行整顿，商场应从此次审计所发现的问题中吸取教训，并采取措施予以改进。

3. 该商场经理和财务科科长对上述错弊行为负有直接责任，应向公司做出检查。

本报告各项内容及建议，该商场已出具书面材料表示完全同意。

××股份有限公司审计部（印）

审计组组长：××（印）

审计员：××（印）

××（印）

2006年3月20日

附：××百货商场对本报告表示同意材料一份。

（资料来源：张红英、陈东：《中国内部审计准则——阐释与运用》，立信会计出版社2007年版）

（二）案例点评

该审计报告要素齐全，内容完整，层次清楚；反映问题分门别类，有根有据；最后提出了建议，使报告具有建设性。但审计建议还可以更详细些。

六、理论思考

1. 内部审计报告与注册会计师审计报告有何区别？
2. 项目审计报告与年度内部审计报告有何区别？
3. 内部审计报告的格式和内容是固定的吗？

第二十二章 业务循环财务审计

第一节 生产准备业务审计

一、实习内容

实习生产准备业务审计,对生产准备业务的内部控制进行测试,并对生产准备业务的合法性、真实性和会计处理的正确性进行检查。

二、相关知识提示

生产准备业务主要是采购生产所需的原材料和设备,也包括租用设备。

(一) 生产准备业务的内部控制

1. 授权批准控制。物资采购必须经过一定程序授权批准后办理,任何人不得越权采购物资。

2. 职责分离控制。包括:请购与审批;询价与确定供应商;采购合同的订立与审批;采购与验收;采购、验收与相关会计记录;付款审批与付款执行。

3. 质量验收控制。有独立的质量验收部门对所采购的物资进行验收,对验收不合格的物资及时查明原因、落实责任。

4. 采购招标控制。大宗物资采购实行招标采购。

5. 凭证和记录控制。物资采购的每个环节都要以凭证为根据,凭证传递贯穿于采购过程的始终。物资采购所涉及的凭证主要有:请购单、价目表、合同、验收单、入库单、付款凭证等。采购的物资要及时地做出会计记录,包括总账、明细账记录;数量记录和金额记录。

6. 资产接触和记录使用控制。对有关重要的资产和文件记录,明确其可以接触或使用的人员,以及接触或使用人员的职责范围,限制其他人员接触或使用,以保证资产和记录的安全与完整。

7. 独立检查控制。由内部审计人员或其他独立人员核查物资采购过程。

8. 物价信息控制。通过对物价信息的收集、分类、加工和比较来控制采购物资的价格。

（二）生产准备业务的控制测试

1. 检查会议记录或请购单上签字，确定物资采购是经过授权批准的。
2. 观察职务分工情况。
3. 检查物资验收凭证，并与合同核对。
4. 询问大宗物资是否通过招标采购。
5. 检查物资采购环节的各种凭证，查看其签字、号码、日期和内容。
6. 检查独立核查的凭证和标识。
7. 询问采购物资价格的确定方式。
8. 检查物资采购的会计记录，确定其完整性。

（三）生产准备业务的证实测试

1. 核对请购单、合同、验收单和会计记录，确定每笔物资采购业务都做出了会计记录。
2. 从原材料等明细账出发，追查记账凭证、原始凭证、合同和批准记录或标识，确定所记录的物资采购业务都是合法的。
3. 审查验收单，并与合同核对，确定采购物资的品名、数量、单价和金额的一致性。
4. 收集采购物资价格的历史信息，确定采购物资价格的合理性。
5. 核对原始凭证、记账凭证和明细账，确定会计记录的正确性。
6. 检查付款凭证，确定采购付款的合法性。
7. 实地盘查采购物资，确定实物的存在。

三、实习流程

1. 了解和描述生产准备业务内部控制，包括编制生产准备业务调查问卷、编制生产准备业务流程图、文字描述生产准备内部控制制度；
2. 对生产准备内部控制进行测试；
3. 对生产准备进行证实测试。

四、实习成果与评价

（一）实习成果

1. 生产准备业务内部控制说明书、调查问卷或流程图——20%；
2. 生产准备业务内部控制测试表——40%；
3. 生产准备业务的证实测试表——40%。

（二）成果评价

（1）相关资料齐全，内容完整，能反映内部审计的过程；（2）对内部控制的评价恰当；（3）证实测试的程序与内部控制评价结果具有逻辑联系；（4）证实测试的基本结论恰当。

五、案例分析

（一）案例资料

福科公司内部审计部门审计公司材料采购业务内部控制案例

福科公司内部审计部门对该公司材料采购业务内部控制进行了审计。审计后对该公司材料采购业务内部控制进行了文字描述，分析了内部控制的弱点，并提出了改进建议。

（一）材料采购业务内部控制描述

（1）首先由仓库根据库存和生产需要提出材料采购业务申请，填写一份"请购单"。"请购单"交采购部批复。

（2）采购部根据之前制定的采购计划，对"请购单"进行审批。如符合计划，便组织采购；否则请示公司总经理批准。

（3）决定采购的材料，由采购部填写一式二联的"订购单"，其中一联采购部留存；另一联由采购员交供货单位。采购员凭"订购单"与供货单位签订供货合同。

（4）供货合同的正本留采购部并与"订购单"核对；供货合同的副本分别转交仓库和财务科，以备查。

（5）采购来的材料运抵仓库，由仓库保管员验收入库。验收时，将运抵的材料与采购合同副本，供货单位发来的"发运单"相互核对。然后填写一式三份的"验收单"，一联仓库留存，作为登记材料明细账的依据；一联转送采购部；一联转送财务科。

（6）采购部收到"验收单"后，将验收单与采购合同的副本、供货单位发来的发票，其他银行结算凭证相核对，若相符或不符，以确定此采购业务的完成情况。

（7）财务科接到验收单后，由主管材料核算的会计，将验收单与采购合同副本、供货单位发来的发票、其他银行结算凭证相核对。以符或不符作为是否支付货款的依据。

（8）应支付款的，由会计开出付款凭证，交出纳员办理付款手续。

(9) 出纳员付款后,在进货发票盖"付讫"章。再转交会计记账。
(10) 财务科的材料明细账,定期与仓库的材料明细账核对。

(二) 内部控制弱点

(1) 仓库只填一张"请购单",无法核对采购部所订立的材料是否为本公司所需,也不宜发现采购部未经公司领导批准前,自行订货现象。

(2) 虽然要求材料采购按计划执行,但对无相应的检查措施,加上对采购业务的批准与执行均由一个部门来负责,因而缺乏必需的控制。

(3) 采购部未设立材料明细账,不便于随时掌握材料的收发动态,不便于确定相适当的采购时间。

(三) 改进建议

(1) 仓库填制的"请购单"应为一式三联。

(2) 采购业务的审批,应由生产计划科负责,采购部只负责材料的采购业务。

(3) "请购单"的处理程序:

A. 仓库填写"请购单"后,交生产计划科审批。

B. 生产计划科审批后,一联留存,一联退回仓库备查,一联交采购部办理订货和采购手续。

C. 仓库将批准的"请购单"内容与原定的采购计划不一致的,由公司领导审查批准。

(4) 相应增加一份采购合同副本转给生产计划科,以便与批准的"请购单"相核对。

(5) 采购部增加一套材料明细账(可只记数量),以便随时掌握材料的增减变动。

(二) 案例点评

(1) 对内部控制的描述简洁、清晰。(2) 建议采购部增设材料明细账不太合理。材料明细账一般在会计部门和仓库部门开设,材料采购时间可由请购部门或仓库提出要求,不需要采购部门确定。(3) 除增设材料明细账外,分析的其他弱点合理,提出的建议具有针对性和建设性。

六、理论思考

1. 如果物资采购中存在着质次价高的问题,内部审计应如何审计予以发现?
2. 如何对物资采购实施内部控制?

附:内部审计程序表(见表 22-1)和内部审计发现记录表(通用)(见表 22-2)

表 22 –1　　　　　　　　　　内部审计程序表

被审计单位：		签　名	日　期	索引号	
项目：	编制人			页次	
截止日期：	审核人				
一、审计目标					
1.					
2.					
3.					
4.					
5.					
…					
二、审计流程		执行情况		索引号	
1.					
2.					
3.					
4.					
5.					
6.					
7.					
8.					
9.					
10.					
…					
审计说明：					

表 22 –2　　　　　　　　内部审计发现记录表（通用）

被审计单位：		签　名	日　期	索引号	
项目：	编制人			页次	
截止日期：	审核人				
一、审计结论或审计发现问题摘要					

续表

二、审计依据	
三、潜在风险及影响	
四、审计意见及建议	
五、附件资料	
六、复核意见	

第二节 市场开发业务审计

一、实习内容

实习市场开发业务审计，对市场开发业务的内部控制进行测试，并对市场开发业务的合法性、真实性和会计处理的正确性进行检查。

二、相关知识提示

（一）市场开发业务对内部控制

市场开发业务包括市场调查、市场预测与分析、制定客户发展计划、市场细分和市场定位、制定市场策划方案、实施市场策划方案、业务洽谈、合同签订、合同款项催收、用户关系协调等。

市场开发业务的内部控制包括：

1. 授权批准。市场开发业务相关计划或方案的制定和实施、业务洽谈、合同签订等都应经过有关部门或人员的批准。
2. 职务分离。市场开发和销售相分离，市场开发计划或方案的批准和执行相分离等。
3. 合同连续编号。
4. 完整的会计核算体系。

（二）市场开发业务的控制测试

1. 查阅会议记录或授权批准文件，检查授权批准的执行情况；
2. 观察并描述职务分离情况；
3. 检查已使用合同和空白合同的编号是否连续；
4. 抽查市场开发业务的会计记录，了解其会计记录是否完整。

（三）市场开发业务的证实测试

1. 将本期销售费用和上期销售费用各明细项目作比较分析，如有重大波动，应查明原因。
2. 从销售费用明细账入手，检查相应的记账凭证、原始凭证，确定费用开支是否合法和经过批准，会计处理是否正确。
3. 审查广告费和业务宣传费的划分是否合理。

三、实习流程

1. 了解和描述市场开发业务内部控制，包括编制市场开发业务调查问卷、编制市场开发业务流程图、文字描述市场开发业务内部控制制度；
2. 对市场开发业务内部控制进行测试；
3. 对销售费用进行证实测试。

四、实习成果与评价

（一）实习成果

1. 市场开发业务内部控制说明书、调查问卷或流程图——20%；

2. 市场开发业务内部控制测试表——40%；

3. 销售费用的证实测试表——40%。

（二）成果评价

（1）相关资料齐全，内容完整，能反映内部审计的过程；（2）对内部控制的评价恰当；（3）证实测试的程序与内部控制评价结果具有逻辑联系；（4）证实测试的基本结论恰当。

五、理论思考

如何对销售费用进行证实测试？

第三节　筹资业务审计

一、实习内容

实习筹资业务审计，对筹资业务的内部控制进行测试，并对筹资业务的合法性、真实性和会计处理的正确性进行检查。

二、相关知识提示

（一）筹资业务环节及关键内部控制

1. 借款或发行股票经过授权审批，签订借款合同或协议、债券契约、承销或包销协议等相关法律性文件。

2. 会计记录与授权和执行等明确分工；借款合同或协议由专人保管；保存债券持有人的明细资料，应同总账核对相符；如由外部机构保存，须定期同外部机构核对。

3. 建立严密完善的账簿体系和记录制度；核算方法符合准则和制度的规定。

4. 其明细账与总账的登记职务分离；其披露符合会计准则和制度的要求。

（二）筹资业务内部控制测试

以银行借款为例，其控制测试方法通常包括如下内容：

1. 索取授权批准文件，检查权限是否恰当，手续是否齐全；索取借款合同或协议、债券契约、承销或包销协议。

2. 观察并描述其职责分工；了解债券持有人明细资料的保管制度，检查是否与总账或外部机构核对。

3. 抽查会计记录，从明细账抽取部分会计记录，按原始凭证到明细账、总账顺序核对有关数据和情况，判断其会计处理过程是否合规完整。

4. 观察职务是否分离。

（三）银行借款的证实测试

1. 函证银行借款的实有数。应在期末银行借款余额较大或认为必要时向银行或其他债权人函证银行借款。

2. 检查银行借款的增加。对年度内增加的银行借款，应检查借款合同和授权批准，了解借款数额、借款条件、借款日期、还款期限、借款利率，并与相关会计记录相核对。

3. 检查有无到期未偿还的银行借款。应检查相关记录和原始凭证，检查被审计单位有无到期未偿还的短期借款，如有，则应查明是否已向银行提出申请并经同意后办理延期手续。

4. 复核银行借款利息及其会计处理。应根据银行借款的利率和期限，复核银行借款的利息计算是否正确，检查借款利息资本化或费用化的处理是否正确。

5. 检查企业抵押长期借款的抵押资产的所有权是否属于企业，其价值和实际状况是否与抵押契约中的规定相一致。

（四）实收资本的证实测试

1. 查阅公司章程、股东大会、董事会会议记录中有关实收资本（股本）的规定。收集与实收资本（股本）变动有关的董事会会议纪要、合同、协议、公司章程及营业执照、公司设立批文、验资报告等法律性文件。

2. 检查实收资本（股本）增减变动的原因，查阅其是否与董事会纪要、补充合同、协议及其他有关法律性文件的规定一致，逐笔追查至原始凭证，检查其会计处理是否正确。

三、实习流程

1. 了解和描述筹资业务内部控制，包括编制筹资业务调查问卷、编制筹资业务流程图、文字描述筹资业务内部控制制度；

2. 对筹资业务内部控制进行测试；

3. 对相关项目进行证实测试。

四、实习成果与评价

（一）实习成果

1. 筹资业务内部控制说明书、调查问卷或流程图——20%；

2. 筹资业务内部控制测试表——40%；

3. 有关项目的证实测试表——40%。

（二）成果评价

（1）相关资料齐全，内容完整，能反映内部审计的过程；（2）对内部控制的评价恰当；（3）证实测试的程序与内部控制评价结果具有逻辑联系；（4）证实测试的基本结论恰当。

五、理论思考

1. 负债筹资和权益筹资的审计有何不同？
2. 如何对银行借款进行证实测试？

第四节 投资业务审计

一、实习内容

实习投资业务审计，对投资业务的内部控制进行测试，并对投资业务的合法性、真实性和会计处理的正确性进行检查。

二、相关知识提示

（一）投资业务环节及主要内部控制

1. 投资业务经过授权审批，与被投资单位签订合同、协议，并获取被投资单位出具的投资证明。
2. 投资业务的会计记录与授权、执行和保管等方面明确职责分工。
3. 健全的证券投资资产保管制度。或者委托专门机构保管，或者在内部建立至少两名人员以上的联合控制制度，证券的存取均须详细记录和签名。
4. 内部审计人员或其他不参与投资业务的人员定期盘点证券投资资产，检查是否为企业实际拥有。
5. 详尽的会计核算制度。按每一种证券分别设立明细账，详细记录相关资料；核算方法符合审计准则的规定；期末成本与市价孰低，并正确记录投资跌价准备。

（二）投资业务的控制测试

投资业务的控制测试一般包括如下内容：

1. 了解投资内部控制制度。（1）投资项目是否经授权批准，投资金额是否及时入账；（2）是否与被投资单位签订投资合同、协议，是否获得被投资单位出具的投资证明；（3）投资的核算方法是否符合有关财务会计制度的规定，相关的投资收益会计处理是否正确，手续是否齐全；（4）有价证券的买卖是否经恰当授权，是否妥善保管并定期盘点核对。

2. 进行简易抽查。应抽查投资业务的会计记录。例如，可从各类投资业务的明细账中抽取部分会计分录，按原始凭证到明细账、总账的顺序核对有关数据和情况，判断其会计处理过程是否合规完整。

3. 审阅内部盘核报告。应审阅内部审计人员或其他授权人员对投资者进行定期盘核的报告。应审阅其盘点方法是否恰当，盘点结果与会计记录相核对情况以及出现差异的处理是否合规。如果各期盘核报告的结果未发现账实之间存在差异（或差异不大），说明投资资产的内部控制得到了有效的执行。

4. 分析企业投资业务管理报告。对于企业的长期投资，应对照有关投资方面的文件和凭据，分析企业的投资企业管理报告。在做出长期投资决策之前，企业最高管理阶层（如董事会）需要对投资进行可行性研究和论证，并形成一定纪要，投资业务一经执行，又会形成一系列的投资凭据或文件，如证券投资中的各类证券，联营投资中的投资协议、合同及章程等。负责投资业务的财务经理须定期向企业最高管理层报告有关投资业务的开展情况（包括投资业务内容和投资收益实现情况及未来发展预测），即提交投资业务管理报告书，供最高管理层投资决策和控制。内部审计人员认真分析这些投资管理报告的具体内容，并对照前述的有关文件和凭据资料，从而判断企业长期投资业务的管理情况。

（三）投资业务的审计程序

以长期股权投资为例，其实质性程序通常包括：

1. 根据有关合同和文件，确认股权投资的股权比例和持有时间，检查股权投资核算方法是否正确。

2. 对于重大的投资，向被投资单位函证被审计单位的投资额、持股比例及被投资单位发放股利等情况。

3. 对于应采用权益法核算的长期股权投资，获取被投资单位已经注册会计师审计的年度财务报表，如果未经注册会计师审计，则应考虑对被投资单位的财务报表实施适当的审计或审阅程序。

4. 对于采用成本法核算的长期股权投资，检查股利分配的原始凭证及分配决议等资料，确定会计处理是否正确；对被审计单位实施控制而采用成本法核算的长期股权投资，比照权益法编制变动明细表，以备合并报表使用。

5. 确定长期股权投资的增减变动的记录是否完整。

三、实习流程

1. 了解投资业务的内部控制，包括编制筹资业务调查问卷、编制筹资业务流程图、文字描述筹资业务内部控制制度；

2. 对投资业务内部控制进行测试；

3. 对长期股权投资进行证实测试；

4. 对投资收益进行证实测试；

5. 对其他相关项目进行证实测试。

四、实习成果与评价

（一）实习成果

1. 投资业务内部控制说明书、调查问卷或流程图——20%；

2. 投资业务内部控制测试表——40%；

3. 有关项目的证实测试表——40%。

（二）成果评价

（1）相关资料齐全，内容完整，能反映内部审计的过程；（2）对内部控制的评价恰当；（3）证实测试的程序与内部控制评价结果具有逻辑联系；（4）证实测试的基本结论恰当。

五、理论思考

1. 如何审查长期股权投资的真实性？

2. 如何审查投资收益的完整性？

第五节　人力资源业务审计

一、实习内容

实习人力资源业务审计，对人力资源业务的内部控制进行测试，并对人力资源业务的合法性、真实性和会计处理的正确性进行检查。

二、相关知识提示

（一）人力资源业务的内部控制

人力资源业务是组织和协调劳动力资源的业务，包括招聘、雇用、劳动安排、培训、薪酬处理和员工绩效评价等业务。人力资源业务的主要内部控制包括：

1. 人事、考勤、工薪发放、记录等职务相互分离。

2. 雇用、辞退员工或调整员工的职位时，应经人力资源部恰当的授权和批准。

3. 工时卡应由主管人员审核，并与缺勤报告相核对。

4. 工薪支票应预先编号并及时记账，应有人员独立地对工薪银行账户余额进行调节。

5. 复核工薪率与工时卡，并独立地重新计算工薪总额、工薪净额以及总的支付金额。

6. 核对工薪支票上的日期与工薪登记簿上的记录日期。

7. 采用适当的工资费用分配方法，并且前后各期一致；采用适当的账务处理流程。

（二）人力资源业务的控制测试

1. 检查人事档案；检查工时卡的有关核准说明；检查工薪记录中有关内部检查标记；检查人事档案中的授权；检查工薪记录中的有关核准的标记。

2. 检查工时卡的核准说明；检查工时卡；复核人事政策、组织结构图。

3. 检查工资分配表、工资汇总表、工资结算表，并核对员工手册、员工工资手册等。

4. 选取样本测试工资费用的归集和分配；测试是否按照规定的账务处理流程进行账务处理。

5. 询问和观察各项职责执行情况。

（三）应付职工薪酬的证实测试

1. 检查各月职工薪酬的发生额是否存在异常波动，若有，应查明波动原因并做出记录。

2. 将本期职工薪酬总额与上期进行比较，要求被审计单位解释大幅增减变动的原因，并取得被审计单位管理层关于职工薪酬标准的决议。

3. 了解被审计单位本期平均职工人数，计算人均薪酬水平，与上期或同行业水平进行比较。

4. 检查本项目的核算内容是否包括工资、职工福利、社会保险费、住房公积金、工会经费、职工教育经费、解除职工劳动关系补偿、股份支付等明细项目。外商投资企业按规定从净利润中提取的职工奖励及福利基金，也应在本项目核算。

5. 检查应付职工薪酬的计量和确认。

三、实习流程

1. 了解和描述人力资源内部控制；
2. 对人力资源内部控制进行控制测试；
3. 对相关项目进行证实测试。

四、实习成果与评价

（一）实习成果

1. 人力资源业务内部控制说明书、调查问卷或流程图——20%；
2. 人力资源业务内部控制测试表——40%；
3. 有关项目的证实测试表——40%。

（二）成果评价

（1）相关资料齐全，内容完整，能反映内部审计的过程；（2）对内部控制的评价恰当；（3）证实测试的程序与内部控制评价结果具有逻辑联系；（4）证实测试的基本结论恰当。

五、理论思考

1. 如何审查人力资源业务的内部控制？
2. 如何审查会计部门多计工薪支出而进行贪污的情况？

第六节 生产业务审计

一、实习内容

实习生产业务审计，对生产业务的内部控制进行测试，并对生产业务的合法性、真实性和会计处理的正确性进行检查。

二、相关知识提示

（一）生产业务的内部控制

生产业务的主要内部控制包括：

1. 生产指令的授权批准、领料单的授权批准、工资的授权批准等，应通过恰当手续，经过特别审批或一般审批。
2. 成本的核算是以经过审核的生产通知单、领发料凭证、产量和工时记录、人工费用分配表、材料费用分配表、制造费用分配表为依据的。
3. 生产通知单均事先编号并已经登记入账。
4. 适当的成本核算方法且前后一致，适当的费用分配方法且前后一致，恰当的成本核算流程和账务处理流程；内部核查。
5. 存货保管人员与记录人员职务相分离。
6. 定期进行存货盘点。

（二）生产业务的控制测试

1. 审查凭证中是否包括授权审批。
2. 审查有关成本的记账凭证是否附有生产通知单、领发料凭证、产量和工时记录、人工费用分配表、材料费用分配表、制造费用分配表，以及这些原始凭证的顺序编号是否完整。
3. 审查顺序编号是否完整。
4. 进行成本会计测试。包括：（1）选取样本测试各种费用的归集和分配以及成本的计算；（2）测试是否按照规定的成本核算流程和账务处理流程进行核算和账务处理。
5. 询问和观察存货和记录的接触，以及相应的批准程序。
6. 询问和观察存货盘点程序。

（三）生产成本的证实测试

1. 测试直接材料费用。

（1）抽查产品成本计算单，检查直接材料成本的计算是否正确，材料费用的分配标准与计算方法是否合理和适当，是否与材料费用分配汇总表中该产品分摊的直接材料费用相符。

（2）审查直接材料耗用数量的真实性。检查有无将非生产用材料计入直接材料费用。

（3）分析比较同一产品前后各年度的直接材料成本，如有重大波动应查明原因。

（4）抽查材料发出及领用的原始凭证，检查领料单的签发是否经过授权，材料发出汇总表是否经过适当的人员复核，材料单位成本计价方法是否适当，是否正确及时入账。

（5）对采用定额成本或标准成本的企业，应检查直接材料成本差异的计算、分配与会计处理是否正确，并查明直接材料的定额成本、标准成本在本年度内有无重大变更。

2. 测试直接人工费用。

（1）抽查产品成本计算单，检查直接人工成本的计算是否正确，人工费用的分配标准与计算方法是否合理和适当，是否与人工费用分配汇总表中该产品分摊的直接人工费用相符。

（2）将本年度直接人工成本与前期进行比较，查明其异常波动的原因。

（3）分析比较本年度各个月份的人工费用发生额，如有异常波动，应查明原因。

（4）结合应付工资的审查，抽查人工费用会计记录及会计处理是否正确。

(5) 对采用标准成本法的企业,应抽查直接人工成本差异的计算、分配与会计处理是否正确,并查明直接人工的标准成本在本年度内有无重大变更。

3. 测试制造费用。

(1) 获取或编制制造费用汇总表,并与明细账、总账核对相符,抽查制造费用中的重大数额项目及例外项目是否合理。

(2) 审阅制造费用明细账,检查其核算内容及范围是否正确,并应注意是否存在异常会计事项,如有,则应追查至记账凭证及原始凭证,重点查明企业有无将不应列入成本费用的支出(如投资支出、被没收的财物、支付的罚款、违约金、技术改造支出等)计入制造费用。

(3) 必要时,对制造费用实施截止测试,即检查资产负债表日前后若干天的制造费用明细账及其凭证,确定有无跨期入账的情况。

(4) 审查制造费用的分配是否合理。重点查明制造费用的分配方法是否符合企业自身的生产技术条件,是否体现受益原则,分配方法一经确定,是否在相当时期内保持稳定,有无随意变更的情况;分配率和分配额的计算是否正确,有无以人为估计数代替分配数的情况。对按预定分配率分配费用的企业,还应查明计划与实际差异是否及时调整。

(5) 对于采用标准成本法的企业,应抽查标准制造费用的确定是否合理,计入成本计算单的数额是否正确,制造费用的计算、分配与会计处理是否正确,并查明标准制造费用在本年度内有无重大变动。

三、实习流程

1. 了解和描述生产业务内部控制;
2. 对生成业务内部控制进行控制测试;
3. 对相关项目进行证实测试。

四、实习成果与评价

(一) 实习成果

1. 生产业务内部控制说明书、调查问卷或流程图——20%;
2. 生产业务内部控制测试表——40%;
3. 有关项目的证实测试表——40%。

(二) 成果评价

(1) 相关资料齐全,内容完整,能反映内部审计的过程;(2) 对内部控制的评价恰当;(3) 证实测试的程序与内部控制评价结果具有逻辑联系;(4) 证实测试的基本结论恰当。

五、案例分析

（一）案例资料

某摩托车制造公司生产成本审计案例

某摩托车制造公司内部审计人员在审计该公司 2001 年的产品成本时，对比了 2000 年各月同一产品的单位成本，发现 Q 型摩托车本年度产品单位成本较上年度有较大幅度增长，在本年度内，12 月份产品单位成本尤其比其他月份和以前年度金额大。

审计人员了解到的情况排除了材料价格上涨的因素，进一步抽查成本计算单后发现，Q 型摩托车 12 月份成本计算单中直接材料的单位用量异常增高，需要进一步抽查凭证和进行材料盘点，以进一步确认是什么原因导致年末材料的用量较大。

审计人员重点抽查了 12 月份的有关成本归集与分配的凭证，发现了两笔凭证需要进行调整。

一笔是在建工程领用的材料价值 1 232 000 元，计入了 Q 型摩托车的 12 月份成本计算单中；

另一笔是在建工程工人的工资及福利费用金额 592 800 元，也计入了 Q 型摩托车的成本中。进一步审计，审计人员了解到被审计单位在 12 月份新上马一项在建工程，有关该项工程的开支全部挤入 Q 型摩托车产品成本开支中，经与有关人员询问，确认无误。

（二）案例点评

该案例中，内部审计人员从分析性复核入手，发现产品成本中的疑点，再根据疑点，追查明细账、记账凭证和原始凭证，发现了账务处理中存在的错误。该方法简便易行、针对性强，审计中重点突出，可以收到事半功倍之效。

六、理论思考

1. 生产业务审计和人力资源业务审计、生产准备业务审计有何联系？
2. 如何对生产成本进行证实测试？

第七节　销售业务审计

一、实习内容

实习销售业务审计，对销售的内部控制进行测试，并对销售业务的合法性、真实性和会计处理的正确性进行检查。

二、相关知识提示

（一）销售业务的内部控制

1. 适当的职责分离。销售业务中的职责分离主要包括：销售、发货、收款三项业务或岗位分别设立；单位在销售合同订立前，应当指定专门人员就销售价格、信用政策、发货及收款方式等具体事项与客户进行谈判。谈判人员至少应有两人以上，并与订立合同的人员相分离；编制销售发票通知单的人员与开具销售发票的人员应相互分离；销售人员应避免接触销售现款；单位应收票据的取得和贴现必须经由保管票据以外的主管人员的书面批准。

2. 正确的授权审批。对于授权审批问题，审计中应当关注以下四个关键点上的审批程序：在销货发生之前，赊销已经正确审批；非经正当审批，不得发出货物；销售价格、销售条件、运费、折扣等必须经过审批；审批人应当根据销售与收款授权批准制度的规定，在授权范围内进行审批，不得超越审批权限。

3. 充分的凭证和记录。只有具备充分的记录手续，才有可能实现其他各项控制目标。销售过程有完整的凭证与记录，从接受客户订单、制定货单一直到记录销售、登记收款及计提坏账准备。

4. 凭证的预先编号。销售发票和发运凭证必须预先编号，以防止重开、重记或漏记。

5. 按月寄出对账单。

6. 内部核查程序。由内部审计人员或其他独立人员核查销货业务的处理和记录，是实现内部控制目标所不可缺少的一项控制措施。

（二）销售业务的控制测试

对销售业务的内部控制一般实施以下测试：

1. 审查销售发票是否经适当的授权批准；审查有关凭证上的内部核查标记。

2. 审查销售发票副联是否附有发运凭证（或提货单）及顾客订货单；检查顾客的赊购是否经授权批准；检查销售发票连续编号的完整性；观察是否寄发对账单，并检查顾客回函档案。

3. 检查发运凭证连续编号的完整性；检查销售发票连续编号的完整性。

4. 观察对账单是否已经寄出；审查内部核查标记；审查将应收账款明细账余额合计数与其总账余额进行比较的标记。

5. 审查尚未开具收款账单的发货和尚未登记入账的销货业务；审查有关凭证上内部核查的标记。

6. 观察职务是否分离。

(三) 主营业务收入的证实测试

主营业务收入实质性测试审计程序包括:

1. 获取或编制主营业务收入、成本项目明细表,复核加计正确并核对与总账、明细账、财务报表发生额是否相符。

2. 检查收入的确认原则和方法是否符合会计准则规定,前后期是否一致。

3. 运用分析性复核方法,分析与收入相关的重要比率,寻找本期重要变动和异常变动。

4. 根据普通发票或增值税发票申请表,估算全年收入,与实际入账收入金额核对,并检查是否存在虚开发票或销售而未开发票的情况。

5. 获取产品价格目录,抽查售价是否符合定价政策,并注意销售给关联方或关系密切的重要客户的产品价格是否合理,有无低价或高价结算以转移收入的现象。

6. 抽取本期一定数量的销售发票,检查开票、记账、发货日期是否相符,品名、数量、单价、金额等是否与发运凭证、销售合同等一致,编制测试表。

7. 实施主营业务收入的截止测试。主营业务收入截止测试的目的在于确定被审计单位主营业务收入的会计记录归属期是否正确,即应计入本期或下期的主营业务收入有无被推延至下期或提前至本期。在进行主营业务收入截止测试时应关注发票开具日期或收款日期与记账日期和发货日期。

主营业务收入的截止测试,一是以账簿记录为起点,从报表日前后若干天的账簿记录查到记账凭证,检查发票存根与发运凭证,其目的是防止多计收入;二是以销售发票为起点,从报表日前后若干天的发票存根查至发运凭证与账簿记录,确定已开具发票的货物是否已发货并于同一会计期间确认收入,其目的是防止少计收入;三是以发运凭证为起点,从报表日前后若干天的发运凭证查至发票开具情况与账簿记录,确定营业收入是否已计入恰当的会计期间,其目的是防止少计收入。

8. 结合对决算日应收账款的函证程序,观察有无未经认可的巨额销售。

9. 检查销售折扣、销售退回与折让业务是否真实,内容是否完整,相关手续是否符合规定,折扣与折让的计算和会计处理是否正确。

10. 检查外币收入折算是否正确。

三、实习流程

1. 了解和描述销售业务内部控制,包括编制销售业务调查问卷、编制销售业务流程图、文字描述销售业务内部控制制度;

2. 对销售业务内部控制进行测试;

3. 对相关项目进行证实测试。

四、实习成果与评价

（一）实习成果

1. 销售业务内部控制说明书、调查问卷或流程图；
2. 销售业务内部控制测试表；
3. 有关项目的证实测试表。

（二）成果评价

（1）相关资料齐全，内容完整，能反映内部审计的过程；（2）对内部控制的评价恰当；（3）证实测试的程序与内部控制评价结果具有逻辑联系；（4）证实测试的基本结论恰当。

五、理论思考

1. 如何对销售业务进行证实测试？
2. 如何针对虚构销售收入进行审计？

第八节　货币资金审计

一、实习内容

实习货币资金审计，对货币资金的内部控制进行测试，并对货币资金业务的合法性、真实性和会计处理的正确性进行检查。

二、相关知识提示

（一）货币资金的内部控制

1. 货币资金收支与记账的岗位分离。
2. 货币资金收入和支出要有合理、合法的凭据。
3. 全部收支及时准确入账，并且支出要有核准手续。
4. 控制现金坐支，当日收入现金应及时送存银行。
5. 及时盘点现金，定期编制银行存款余额调节表。
6. 加强对货币资金收支业务的内部审计。

（二）筹资业务内部控制测试

1. 了解货币资金的内部控制。
2. 抽查货币资金收款凭证。
3. 抽查货币资金付款凭证。
4. 抽查核对现金、银行存款日记账与总账。

5. 抽查核对银行存款余额调节表与库存现金盘点表。

6. 检查外币性货币资金的折算方法是否符合有关规定，是否与上年一致。

7. 评价货币资金的内部控制。

（三）现金的证实测试

1. 盘点库存现金。

2. 检查现金的收入。

3. 检查现金的支出。

（四）银行存款的证实测试

1. 核对银行对账单与公司银行存款日记账。

2. 检查银行存款的收入。

3. 检查银行存款的支出。

4. 检查一年以上定期存款或限定用途存款。

三、实习流程

1. 了解和描述货币资金内部控制，包括编制货币资金调查问卷、编制货币资金流程图、文字描述货币资金内部控制制度；

2. 对货币资金内部控制进行测试；

3. 对现金进行证实测试；

4. 对银行存款进行证实测试。

四、实习成果与评价

（一）实习成果

1. 货币资金内部控制说明书、调查问卷或流程图——20%；

2. 货币资金内部控制测试表——20%；

3. 现金证实测试表——30%；

4. 银行款证实测试表——30%。

（二）成果评价

（1）相关资料齐全，内容完整，能反映内部审计的过程；（2）对内部控制的评价恰当；（3）证实测试的程序与内部控制评价结果具有逻辑联系；（4）证实测试的基本结论恰当。

五、理论思考

1. 如何防范财务部门人员贪污货币资金？

2. 如何审查"小金库"？

第二十三章 经营管理审计

第一节 风险管理审计

一、实习内容

实习风险管理审计,审查公司风险管理流程,编制风险管理审计报告。

二、相关知识提示

(一) 风险管理

风险管理,是对影响组织目标实现的各种不确定性事件进行识别与评估,并采取应对措施将其影响控制在可接受范围内的过程。风险管理是组织内部控制的基本组成部分,内部审计人员对风险管理的审查和评价是内部控制审计的基本内容之一。

风险管理包括以下主要阶段:(1)风险识别。即根据组织目标、战略规划等识别所面临的风险。(2)风险评估。即对已识别的风险,评估其发生的可能性及影响程度。(3)风险应对。即采取应对措施,将风险控制在组织可接受的范围内。

组织的风险包括外部风险和内部风险。外部风险是指外部环境中对组织目标的实现产生影响的不确定性,其主要来源于以下因素:(1)国家法律、法规及政策的变化;(2)经济环境的变化;(3)科技的快速发展;(4)行业竞争、资源及市场变化;(5)自然灾害及意外损失;(6)其他。内部风险是指内部环境中对组织目标的实现产生影响的不确定性,其主要来源于以下因素:(1)组织治理结构的缺陷;(2)组织经营活动的特点;(3)组织资产的性质以及资产管理的局限性;(4)组织信息系统的故障或中断;(5)组织人员的道德品质、业务素质未达到要求;(6)其他。

(二) 风险管理审计

1. 对风险识别过程进行审查与评价,重点关注组织面临的内、外部风险是否已得到充分、适当的确认。

2. 对风险评估过程进行审查与评价，重点关注以下两个要素：（1）风险发生的可能性；（2）风险对组织目标的实现产生影响的严重程度。

3. 对风险应对措施进行审查。根据风险评估结果做出的风险应对措施主要包括以下几个方面：（1）回避，是指采取措施避免进行可产生风险的活动；（2）接受，是指由于风险已在组织可接受的范围内，因而可以不采取任何措施；（3）降低，是指采取适当措施将风险降低到组织可接受的范围内；（4）分担，是指采取措施将风险转移给其他组织或保险机构。评价风险应对措施的适当性和有效性时，应当考虑以下因素：（1）采取风险应对措施之后的剩余风险水平是否在组织可以接受的范围之内；（2）采取的风险应对措施是否适合本组织的经营、管理特点；（3）成本效益的考核与衡量。

（三）风险管理报告

内部审计人员应向组织适当管理层报告审查和评价风险管理过程的结果，并提出改进建议。风险管理的审查和评价结果应反映在内部控制审计报告中，必要时应出具专项审计报告。

三、实习流程

1. 制定风险管理审计方案；
2. 审查和评价风险识别过程；
3. 审查和评价风险评估情况；
4. 审查和评价风险应对措施；
5. 编制风险管理审计报告。

四、实习成果与评价

实习成果：

风险管理审计工作底稿——50%；

风险管理审计报告——50%。

成果评价：工作底稿所反映的审计内容全面、审计方法适当；审计报告的要素齐全、反映的问题与工作底稿一致，提出的建议具有可行性。

五、理论思考

1. 风险管理包括哪几个阶段？
2. 如何实施风险管理审计？

第二节 内部控制审计

一、实习内容

实习内部控制审计,审查内部控制并编制内部控制审计报告。

二、相关知识提示

(一) 内部控制

内部控制是指组织内部为实现经营目标,保护资产安全完整,保证遵循国家法律法规,提高组织运营的效率及效果,而采取的各种政策和程序。内部控制包括控制环境、风险管理、控制活动、信息与沟通、监督等五个要素。

(二) 内部控制审计的内容

1. 审查控制环境。包括:(1) 经营活动的复杂程序;(2) 管理权限的集中程度;(3) 管理行为守则的健全性和有效性;(4) 管理层对逾越既定控制程度的态度;(5) 组织文化的内容及组织成员对此的理解与认同;(6) 法人治理结构的健全性和有效性;(7) 组织各阶层人员的知识与技能;(8) 组织结构和职责划分的合理性;(9) 重要岗位人员的权责相称程度及其胜任能力;(10) 员工聘用程度及培训制度;(11) 员工业绩考核与激励机制。

2. 审查风险管理,评价组织风险管理机制的健全性和有效性。重点审查以下内容:(1) 可能引发风险的内外因素;(2) 风险发生的可能性和预计带来的后果;(3) 对抗风险的能力;(4) 风险管理的具体方法及效果。

3. 审查控制活动,评价其适当性、合法性、有效性。重点审查以下内容:(1) 控制活动建立的适当性;(2) 控制活动对风险的识别和规避;(3) 控制活动对组织目标实现的作用;(4) 控制活动执行的有效性。

4. 审查信息与沟通,评价组织获取及处理信息的能力。重点审查以下内容:(1) 获取财务信息、非财务信息的能力;(2) 信息处理的及时性和适当性;(3) 信息传递渠道的便捷与畅通;(4) 管理信息系统的安全可靠性。

(三) 内部控制审计的方法

内部审计人员在评价内部控制时,按照项目的性质和需要,既可以对全部控制要素进行评价,也可以只对部分控制要素进行评价。

内部审计人员可以采用文字叙述、调查问卷、流程图等方法对内部控制进行描述和评价,并记录于审计工作底稿中。

(四) 内部控制审计报告

审计报告应说明审查和评价内部控制的目的、范围、审计结论、审计决定及对改善内部控制的建议，并应当包括被审计单位的反馈意见。

三、实习流程

1. 对内部控制审计进行计划；
2. 审查控制环境；
3. 审查风险管理；
4. 审查控制活动；
5. 编制内部控制审计报告。

四、实习成果与评价

实习成果：

内部控制审计工作底稿——50%；

内部控制审计报告——50%。

成果评价：工作底稿所反映的审计内容全面、审计方法适当；审计报告的要素齐全、反映的问题与工作底稿一致，提出的建议具有可行性。

五、理论思考

1. 内部控制的专项审计与常规财务审计中对内部控制的审查有何不同？
2. 内部控制审计与风险管理审计是何关系？

附：内部控制审计报告基本格式参考范例如下：

关于××公司内部会计控制的审计报告（标题）

××公司总经理：（收件人）

为了配合今年年底公司组织的行业检查活动，我们临时调整了审计计划，组成了以王××为项目负责人的5人审计小组，对公司内部会计控制制度进行了局部审计，旨在自我评价，消除内部控制的弱点，改善公司管理水平，争取在行业评比中获得优异成绩。我们的审计目标是测试内部会计控制方面是否存在漏洞，寻找与同行业其他企业的差距。审计涉及的期间是20××年1月1日至20××年12月31日。审核的范围包括会计制度设计、会计核算程序、会计工作机构和人员职责，财务管理制度等方面。（审计概况）

我们按照内部审计准则的规定计划和实施本项内部审计工作，并采用了我们认为应当采用的必要的审计程序。根据抽查结果，我们认为，下列情况应当予以关注：

1. 没有定期进行银行对账单调节。截至我们进行审计时，银行对账单的调节工作已延误了四个月，严重削弱了公司对资金安全性的控制。（见附件第××页）

2. 由于没有防止投资收益账户上舞弊行为的控制程序，导致超过 100 000 元的股利被非法挪用。（见附件第××页）

3. ……（审计发现）

除上述问题外，我们认为，组织管理层对内部会计控制的设计在整体上是符合公司的实际情况的，其运行取得了预期的效果。（审计结论）

我们认为，上述问题的发生，主要原因是相关职位人员配备不足，不相容职务未予以分离。建议财务部门健全资金控制制度，并招聘一名有经验的会计人员充实相关职位。（审计建议）

附件：1. ××
 2. ××
 3. ××（附件）

审计部门负责人：×××
审计小组负责人：×××

××审计机构（签章）
××年×月×日（报告日期）

第三节　经济性审计

一、实习内容

实习经济性审计，审查和评价公司经营活动的经济性，编制经济性审计报告。

二、相关知识提示

（一）经济性与经济性审计

经济性是指组织经营活动过程中获得一定数量和质量的产品和服务及其他成果时所耗费的资源最少。经济性主要关注的是资源投入和使用过程中成本节约的水平和程度及资源使用的合理性。

经济性审计是指内部审计机构和人员对组织经营活动的经济性进行审查与评

价的活动，它是管理审计的重要组成部分。

经济性审计的目的是通过审查与评价组织经营活动中资源的取得、使用及管理是否节约及合理，协助管理层改善管理，节约资源，增加组织价值。

（二）经济性审计的内容

经济性审计审查评价的主要内容包括：（1）资金的取得和使用是否节约；（2）人力资源的取得及配置是否恰当；（3）物资财产的取得及消耗是否节约；（4）资源取得和配置在时间消耗上的适当性；（5）资源取得的机会成本；（6）资源的取得、使用和管理是否合理，是否遵循有关法律、法规；（7）组织是否建立了健全的管理控制系统，以评价、报告和监督特定业务或项目的经济性；（8）管理层提供的有关经济性方面的信息是否真实、可靠；（9）其他有关事项。

（三）经济性审计的方法

经济性审计方法应当与审计对象、审计目标及经济性审计评价标准相适应。除了运用常规的审计方法以外，还可以运用数量分析法、比较分析法、标杆法等。其中，标杆法是内部审计人员对经营活动状况进行实际观察和检查，通过与组织内外部相同或相似经营活动的最佳实务进行比较而取得审计证据的方法。

（四）经济性审计评价标准

经济性审计的评价标准包括：（1）定量的评价标准主要包括计划、预算、定额、目标值、评价标准值等。（2）定性的评价标准主要包括：国家法律、法规、方针和政策；主管部门的有关规定；组织的规章制度；职业组织推荐的最佳实务等。

（五）经济性审计报告

经济性审计报告的正文应当主要包括以下内容：（1）被审计单位经营活动的基本情况；（2）开展经济性审计的立项依据；（3）开展经济性审计的目的；（4）经营活动经济性的评价标准及评价意见或结论；（5）经济性审计中发现的主要问题，包括在资源的取得、使用和管理中的损失、浪费等事实，导致上述结果的原因及产生的影响；（6）对进一步优化组织资源管理、节约资源使用所提出的建议。

三、实习流程

1. 制定经济性审计方案；
2. 审查和评价资金使用的经济性；
3. 审查和评价物资耗用的经济性；
4. 审查和评价人力资源配置的经济性；

5. 审查和评价资源取得的经济性；
6. 审查和评价管理系统的经济性；
7. 编制经济性审计报告。

四、实习成果与评价

实习成果：

经济性审计工作底稿——50%；

经济性审计报告——50%。

成果评价：工作底稿所反映的审计内容全面、审计方法适当，审计报告的要素齐全、反映的问题与工作底稿一致，提出的建议具有可行性。

五、理论思考

1. 什么是经济性？
2. 经济性审计和成本费用审计有何区别？

第四节 效果性审计

一、实习内容

实习效果性审计，审查和评价经营活动的效果性，编制效果性审计报告。

二、相关知识提示

（一）效果性与效果性审计

效果性是指组织从事经营活动时实际取得成果与预期取得成果之间的对比关系。效果性主要关注的是既定目标的实现程度及经营活动产生的影响。

效果性审计是指内部审计机构和人员对组织经营活动的效果性进行审查与评价的活动，它是管理审计的重要组成部分。

效果性审计的主要目的是通过审查与评价组织经营活动既定目标实现的程度，以协助组织管理层改善经营水平，提高经营活动的效果。效果性审计既可以针对整个组织的经营活动，也可以针对特定项目、特定业务。组织经营活动特定项目或业务的效果既要考虑经济目标（如产值、收入、利润），也要考虑社会目标（如社会满意度、环保效应、社会责任）。

（二）效果性审计的内容

效果性审计审查评价的主要内容包括：（1）组织经营活动的目标是否适当、

相关及可行；（2）组织经营活动达到既定目标或实现预期经济和社会效果等情况；（3）组织为实现既定目标所采取的程序和方法的合法、合理性，以及对有关政策、计划、预算、程序、合同等的遵循情况；（4）分析组织经营活动未能及时达到既定目标的原因；（5）分析组织无法按原定计划开展相应项目、业务或者中途停止项目、业务的原因；（6）组织是否建立了健全的管理控制系统，以评价、报告和监督特定项目或业务的效果性；（7）管理层提供的有关效果性方面的信息是否真实、可靠；（8）其他有关事项。

（三）效果性审计的方法

效果性审计方法时应当与审计对象、审计目标及效果性审计评价标准相适应。除了运用常规的审计方法外，还可以运用调查法、问题解析法、专题讨论会等方法。

1. 调查法。调查法是凭借一定的手段和方式（如访谈、问卷），对某种或某几种现象或事实进行考察，通过对收集到的各种事实资料的分析处理，进而得出结论的一种研究方法。

2. 问题解析法。问题解析法是通过确定总括性问题、相关子问题以及用来解答这些问题的具体步骤来开展效果性审计工作的方法。

3. 专题讨论会。专题讨论会是指通过召集组织相关管理人员就经营活动特定项目或业务的具体问题进行讨论及评估的一种方法。

（四）效果性审计的评价标准

对组织经营活动特定项目或业务的效果性进行评价时可参照选择以下标准：（1）项目或业务的设计要求或计划应达到的水平；（2）项目或业务对完成时间的要求；（3）其他组织的相同或类似项目及业务已达到的最佳状态；（4）国家已制定的最高标准或已达到的最佳水平；（5）国际上已达到的最高水平；（6）社会有关各方对该项目或业务的社会经济效果的满意程度。

（五）效果性审计报告

效果性审计报告的正文应当主要包括以下内容：（1）被审计经营活动特定项目或业务的基本情况；（2）开展效果性审计的立项依据；（3）开展效果性审计的目的；（4）经营活动效果性的评价标准及评价意见或结论；（5）效果性审计中发现的主要问题，包括审计发现的事实、导致上述结果的原因及产生的影响；（6）对特定项目或业务经营管理的改善和效果的提高所提出的建议。

三、实习流程

1. 制定效果性审计方案；
2. 分析目标的适当性；

3. 分析目标的完成情况；
4. 审查和评价公司为实现目标所采取的程序和方法；
5. 分析目标未能实现的原因；
6. 提出改进经营活动的建议；
7. 编制效果性审计报告。

四、实习成果与评价

实习成果：

效果性审计工作底稿——50%；

效果性审计报告——50%。

成果评价：工作底稿所反映的审计内容全面、审计方法适当，审计报告的要素齐全、反映的问题与工作底稿一致，提出的建议具有可行性。

五、案例分析

（一）案例资料

××投资项目事前效果性审计

盈亏平衡分析就是一种静态定量分析方法，主要是测算项目投产后的盈亏平衡点。该点表明项目当年的生产经营恰好不盈不亏。这种分析能观察项目可以承受多少不确定性因素带来的风险损失，而使项目不致发生亏损。采用该方法进行效益审计分析，最大特点是简便易行，但需注意它的成立必须以许多假设条件为前提。

以2006年某投资项目的财务资料为依据，测算的假定条件：一是经营规模不变，即项目投资额31.87亿元；二是按照2006年收入结构和收费标准；三是按照2006年实际成本费用数测算。

主营业务收入 20 508.12 万元

其他业务利润 1 008.30 万元

折旧 4 318.79 万元

利息 12 236.09 万元

路桥及其设施维护费 627.22 万元

工资及福利费 1 203.71 万元

其他成本费用 2 566.65 万元

主营业务税金 563.96 万元

计算结果表明，年通行费收入要达到20 508.12万元，日均收费收入要达到56万元，该项目才能保本运营。在此基础上，根据2007年上半年日均车流量我们做出了投资可达预期效果的结论，使审计评价更具有客观性和说服力。

（二）案例点评

该案例是事前对投资项目进行效果性审计的案例。该案例运用盈亏平衡分析法，通过对盈亏平衡点的测算，分析投资项目的可行性。该案例中，预期的日均收入超过盈亏平衡点的日均收入，投资项目具有较好的效果，所以是可行的。由于是事前的效果性审计，因此其审计内容、审计流程和审计报告都与事后的效果性审计不同。

六、理论思考

1. 什么是效果性？
2. 效果性审计与效率性审计有何不同？

第五节 效率性审计

一、实习内容

实习效率性审计，审查公司经营活动的效率性，编制效率性审计报告。

二、相关知识提示

（一）效率性与效率性审计

效率性是指组织经营活动过程中投入资源与产出成果之间的对比关系。投入的资源主要包括人力、财力、物力、信息、技术、时间等方面的资源；产出则是投入资源后取得的实际效果。

效率性审计是指内部审计机构和人员对组织经营活动的效率性进行审查与评价的活动，它是管理审计的重要组成部分。效率性审计的主要目的是通过审查和评价组织经营活动的投入、产出关系，优化业务流程，提高经营活动效率。

效率性审计既可以针对整个组织的经营活动，也可以针对特定项目、特定业务。在经营活动特定项目或业务有多种效果性目标时，效率性审计应当根据审计目标的要求对效率进行综合评价，这种评价可能因审计目标的不同，对审计内容有不同的关注程度。

（二）效率性审计的内容

效率性审计审查评价的主要内容包括：（1）组织采购、销售等商业活动的效率；（2）组织研发、生产等技术活动的效率；（3）组织筹资、投资等财务活动的效率；（4）组织为确保财产、信息及人员的安全以及对风险的管理所采取措施的效率；（5）组织计划、控制等管理活动的效率；（6）为提高上述经营活动效率所采取的措施是否遵循有关法律、法规；（7）管理层提供的有关效率性方面的信息是否真实、可靠；（8）其他有关事项。

（三）效率性审计的方法

效率性审计的基本方法是在计算经营活动效率的基础上，与先进的、可比的效率评价标准进行对比，分析影响组织经营活动效率的主要因素，提出有针对性的、切实可行的改进建议。

效率性审计除了运用常规的审计方法外，还可以运用比较分析法、因素分析法、量本利分析法等方法，在对影响组织经营效率的各种因素进行综合分析后，提出进一步提高经营活动效率的建议。

效率性审计应当将事中审计和事后审计适当结合。内部审计机构和人员可以在经营活动进行过程中对业务流程的效率进行评价，及时将组织经营活动过程中无效率或低效率的情况报告组织适当管理层，以便采取纠正措施，提高效率。

（四）效率性审计评价标准

对组织经营活动效率性进行评价时可以参照选择以下标准：（1）组织经营活动效率的设计水平或计划水平；（2）组织经营活动效率的历史同期最高水平；（3）职业组织推荐的最佳实务标准；（4）组织经营活动效率的国家标准水平；（5）组织经营活动效率的国际标准水平；（6）某国家或地区各该项效率指标的先进水平；（7）国内同行业同类组织各该项效率指标的先进水平。

内部审计机构和人员在进行效率性审计时，可以从以下几个方面考虑：（1）确认与评价经营活动的投入；（2）确认与评价经营活动的产出；（3）综合评价投入、产出的效率。

（五）效率性审计报告

对组织特定业务或项目进行专门的效率性审计，应当出具专项效率性审计报告；对组织特定业务或项目同时进行经济性、效果性和效率性审计，可以根据实际情况，将两项或三项审计内容相结合出具管理审计报告；对组织经营活动和内部控制进行审计时涉及效率性审查和评价，可以一并纳入常规审计报告。

效率性审计报告的正文应当主要包括以下内容：（1）组织经营活动与效率性审计有关的基本情况；（2）开展效率性审计的立项依据；（3）开展效率性审计的目的；（4）经营活动效率性的评价标准及评价意见或结论；（5）效率性审计中发现的经营活动无效率或低效率的问题，导致上述问题的原因及产生的影响；（6）对优化业务流程、改进经营管理和提高效率所提出的建议。

三、实习流程

1. 制定效率性审计方案；
2. 选择效率性审计的评价标准；
3. 审查和评价采购活动的效率；
4. 审查和评价生产活动的效率；
5. 审查和评价销售活动的效率；
6. 审查和评价筹资活动的效率；
7. 审查和评价投资活动的效率；
8. 审查和评价研发活动的效率；
9. 审查和评价管理活动的效率；
10. 编制效率性审计报告。

四、实习成果与评价

实习成果：

效率性审计工作底稿——50%；

效率性审计报告——50%。

成果评价：工作底稿所反映的审计内容全面、审计方法适当；评价标准选择合理；审计报告的要素齐全、反映的问题与工作底稿一致，提出的建议具有可行性。

五、理论思考

1. 什么是效率？
2. 如何选择效率性审计的评价标准？

第二十四章 其他专题审计

第一节 后续审计

一、实习内容

实习后续审计，审查被审计单位对以前审计发现的问题所采取的纠正措施及其效果，编制后续审计报告。

二、相关知识提示

（一）后续审计概述

后续审计，是指内部审计机构为检查被审计发现的问题所采取的纠正措施及其效果而实施的审计。

内部审计机构应在规定的期限内，或与被审计单位约定的期限内执行后续审计。内部审计机构负责人应适时安排后续审计工作，并把它作为年度审计计划的一部分。内部审计机构负责人如果初步认定被审计单位管理层对审计发现的问题已采取了有效的纠正措施，后续审计可以作为下次审计工作的一部分。

（二）后续审计程序

内部审计机构负责人应根据被审计单位的反馈意见，确定后续审计时间和人员安排，编制审计方案。编制后续审计方案时应考虑以下基本因素：（1）审计决定和建议的重要性；（2）纠正措施的复杂性；（3）落实纠正措施所需要的期限和成本；（4）纠正措施失败可能产生的影响；（5）被审计单位的业务安排时间要求。

内部审计人员在确定后续审计范围时，应分析原有审计决定和建议是否仍然可行。如果被审计单位的内部控制或其他因素发生变化，使原有审计决定和建议不再适应时，应对其进行必要的修订。

（三）后续审计报告

内部审计人员应根据后续审计的执行过程和结果，向审计单位及组织适当管理层提交后续审计报告。

三、实习流程

1. 制定后续审计方案；
2. 审查纠正措施及其效果；
3. 与被审计单位商讨未采取纠正措施或已采取纠正措施但效果不佳的原因；
4. 编制后续审计报告。

四、实习成果与评价

实习成果：

后续审计审计工作底稿——50%；

后续审计报告——50%。

成果评价：工作底稿所反映的审计内容全面、审计方法适当，审计报告的要素齐全、反映的问题与工作底稿一致，提出的建议具有可行性。

五、案例分析

××市供电公司后续审计

一、有关问题描述

2003年11月，国家审计机关在对××市供电公司2002年财务收支审计中，查出该单位下属××供电所截留电量1 456万千瓦时，并将收回电费资金117万元直接冲减了某破产企业的呆死欠费等一系列违纪行为。

2006年，针对2003年至2005年××市供电公司接受外部审计所反映出来的问题，该公司审计部决定开展"外部审计项目成果执行及运用情况"的后续审计。

审计人员查看原审计意见执行情况，发现该供电所已补计相应电量、电费收入，同时将原已冲减的欠费企业重新挂账。但是，该所却没有按原审计意见，建立相应的内部控制管理制度，以防范类似事件的再次发生，也没有对原有责任人进行相应的处罚。

针对其管理上暴露出来的问题，在审计前调查阶段，审计人员对该所2004年的电量、电费进行趋势对比，制定风险分析计划，最终确定该所为下一步后续审计现场实施阶段的重点对象，结果再次发现其2005年12月对××市××厂截留电量198.8万千瓦时、电费94.49万元的违纪事实。

审计人员立即向公司管理层汇报，同时跟主管部门即时沟通，随后，该所进行了整改，追补少计的电量、电费，对相关责任人进行了批评教育工作。

二、存在问题的分析

2002年至今，该所用电人员屡次通过截留电量、电费手段，达到调节指标的目的，主要原因就是被审计单位往往对审计成果不够重视，认为审计意见和建议对其约束力不大，对审计的权威性持一定的否定态度。另外，被审计单位普遍还存在侥幸心理，认为审计部门对其提出的审计意见或建议，不愿意也没有精力去逐一落实审计意见的执行。因此，后续审计工作的开展，能够提高内部审计工作的效果，另一方面可以增强内部审计在企业中的诚信和威信，提升其在企业中的价值。

三、审查办法

首先，收集相关部门和单位所涉及问题的现有内部控制管理制度，开展审前调查工作，同时，还应查阅原审计意见和建议的整改记录，并调查被审计单位内部控制情况，制定风险分析计划，从定量和定性的角度，对原审计意见的执行情况进行评估分析，确定审计重点。

其次，制定详细的后续审计方案，积极开拓思路，大胆创新，借助于被审计单位之外的数据，对其怀疑事项进行验证，提高审计工作的效果。

最后，要积极与被审计单位、分管领导和部门就审计成果的执行情况进行沟通，取得管理层对审计意见和建议的认可，切实保证审计成果的执行力度。

四、适用的法律法规

侵占、截留国家和单位的收入，未列入本单位财务会计部门核算等行为，违反了《会计法》第二十六条"不得虚列或隐瞒收入，推迟或提前确认收入"和《企业会计准则》第四十五条"企业应当合理确认营业收入的实现，并将已实现的收入按时入账"的有关规定。

五、审计意见

要求被审计单位严格执行原审计意见和建议，对少计的电量、电费收入，要完善相应的内部控制制度，建议大力推进系统数据与系统数据之间相互监督，实现在线过程管理和控制，利用过程管理数据审核各单位营业管理质量。

六、简要评析

1. 在现有监督机制不够健全、审计力量不足的条件下，通过后续审计，达到既监督审计处理决定的落实情况，维护审计工作的严肃性，又有利于进一步促进提高审计工作质量，降低审计风险的目的，切实改变"审而不纠、审而不改、审而不用"的现状，促进企业改善经营管理，提高经济效益。

2. 在后续审计的实施过程中，我们要在多方面搜集信息的基础上，做好内部控制审前调查工作，制定风险分析计划，按照"全面审计、突出重点、围绕中心、服务大局"的思想,合理的、积极稳妥地运用好有限的审计资源。另外,内部审计人员还要加强与被审计单位信息沟通,保证后续审计工作能够稳步向前推进。

3. 后续审计工作要形成常态机制,形成"重在过程、重在实效、重在促进"的审计思路。内部审计人员要做个有心人,要运用全方位、多层次的视角,形成动态的、常规的、实时的控制,在更大范围寻求审计成果执行的有效监督,不能流于形式,要落实到实处,并严格考核,落实到相关责任人。

(资料来源: http://www.5dd5.com/work/sj/display.asp? id = 1016)

六、理论思考

试分析后续审计与常规审计的关系。

第二节 舞弊审计

一、实习内容

实习舞弊审计,协助公司管理层预防、检查和报告舞弊行为。

二、相关知识提示

(一) 舞弊

舞弊,是指组织内、外人员采用欺骗等违法违规手段,损害或谋取组织经济利益,同时可能为个人带来不正当利益的行为。

损害组织经济利益的舞弊,是指组织内外人员为谋取自身利益,采用欺骗等违法违规手段使用组织经济利益遭受损害的不正当行为。有下列情形之一者属于此类舞弊行为:(1)收受贿赂或回扣;(2)将正常情况下可以使组织获利的交易事项转移给他人;(3)贪污、挪用、盗窃组织资财;(4)使组织为虚假的交易事项支付款项;(5)故意隐瞒、错报交易事项;(6)泄露组织的商业秘密;(7)其他损害组织经济利益的舞弊行为。

谋取组织经济利益的舞弊,是指组织内部人员为使组织获得不当经济利益而其自身也可能获得相关利益,采用欺骗等违法违规手段,损害国家和其他组织或个人利益的不正当行为。有下列情形之一者属于此类舞弊:(1)支付贿赂或回扣;(2)出售不存在或不真实的资产;(3)故意错报交易事项、记录虚假的交易事项,使财务报表使用误解而做出不适当的投融资决策;(4)隐瞒或删除应对外披露的重要信息;(5)从事违法违规的经济活动;(6)偷逃税款;(7)其他谋取组织经济利益的舞弊行为。

内部审计应合理关注组织内部可能发生的舞弊行为,以协助组织管理层预防、检查和报告舞弊行为。

(二)舞弊的预防

舞弊的预防是指采取适当行动防止舞弊的发生,或在舞弊行为发生时将其危害控制在最低限度以内。

内部审计人员在审查和评价内部控制时,应当关注以下主要内容以协助组织预防舞弊:(1)组织目标的可行性;(2)控制意识和态度的科学性;(3)员工行为规范的合理性和有效性;(4)经营活动授权制度的适当性;(5)风险管理机制的有效性;(6)管理信息系统的有效性。

(三)舞弊的检查

舞弊的检查是指实施必要的检查程序,以确定舞弊迹象所显示的舞弊行为是否已经发生。内部审计人员应按照以下要求进行舞弊检查:(1)评估舞弊涉及的范围及复杂程度,避免对可能涉及舞弊的人员提供信息或被其所提供的信息误导;(2)对参与舞弊检查人员的资格、技能和独立性进行评估;(3)设计适当的舞弊检查程序,以确定舞弊者、舞弊程度、舞弊手段及舞弊原因;(4)在舞弊检查过程中与组织适当管理层、专业舞弊调查人员、法律顾问及其他专家保持必要的沟通;(5)保持应有的职业谨慎,以避免损害相关组织或人员的合法权益。

(四)舞弊的报告

内部审计人员完成必要的舞弊检查程序后,应从舞弊行为的性质和金额两方面考虑其严重程度,出具相应的审计报告。(1)报告的内容应包括:舞弊行为的性质、涉及人员、舞弊手段及原因、检查结论、处理意见、提出的建议及纠正措施;(2)若发现的舞弊行为性质较轻且金额较小时,可一并纳入常规审计报告;(3)若发现的舞弊行为性质严重或金额较大,应出具专项审计报告,如果涉及敏感的或对公众有重大影响的问题,应征求法律顾问的意见。

三、实习流程

1. 制定舞弊审计方案;
2. 评价内部控制以确定舞弊线索;
3. 进行分析性复核,确定舞弊线索;
4. 向相关人员进行询问,确定舞弊线索;
5. 盘点实物、现金等,确定舞弊是否存在;
6. 审查原始凭证,确定经济业务中舞弊行为是否存在;

7. 向相关单位和人员函证，确定舞弊是否存在；
8. 编制舞弊审计报告。

四、实习成果与评价

实习成果：

舞弊审计工作底稿——50%；

舞弊审计报告——50%。

成果评价：工作底稿所反映的审计内容全面、审计方法适当，审计报告的要素齐全、反映的问题与工作底稿一致，提出的建议具有可行性。

五、理论思考

1. 专门的舞弊审计与常规审计中对舞弊的关注有何不同？
2. 如何实施审计程序对可能的舞弊行为进行检查？

第三节 遵循性审计

一、实习内容

实习遵循性审计，审查和评价遵循性标准的遵循情况，编制遵循性审计报告。

二、相关知识提示

（一）遵循性审计概述

遵循性审计，是指内部审计机构和人员审查组织在经营过程中遵守相关法规、政策、计划、预算、程序、合同等遵循性标准的情况并做出相应评价的审计活动。

组织管理层负责确定、制定并执行遵循性标准。为保障遵循性标准的执行，组织管理层应建立适当、合法、有效的内部控制。内部审计机构和人员负责审查、评价组织执行有关遵循性标准的情况。

遵循性审计是内部控制审计的基本内容之一，是实施内部审计过程中不可缺少的环节。

（二）遵循性审计的内容和方法

1. 遵循性审计的内容：（1）国家相关法规的遵循情况；（2）行业、部门政策的遵循情况；（3）组织经营计划和财务计划的遵循情况；（4）组织经营预算和财务预算的遵循情况；（5）组织所定各种程序标准的遵循情况；（6）组织签订的各类合同的遵循情况；（7）其他标准的遵循情况。

2. 遵循性审计关注的情况：（1）受到政府有关部门的调查或处罚；（2）重要的法律诉讼；（3）异常的交易或事项；（4）计划、预算执行结果严重偏离标准；（5）信息严重失真或资料不完整；（6）缺乏相关的内部控制或相关内部控制无效；（7）其他可能导致违反遵循性标准的情况。

3. 遵循性标准的选择：在评价遵循性标准的执行情况时，若相关标准之间存在不一致，应当按照以下原则进行处理：（1）国家制定的法规之间存在不一致时，应当按照《中华人民共和国立法法》的规定处理；（2）行业、部门的政策之间存在不一致时，应当由其共同的上一级机构进行裁决和解释；（3）组织内部的计划、预算、程序之间存在不一致时，应当按照标准制定者的管理层次由高至低进行取舍；（4）涉及合同问题，应按照《中华人民共和国合同法》的规定处理。

（三）遵循性审计报告

遵循性审计情况和结果必须反映在审计报告中。对严重违反遵循性标准的审查结果，应出具专项审计报告。

三、实习流程

1. 制定遵循性审计方案；
2. 审查国家法规的遵循情况；
3. 审查行业和地方法规的遵循情况；
4. 审查公司计划和预算的遵循情况；
5. 审查公司规章制度的贯彻落实情况；
6. 审查合同的遵循情况；
7. 编制遵循性审计报告。

四、实习成果与评价

实习成果：

遵循性审计工作底稿——50%；

遵循性审计报告——50%。

成果评价：工作底稿所反映的审计内容全面、审计方法适当，审计报告的要素齐全、反映的问题与工作底稿一致，提出的建议具有可行性。

五、案例分析

（一）案例资料

三泰公司内部审计遵循性审计

三泰公司审计室根据 2005 年度的审计计划安排对其所属的三泰装备厂 2004 年度经营计划和财务计划的遵循情况进行了内部审计。三泰公司审计室李处长要求内部审计人员进行审计时应充分关注三泰装备厂的以下情况：（1）受到政府有关部门的调查或处罚；（2）重要的法律诉讼；（3）异常的交易或事项；（4）计划、预算执行结果严重偏离标准；（5）信息严重失真或资料不完整；（6）其他可能导致违反遵循性标准的情况。

在审计过程中，内部审计人员发现，三泰装备厂自己制定了 2004 年度经营计划和财务计划且与三泰公司制定的经营计划和财务计划存在不一致情况。三泰公司审计室李处长决定以三泰装备厂制定的 2004 年度经营计划和财务计划为标准进行审计。

此外，内部审计人员还发现，三泰装备厂由于种种原因没有执行 2004 年度经营预算和财务预算，三泰公司审计室李处长对三泰装备厂领导人员进行了批评教育，三泰装备厂领导人员接受了批评并决定改正，李处长决定不再就该事项向公司领导人员汇报，也未出具专项报告。

（二）案例点评

该案例反映三泰公司此项遵循审计存在如下问题：

（1）审计室李处长要求内部审计人员进行审计时没有充分关注是否缺乏相关的内部控制无效这一事项。由于遵循性审计是内部控制审计的基本内容之一，是实施内部审计过程中不可缺少的环节，且内部控制测试是现代审计的基础，因此在进行遵循性审计时应充分关注是否缺乏相关的内部控制或相关内部控制无效这一事项。

（2）三泰公司审计室李处长以三泰装备厂制定的 2004 年度经营计划和财务计划为标准进行审计不正确。按照《遵循性审计准则》第十二条的规定，组织内部的计划、预算、程序之间存在不一致时，应当按照标准制定者的管理层次由高至低进行取舍。三泰公司在制定经营计划和财务计划则代表了其个体的利益，三泰公司审计室为了保护公司的整体利益，应以三泰公司制定的经营计划和财务计划为标准进行审计。

（3）发现三泰装备厂由于种种原因没有执行 2004 年度经营预算和财务预算

后，李处长的决定不正确。按照《遵循性审计准则》第十三条的规定，当有证据表明组织可能存在严重违反遵循性标准的事项，或严重违反遵循性标准的事项发生时，内部审计机构和人员应及时将有关事实告知适当管理层。按照《遵循性审计准则》第十四条的规定，遵循性审计情况和结果必须反映在审计报告中。对严重违反遵循性标准的审查结果，应出具专项审计报告。本案例中，三泰公司审计室在确定三泰装备厂由于种种原因执行 2004 年度经营预算和财务预算时，为了维护三泰公司的整体利益，应及时向公司管理层报告，并出具专项审计报告，对该事项做出专项说明。

（资料来源：李三喜：《内部审计规范精要与案例分析》，中国市场出版社 2006 年版）

六、理论思考

1. 遵循性审计应包括哪些内容？
2. 遵循性审计与效果性审计有何区别？
3. 遵循性审计与合法性审计是何关系？

第四篇

注册会计师审计实习

第二十五章　设立会计师事务所

第一节　会计师事务所的组织形式选择与组织机构设计

一、实习内容

学习会计师事务所设立的相关政策法规，选择会计师事务所的组织形式。准备申请设立会计师事务所的各项申请材料。设计会计师事务所组织结构；进行业务分工，确定各个部门的职责范围；配备人员。

二、相关知识提示

(一) 会计师事务所成立的条件

1. 根据《中国注册会计师法》的有关规定，我国可以设立有限责任会计师事务所和合伙会计师事务所。

2. 设立合伙会计师事务所，应当具备下列条件：(1) 至少有2名符合条件的合伙人；(2) 至少有3名注册会计师（含合伙人）；(3) 有书面合伙协议；(4) 有会计师事务所的名称和固定的办公场所。

3. 设立有限责任会计师事务所，应当具备下列条件：(1) 至少有5名符合条件的股东；(2) 有一定数量的专职从业人员，其中至少有5名注册会计师（含股东）；(3) 有不少于人民币30万元的注册资本；(4) 有股东共同制定的章程；(5) 有会计师事务所的名称和固定的办公场所。

4. 设立会计师事务所，由会计师事务所所在地的省、自治区、直辖市人民政府财政部门审查批准，并报国务院财政部门备案。应当向审批机关提交下列材料：(1) 设立会计师事务所申请表；(2) 设立会计师事务所合伙人（股东）情况汇总表；(3) 设立会计师事务所注册会计师情况汇总表；(4) 企业名称预先核准通知书；(5) 合伙人或者股东的注册会计师证书（注册资产评估师证书）复印件、人事档案存放地证明、转出原所证明，若合伙人或者股东为原所合伙人或股东的，还应提交退伙、股权转让证明；(6) 当地注册会计师协会出具的合伙人或者股东最近连续 5 年的注册会计师（注册资产评估师）执业时间证明；(7) 合伙人或者股东以外的注册会计师的注册会计师证书复印件、人事档案存放地证明、在事务所设立后能够按时办理转所手续的承诺；(8) 有限责任会计师事务所的验资证明；(9) 合伙协议或者会计师事务所章程；(10) 办公场所的产权或使用权的有效证明。

（二）会计师事务所的组织结构

一个典型的会计师事务所的组织机构包括：合伙人/股东、项目经理、高级审计师和助理审计师。

三、实习流程

1. 学习《中国注册会计师法》中的有关设立会计师事务所的规定，准备设立会计师事务所的有关申请材料；

2. 设计会计师事务所的组织结构图；

3. 按照组织结构图建立部门，进行业务分工，确立各岗位的职责和权力，编写会计师事务所各岗位职责说明书；

4. 配备人员。

四、实习成果与评价

1. 设立会计师事务所的有关申请材料——50%；

2. 会计师事务所的组织结构图——20%；

3. 会计师事务所各岗位的职责说明书——20%；

4. 会计师事务所人员分工明细表——10%。

五、案例分析

中诚会计师事务所成立

李丽、刘欢两人是一家会计师事务所的同事，两人均是中国注册会计师，且取得中国注册会计师资格已经超过 5 年。经过多年的工作积累，两人均拥有一定的客户资源，决定共同出资成立一家会计师事务所，由于资金有限，两人决定成立一家合伙制的会计师事务所。经过向省中国注册会计师协会和当地工商部门申请，中诚会计师事务所于 2005 年 12 月 1 日正式成立。该所注册资本 10 万元，办公地点设在公司所在地的市中心的一所高级大厦里面。事务所除合伙人外，另招聘了 8 名注册会计师。事务所设立了两个审计部门，每个部门由一名资深注册会计师担任部门经理，部门经理同时也是项目经理，每个部门下设高级审计师4名，助理审计人员4名。

六、理论思考

1. 我国会计师事务所可选择的组织形式有哪些？各有何优缺点？
2. 会计师事务所组织形式选择的经济动因是什么？
3. 组织结构设计应该遵循哪些基本原则？会计师事务所组织结构设计有什么特点？

第二节　会计师事务所注册登记

一、实习内容

学习会计师事务所注册登记的有关政策法规；准备会计师事务所注册登记的相关资料；分别向工商行政管理部门办理工商登记，向税务部门办理税务登记。

二、相关知识提示

（一）工商注册登记需提交的材料

1. 设立有限责任公司工商注册登记应提交的材料：全体股东身份证；全体股东照片；拟成立的公司名称；公司注册资金验资报告；拟成立公司的经营范围；拟成立公司的经营场地证明文件；公司章程等。法律、行政法规或者国务院规定设立有限责任公司须经批准的，还应当提交有关批准文件。

2. 申请设立合伙企业工商注册登记应提交的材料：全体合伙人签署的设立登记申请书、全体合伙人的身份证明、全体合伙人指定代表或者共同委托代理人的委托书、合伙协议、全体合伙人对各合伙人认缴或者实际缴付出资的确认书、主要经营场所证明、国务院工商行政管理部门规定提交的其他文件。法律、行政法规或者国务院规定设立合伙企业须经批准的，还应当提交有关批准文件。

（二）税务登记需提交的材料

税务登记需提交的材料有：(1) 营业执照或其他机关核准的执业证件；(2) 组织机构代码证；(3) 法定代表人、财务负责人的身份证明；(4) 公司章程；(5) 主要经营场所证明；(6) 验资报告；(7) 有关机关部门批准设立的文件及有关合同、协议书；(8) 税务登记表；(9) 其他。

（三）注册登记的程序

工商注册登记的程序是：(1) 名称核准；(2) 准备资料；(3) 开设验资

户；(4) 出验资报告；(5) 工商受理；(6) 办组织机构代码证；(7) 办理税务登记。

三、实习流程

1. 学习《公司法》和《税法》有关规定，了解会计师事务所成立登记的有关事宜；
2. 准备会计师事务所注册登记的各项材料；
3. 携带相关材料前往工商行政管理部门进行工商登记，取得会计师事务所营业执照；
4. 设计会计师事务所公章和发票专用章；
5. 携带相关材料前往税务部门进行税务登记，取得会计师事务所税务登记证。

四、实习成果与评价

1. 申请注册登记所须提交的有关材料——50%；
2. 会计师事务所名称及其标识——10%；
3. 会计师事务所章程——10%；
4. 会计师事务所营业执照——10%；
5. 会计师事务所公章——10%；
6. 会计师事务所税务登记证——10%。

五、理论思考

1. 在我国设立会计师事务所的最低注册资本是多少？
2. 为什么制定会计师事务所章程很重要？会计师事务所章程中需要明确哪些重要事项？

第三节 会计师事务所开立银行结算账户

一、实习内容

学习银行结算方面的知识；向开户银行开立银行结算账户；测算会计师事务所第七年年末资金余额。

二、相关知识提示

银行结算账户的种类和各种结算账户开户条件及其用途等方面的知识，中国人民银行关于《人民币银行结算账户管理办法》的有关规定。（略）

三、实习流程

1. 查找并学习中国人民银行颁布的《人民币银行结算账户管理办法》中有关开立银行结算账户的规章，明确会计师事务所需要开立银行结算账户的具体类别与用途；
2. 准备办理本会计师事务所银行结算账户的相关材料；
3. 携带相关材料前往银行具体办理本会计师事务所银行结算账户；
4. 搜集相关资料，根据会计师事务所未来业务量、经营范围、市场行情预测等资料，测算会计师事务所第七年年末的资金余额，并向指导老师提交第七年年末资金余额的测算报告（指导教师审核资金余额的合理性）；
5. 将会计师事务所第七年年末结余资金存入银行结算账户（经指导教师签字审核有效）。

四、实习成果与评价

1. 开立银行结算账户需提交的材料——40%；
2. 银行开具的结算账户证明——10%；
3. 会计师事务所第七年年末资金余额测算报告——30%；
4. 会计师事务所第七年年末银行结算账户资金余额——20%。

五、理论思考

1. 中国人民银行颁布的《人民币银行结算账户管理办法》的主要内容包括哪些？
2. 会计师事务所可以开立哪些银行结算账户？为什么？
3. 向银行申请开立银行结算账户为什么要提交一系列证明材料？
4. 申请人开立基本存款账户和一般存款账户提交的材料有什么不同？
5. 向银行申请开立基本存款账户需要提供哪些材料？
6. 会计师事务所第七年年末资金余额的测算依据是什么？这笔资金对会计师事务所未来的经营或发展有什么影响？

第四节　制定会计师事务所相关管理制度

一、实习内容

学习公司管理制度和工作制度的制定程序和制定办法；学习《会计师事务所质量控制准则第 5101 号——业务质量控制》准则规定，制定会计师事务所开展经营活动的各种管理制度和工作制度。根据《会计师事务所质量控制准则第 5101 号——业务质量控制》准则的要求制定会计师事务所质量控制制度，设计会计师事务所主要业务工作流程，设计经营业务所需要的原始单据和审计工作底稿。

二、相关知识提示

（一）会计师事务所内部管理制度建立的原则

1. 合规合法性、合理性、适应性统筹考虑的原则；
2. 责任、风险、能力与利益对等的原则；
3. 长期发展与眼前利益兼顾的原则。

（二）中国注册会计师质量控制的准则

2006 年 2 月 15 日，财政部发布了中国注册会计师协会制定的《会计师事务所质量控制准则第 5101 号——业务质量控制》，自 2007 年 1 月 1 日起在境内所有会计师事务所施行。该准则共 11 章 93 条，具体内容包括：总则、质量控制制度的要素、对业务质量承担的领导责任、职业道德规范、客户关系和具体业务的接受与保持、人力资源、业务执行、业务工作底稿、监控、记录和附则。

三、实习流程

1. 明确会计师事务所的性质、组织结构及其岗位职责；
2. 理清会计师事务所的经营业务种类，预计在仿真实习期间可能发生的业务类型；
3. 制定会计师事务所管理制度大纲目录，包括会计师事务所行政管理制度、人力资源管理制度、会计师事务所财务管理制度、会计师事务所资产管理制度、档案管理制度、会计师事务所质量控制制度等；
4. 撰写、修改、完善会计师事务所各项管理制度；
5. 将会计师事务所管理制度汇总，按照统一要求编辑排版并提交。

四、实习成果与评价

1. 会计师事务所行政管理制度——10%；
2. 会计师事务所人力资源管理制度——10%；
3. 会计师事务所财务管理制度——20%；
4. 会计师事务所档案管理制度——10%；
5. 会计师事务所质量控制制度——50%。

五、理论思考

1. 会计师事务所在制定内部管理制度是需要考虑什么方面的问题？
2. 会计师事务所人力资源管理制度具体包括哪些内容？
3. 简述制定会计师事务所质量控制制度的重要性和必要性。

第二十六章　承接审计业务

第一节　评价业务承接

一、实习内容

学习了解业务承接的基本程序；了解客户，获取与评价业务承接的相关信息；评估利用其他审计师或专家的工作；初步评估舞弊；对业务承接进行评价。

二、相关知识提示

审计业务承接的实务流程包括：(1) 与客户洽谈，获取客户相关信息资料；(2) 初步了解和评价客户；(3) 评价审计师的职业道德和技术胜任能力；(4) 评估利用其他审计师或专家的工作；(5) 初步评估舞弊；(6) 创建业务与签订业务约定书；(7) 满足并超越客户期望；(8) 召开审计小组会议。

三、实习流程

1. 学习了解业务承接的基本程序；设计业务承接的工作底稿；
2. 会计师事务所与拟审计客户进行业务签订前的接触；
3. 按照初步业务活动程序的要求，从各种渠道（比如与客户的管理当局面谈，与客户的开户银行面谈，上公司网站等）收集客户的信息资料，初步了解和评价客户。
4. 评价审计师的职业道德和技术胜任能力；
5. 评估利用其他审计师或专家的工作；
6. 初步评估舞弊；
7. 对是否承接业务做出评价。

四、实习成果与评价

与初步业务活动相关的审计工作底稿，如初步业务活动程序表、舞弊风险评估与应对工作底稿、业务承接评价表等,具体根据完成情况进行评分。

五、案例分析

中诚会计师事务所业务承接评价

兴华公司是一家商贸类的上市公司,2007年更换会计师事务所,拟委托中诚会计师事务所继续审计其2006年度会计报表。中诚会计师事务所委派注册会计师李丽与兴华公司洽谈业务,李丽首先从上市公司指定披露信息的报刊中搜集了一些关于华兴公司的信息,了解到华兴公司主营百货文化用品、五金交电、油墨及印刷器材、家具、食品、针纺织品、日用杂品、烟酒等,该公司自2003年上市以来,业务迅速扩张,股价也不断攀升。李丽向兴华公司索要了兴华公司2005~2006年各年的会计报表,及其前任注册会计师的审计报告,了解到兴华公司2005年和2006年分别实现主营业务收入34.82亿元和70.46亿元,同比增长152.69%和102.35%,同时,总资产也分别增长了178.25%和60.43%,但利润率从2005年开始出现明显的下降,由2005年的2%下降到2002年的0.69%,远远低于商贸类上市公司的平均水平3.77%。另外,2002年公司利润总额中40%为投资收益。据李丽询问兴华公司相关人员得知,投资收益是兴华公司利用银行承兑汇票(承兑期长达3~6个月)进行账款结算,从回笼货款到支付货款之间3个月的时间差,把这笔巨额资金委托华南证券进行短期套利所得。当李丽询问兴华公司更换会计师事务所的理由时,兴华公司说明仅仅是由于公司董事会不满意前任注册会计师的工作效率。李丽主动与前任注册会计师沟通,但前任注册会计师表示更换的原因在于双方在某些重大会计、审计问题上存在严重分歧。

李丽根据从上市公司指定披露信息的报刊、网站,与管理当局面谈,询问公司相关人员,与前任注册会计师的沟通等渠道搜集的信息,对是否承接业务进行了评价,形成业务承接风险调查问卷如表26-1所示。

表26-1　　　　　中诚会计师事务所业务承接评价调查问卷

客户:兴华公司		签名	日期	索引号	Z1
项目:业务承接调查问卷	编制人	李丽	2007/1/5	页次	1
会计期间:2006/1/1~2006/12/31	复核人	刘欢	2007/1/5		
调查内容			是	否	不适用
一、关于约定审计业务					
1. 管理当局在过去与注册会计师缺乏充分合作?				√	

续表

调查内容	是	否	不适用
2. 管理当局是否对注册会计师或签发审计报告的时间期限提出不合理要求？	√		
3. 是否存在有意或无意限制注册会计师与高层管理人员、董事会交流的情况？	√		
4. 管理当局是否未能主动提供重大或非正常交易的相关信息？	√		
5. 此次审计是不是客户第一次接受审计？		√	
6. 更换会计师事务所的原因是否存在不正常或有争议的问题？	√		
二、关于经营活动			
1. 经营主体是否存在较长的经营周期？		√	
2. 经营主体是否使用复杂或新型的金融工具？			√
3. 经营主体是不是处在变动频繁的行业或市场中？	√		
4. 所做的重大财务预测是否存在非常的主观性、复杂性或不确定性？	√		
5. 经营主体所处的行业与可疑或非法活动相关的频率是否较高？			√
6. 在过去几年中，经营主体是否收购其他行业的企业，且缺乏被收购企业所在行业的管理经验？		√	
7. 经营主体的产品技术更新换代是否很快？	√		
8. 经营主体的环保要求是否很高？	√		
三、关于经营环境			
1. 经营主体是否公开发行证券？		√	
2. 会计报表是否具有不同寻常的重要性？		√	
3. 经营主体的经营业绩比起同行业的其他企业，是否差距较大（特别好或特别差）？	√		
4. 是否存在政府各有关部门的压力，而可能使管理当局歪曲财务报告？	√		
5. 经营主体是否陷入利益冲突或控制权之争？		√	
6. 就经营主体的财务状况而言，履行债务协议是否有难度？	√		
7. 经营主体是否被指控违反证券法、不正当竞争法或其他相关的法规而在过去或现在卷入法律诉讼、资金补偿或受到制裁？			√
8. 在最近的年检报告中，是否包含政府各有关部门对管理当局的批评而管理当局因为意见相左不愿执行的情况，或是否存在其他因素，或能够表明经营主体与主管部门关系恶化？		√	
9. 经营主体是否容易受到经济事项（如利率、商品价格或外汇汇率的剧烈变动）的影响？	√		
10. 经营主体是否容易受到行业状况（如供过于求、技术创新、产品过时等）的重大影响？	√		

续表

调查内容	是	否	不适用
11. 经营主体是否容易受到政府行为变化（如其主营业务是政府项目）的影响？	√		
12. 经营主体是否容易受到法规变化（如加大对外报告要求）的影响？	√		
13. 经营主体是否容易受到消费者或社会问题解决产品质量及服务问题的影响？	√		
四、关于财务状况			
1. 经营主体或经营主体的重要组成部分是不是要被出售？	√		
2. 管理当局是否有调整公司股票的意图和动机？			√
3. 管理当局的薪酬是否与公司的经营成果挂钩？	√		
4. 所有者或管理当局是否有强烈的降低税负的愿望？	√		
5. 经营主体对外提供的信息是否过于乐观而导致外界对其产生不合理的期望？			√
6. 经营主体是否持续增长但潜力有限？	√		
7. 经营主体的业绩是否大幅度下滑？		√	
8. 经营主体是否缺乏足够的可分配利润或现金以保持其现在的分配水平？		√	
9. 是否缺乏足够的营运资本或短期借贷以便公司在盈利状态下经营？	√		
10. 对于新营运资本的需求是否大于其供给？	√		
11. 是不是存在大量不正常来源（如关联方）或不正常条款的债务？	√		
12. 是否违反或可能违反债务协议限制条款或其他信用行为？		√	
13. 是否未对公司资本沿革进行调查？		√	
14. 是否无力按时偿还债务？	√		
15. 是否存在重大的现金周转问题？		√	
16. 是否已失去或可能失去一批重要的顾客或顾客群？		√	
17. 是否存在表外融资或或有负债？	√		
五、关于控制环境			
1. 客户是否建立法人治理结构？	√		
2. 在法人治理结构中，董事会是否控制股东大会？	√		
3. 在法人治理结构中，管理当局是否控制董事会？	√		
4. 管理当局是否愿意接受非常大的经营风险？	√		
5. 董事会成员是否缺乏足够的经验和有效的工作能力？	√		
6. 管理当局是否建立工作岗位责任制，以明确其职责？	√		
7. 管理当局、会计及信息处理人员是否缺乏足够的能力履行其职责？		√	
8. 内部审计部门是否存在？		√	
六、关于管理当局的诚信度			
1. 管理当局是否有因非法行为而蓄意歪曲会计报表、干扰主管部门监管的行为及有组织犯罪而涉及诉讼案件的问题？			√

续表

调查内容	是	否	不适用
2. 管理当局从事的一些活动尽管没被指控为非法、但却很可疑或因其而使企业陷入困境？	√		
3. 管理当局是否频繁地更换开户银行、律师或会计师事务所？		√	
4. 管理当局在需要专业机构服务时，是否聘请声誉良好、质量良好的机构？	√		
5. 在管理当局成员中是否有人在个人的生活中出现重大财务困难？		√	
6. 管理当局的权限是否集中于某一强权人物或某一小团体？	√		
7. 是否存在某人对公司既没有所有权也不担任公司职务，却对公司事务实施重大影响的情况？			√
8. 管理当局是否在近期发生过重大的或不可预料的人事变动？		√	
9. 管理人员是否缺乏丰富的经验？		√	
七、关于有意歪曲陈述的可能性			
1. 管理当局是否试图限制我们接触经营主体的人员和索取各种信息？	√		
2. 是否存在缺乏支持证据的付款？	√		
3. 我们是否难以确定谁是真正控制经营主体？		√	
4. 高层管理人员是否变动频繁，特别是财务部门？		√	
5. 客户是否采用有争议的会计政策？	√		
6. 管理当局是否愿意采纳注册会计师的调整分录？	√		
7. 是否存在明显有失公平的经济交易？	√		
8. 是否存在大量的关联方交易？	√		
9. 管理当局包括生产部门的管理人员是不是过分强调实现计划的盈利额或增长目标？	√		
10. 客户是否正在计划或洽谈重大的融资协议，而其条款可能影响财务报告的结果？	√		
八、管理当局对设计和保持可靠会计信息系统及有效内部控制的承诺			
1. 经营主体是否制定出有关管理的操作流程、利益冲突的解决办法等或是否让员工充分了解这些政策？	√		
2. 经营主体是否缺少防止非法行为的程序？（包括指令的合理应用）		√	
3. 管理当局是否对财务问题和预算差异进行有效的调查处理？		√	
4. 会计或信息处理部门是否缺乏足够的人员？	√		
5. 在过去的审计中是否发现客户有大量的差错项目和调整分录，特别是在年底或接近年尾时？	√		
6. 客户会计记录的总体情况是否很差？		√	
7. 客户是否经常无法及时结账、提供报表？（内部和外部的）		√	

续表

调查内容	是	否	不适用
九、影响审计风险控制的重大会计问题			
1. 经营主体是否参与特定的非常复杂和重大的实质重于形式的交易？	√		
2. 是否存在重大的关联方交易？	√		
3. 近期经营主体原有的会计政策是否已被改变成为较不适当的会计政策或经营主体要考虑改变它？			√
4. 是否存在重大的非货币交易事项？	√		
5. 是否存在重新编制财务报表，包括中期财务报表的异常情况？		√	
……			

调查说明：
  通过了解、询问、查阅等方法由注册会计师取得证据，从诚信、声誉和形象；会计实务；财务状况；盈利情况等方面对被审计单位进行评价。

调查结论：
  经调查，该客户的经营风险和财务风险较高，对其审计的风险较高，最好不要承接该项业务，但如果承接，需要：（1）取得更多的证据；（2）配备更多的富有经验的注册会计师；（3）比一般业务进行更为仔细的细节测试。

（资料来源：李晓慧主编：《审计实验室3——风险审计的技术和方法》，经济科学出版社2003年版，第3~6页。）

六、理论思考

1. 初步了解和评价客户的信息来源主要有哪些？各有什么优缺点？
2. 前后任审计师沟通主要包括哪些内容？
3. 如何识别和评估舞弊风险？

第二节 签订审计业务约定书

一、实习内容

  学习了解审计业务约定书的基本内容及签订工作；与客户沟通，商讨双方的责任和义务；确定审计收费、违约责任等；起草审计业务约定书，协商一致后，双方签字盖章。

二、相关知识提示

  审计业务约定书的内容：

审计业务约定书的具体内容可能因被审计单位的不同而存在差异，但应当包括下列主要方面：财务报表审计的目标；管理层对财务报表的责任；管理层编制财务报表采用的会计准则和相关会计制度；审计范围；执行审计工作的安排；审计报告格式和对审计结果的其他沟通形式；由于测试的性质和审计的其他固有限制，以及内部控制的固有局限性，不可避免地存在着某些重大错报可能仍然未被发现的风险；管理层为注册会计师提供必要的工作条件和协助；注册会计师不受限制地接触任何与审计有关的记录、文件和所需要的其他信息；管理层对其做出的与审计有关的声明予以书面确认；注册会计师对执业过程中获知的信息保密；审计收费；违约责任；解决争议的方法；签约双方法定代表人的签字盖章以及双方的公章。

三、实习流程

1. 学习了解审计业务约定书的基本内容及签订审计业务约定书的流程；
2. 与客户进行沟通，商讨双方的责任和义务；
3. 确定审计收费、违约责任等；
4. 起草审计业务约定书，与客户协商一致后，双方签字盖章。

四、实习成果与评价

审计业务约定书——100%。

五、案例分析

中诚会计师事务所审计业务约定书

中诚会计师事务所于 2007 年 1 月与兴华公司进行接触，对其基本情况进行了了解，认为该公司可以信赖，公司的经营风险和财务风险在可以接受的范围以内。同时，所内有两名注册会计师对兴华公司从事的业务较为熟悉，事务所与兴华公司不存在影响独立性的因素，因此决定接受兴华公司的业务委托，对其 2006 年度财务报表进行审计，双方签订的审计业务约定书如下：

审计业务约定书

甲方：兴华公司

乙方：中诚会计师事务所

兹由甲方委托乙方对 2006 年度财务报表进行审计，经双方协商，达成以下约定：

一、业务范围和审计目标

1. 乙方接受甲方委托，对甲方按照《企业会计准则》和《企业会计制度》编制的 2006 年 12 月 31 日的资产负债表，2006 年度的利润表、股东权益变动表、现金流量表，以及财务报表附注（以下统称财务报表）进行审计。

2. 乙方通过执行审计工作，对财务报表的下列方面发表审计意见：（1）财务报表是否按照企业会计准则和《企业会计制度》的规定编制；（2）财务报表是否在所有重大方面公允反映甲方的财务状况、经营成果和现金流量。

二、甲方的责任和义务

（一）甲方的责任

1. 根据《中华人民共和国会计法》及《企业财务会计报告条例》，甲方及甲方负责人有责任保证会计资料的真实性和完整性。因此，甲方管理层有责任妥善保存和提供会计记录（包括但不限于会计凭证、会计账簿及其他会计资料），这些记录必须真实、完整地反映甲方的财务状况、经营成果和现金流量。

2. 按照《企业会计准则》和《企业会计制度》的规定编制财务报表是甲方管理层的责任，这种责任包括：（1）设计、实施和维护与财务报表编制相关的内部控制，以使财务报表不存在由于舞弊或错误而导致的重大错报；（2）选择和运用恰当的会计政策；（3）做出合理的会计估计。

（二）甲方的义务

1. 及时为乙方的审计工作提供其所要求的全部会计资料和其他有关资料（在 2007 年 1 月 20 日之前提供审计所需的全部资料），并保证所提供资料的真实性和完整性。

2. 确保乙方不受限制地接触任何与审计有关的记录、文件和所需的其他信息。

3. 甲方管理层对其做出的与审计有关的声明予以书面确认。

4. 为乙方派出的有关工作人员提供必要的工作条件和协助，主要事项将由乙方于外勤工作开始前提供清单。

5. 按本约定书的约定及时足额支付审计费用以及乙方人员在审计期间的交通、食宿和其他相关费用。

三、乙方的责任和义务

（一）乙方的责任

1. 乙方的责任是在实施审计工作的基础上对甲方财务报表发表审计意见。乙方按照中国注册会计师审计准则（以下简称审计准则）的规定进行审计。审计准则要求审计师遵守职业道德规范，计划和实施审计工作，以对财务报表是否不存在重大错报获取合理保证。

2. 审计工作涉及实施审计程序，以获取有关财务报表金额和披露的审计证据。选择的审计程序取决于乙方的判断，包括对由于舞弊或错误导致的财务报表重大错报风险的评估。在进行风险评估时，乙方考虑与财务报表编制相关的内部控制，以设计恰当的审计程序，但目的并非对内部控制的有效性发表意见。审计工作还包括评价管理层选用会计政策的恰当性和做出会计估计的合理性，以及评价财务报表的总体列报。

3. 乙方需要合理计划和实施审计工作，以使乙方能够获取充分、适当的审计证据，为甲方财务报表是否不存在重大错报获取合理保证。

4. 乙方有责任在审计报告中指明所发现的甲方在某重大方面没有遵循企业会计准则和《企业会计制度》编制财务报表且未按乙方的建议进行调整的事项。

5. 由于测试的性质和审计的其他固有限制，以及内部控制的固有局限性，不可避免地存在着某些重大错报在审计后可能仍然未被乙方发现的风险。

6. 在审计过程中，乙方若发现甲方内部控制存在乙方认为的重要缺陷，应向甲方治理层或管理层沟通。但乙方沟通的各种事项，并不代表已全面说明所有可能存在的缺陷或已提出所有可行的改善建议。甲方在实施乙方提出的改善建议前应全面评估其影响。未经乙方书面许可，甲方不得向任何第三方提供乙方出具的沟通文件。

7. 乙方的审计不能减轻甲方及甲方管理层的责任。

（二）乙方的义务

1. 按照约定时间完成审计工作，出具审计报告。乙方应于2007年3月25日前出具审计报告。

2. 除下列情况外，乙方应当对执行业务过程中知悉的甲方信息予以保密：（1）取得甲方的授权；（2）根据法律法规的规定，为法律诉讼准备文件或提供证据，以及向监管机构报告发现的违反法规行为；（3）接受行业协会和监管机构依法进行的质量检查；（4）监管机构对乙方进行行政处罚（包括监管机构处罚前的调查、听证）以及乙方对此提起行政复议。

四、审计收费

1. 本次审计服务的收费是以乙方各级别工作人员在本次工作中所耗费的时间为基础计算的。乙方预计本次审计服务的费用总额为人民币30万元。

2. 甲方应于本约定书签署之日起10日内支付50%的审计费用，其余款项于审计报告草稿完成日结清。

3. 如果由于无法预见的原因，致使乙方从事本约定书所涉及的审计服务实际时间较本约定书签定时预计的时间有明显增加或减少时，甲乙双方应通过协商，相应调整本约定书第四条第1项下所述的审计费用。

4. 如果由于无法预见的原因，致使乙方人员抵达甲方的工作现场后，本约定书所涉及的审计服务不再进行，甲方不得要求退还预付的审计费用；如上述情况发生于乙方人员完成现场审计工作，并离开甲方的工作现场之后，甲方应另行向乙方支付人民币10万元的补偿费，该补偿费应于甲方收到乙方的收款通知之日起20日内支付。

5. 与本次审计有关的其他费用（包括交通费、食宿费等）由甲方承担。

五、审计报告和审计报告的使用

1. 乙方按照《中国注册会计师审计准则第1501号——审计报告》和《中国注册会计师审计准则第1502号——非标准审计报告》规定的格式和类型出具审计报告。

2. 乙方向甲方致送审计报告一式30份。

3. 甲方在提交或对外公布审计报告时，不得修改乙方出具的审计报告及其后附的已审计财务报表。但甲方认为有必要修改会计数据，报表附注和所作的说明时，应当事先通知乙方，乙方将考虑有关的修改对审计报告的影响，必要时，将重新出具审计报告。

六、本约定书的有效期间

本约定书自签署之日起生效，并在双方履行完毕本约定书约定的所有义务后终止，但其中第三（二）2、四、五、八、九、十项并不因本约定书终止而失效。

七、约定事项的变更

如果出现不可预见的情况，影响审计工作如期完成，或需要提前出具审计报告，甲乙双方均可要求变更约定事项，但应及时通知对方，并由双方协商解决。

八、终止条款

1. 如果根据乙方的职业道德及其他有关专业职责、适用的法律法规或其他任何法定的要求，乙方认为已不适宜继续为甲方提供本约定书的审计服务时，乙方可以采取向甲方提出合理通知的方式终止履行本约定书。

2. 在终止业务约定的情况下，乙方有权就其于本约定书终止之日就约定的审计服务项目所做的工作收取合理的审计费用。

九、违约责任

甲、乙双方按照《中华人民共和国合同法》的规定承担违约责任。

十、适用法律和争议解决

本约定书的所有方面均应适用中华人民共和国法律进行解释并受其约束。本约定书履行地为乙方出具审计报告所在地,因本约定书所引起的或与本约定书有关的任何纠纷或争议(包括关于本约定书条款的存在、效力或终止,或无效之后果),双方选择以下第(2)种解决方式:

(1) 向有管辖权的人们法院提起诉讼;

(2) 提交××仲裁委员会仲裁。

十一、双方对其他有关事项的约定

本约定书一式两份,甲、乙方各执一份,具有同等法律效力。

甲方:ABC 股份有限公司(盖章)　　乙方:中诚会计师事务所(盖章)

　　授权代表:(签名并盖章)　　　　　授权代表:(签名并盖章)

　　　　　2007 年 1 月 7 日　　　　　　　　　2007 年 1 月 7 日

(资料来源:李晓慧主编:《审计学实务与案例》,中国人民大学出版社 2008 年版,第 45~48 页。)

六、理论思考

1. 在承接客户业务委托时,应当关注哪些履约风险?为什么?
2. 审计业务约定书有哪些不可或缺的要素?

第二十七章 风险评估与计划审计工作

第一节 执行风险评估

一、实习内容

学习了解风险评估的程序，掌握如何了解被审计单位及其环境，掌握如何评价企业整体内部控制，熟悉如何从业务流程层面了解企业内部控制，掌握经营风险、审计风险及其要素；掌握如何评估重大错报风险。了解被审计单位及其环境；了解和评价被审计单位的整体内部控制；评估被审计单位的重大错报风险。

二、相关知识提示

（一）审计风险及其模型

审计风险是指财务报表存在重大错报而审计师发表不恰当审计意见的可能性。

基于企业风险管理框架下的审计风险模型是：

审计风险 = 报表重大错报风险 × 检查风险

（二）风险评估总流程

风险评估总流程如图 27-1 所示。

了解被审计单位及其环境 → 从整体上了解内部控制 → 对风险评估及审计计划的讨论 → 评估重大错报风险

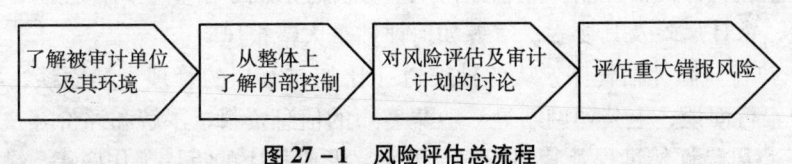

图 27-1 风险评估总流程

（三）了解被审计单位及其环境

审计师应当从下列几方面了解被审计单位及其环境：行业状况、法律环境与监管环境，以及其他外部因素；被审计单位的性质；被审计单位对会计政策的选择和运用；被审计单位的目标、战略以及相关经营风险；被审计单位财务业绩的衡量和评价。

（四）了解和评价内部控制

1. 内部控制的概念。COSO 内部控制框架认为，"内部控制是由企业董事会、经理阶层以及其他员工实施的，为财务报告的可靠性、经营活动的效率和效果、相关法律法规的遵循性等目标的实现而提供合理保证的过程。"

2. 内部控制要素。内部控制包括五个要素，即控制环境、风险评估过程、信息系统与沟通、控制活动和对控制的监督。

3. 了解和评价内部控制的内容。注册会计师在了解内部控制时，应当评价内部控制的设计，并确定其是否得到执行。首先，评价内部控制设计，考虑一项控制单独或连同其他控制是否能够有效地防止或发现并纠正重大错报；其次，评价控制得到执行，即指某项控制存在且被审计单位正在使用。

4. 了解和评价内部控制的方法。注册会计师通常实施下列风险评估程序，以获取有关内部控制设计和执行的审计证据。（1）询问被审计单位有关人员；（2）观察特定控制的运用；（3）检查内部控制文件和报告；（4）追踪交易在财务报告信息系统中的处理过程，进行"穿行测试"。

5. 了解和评价内部控制的结果。财务报表层次的重大错报风险很可能源于薄弱的控制环境。薄弱的控制环境带来的风险可能对财务报表产生广泛的影响，难以限于某类交易、账户余额、列报，注册会计师应当采取总体应对措施。注册会计师应当将所了解的控制与特定认定联系起来，评估重大错报风险；控制与认定直接或间接相关；关系越间接，控制对防止或发现并纠正认定错报的效果越小。注册会计师应识别出有助于防止或发现并纠正认定发生重大错报的控制。

三、实习流程

1. 学习了解风险评估的程序，掌握如何了解被审计单位及其环境，掌握如何评价企业整体内部控制，熟悉如何从业务流程层面了解企业内部控制，掌握经营风险、审计风险及其要素；掌握如何评估重大错报风险。

2. 执行风险评估程序，从各种渠道（比如与客户的管理当局面谈，与客户的开户银行面谈，上公司网站等）收集客户的信息资料，了解和评价客户。

3. 将风险评估过程及其判断记录下来，形成相应的审计工作底稿。

四、实习成果与评价

执行风险评估程序形成的相关工作底稿，如了解被审计单位及其环境程序表、内部控制及其风险调查问卷、审计风险初步评价表，等等。具体根据完成情况考核评分。

五、案例分析

兴华公司审计风险评价

中诚会计师事务所接受委托对兴华公司 2006 年年报进行审计。刘婷、杨平负责风险评估程序的审计。两位注册会计师通过询问、查询等手段将风险评估过程及其判断记录下来，形成相应的审计工作底稿（部分），如表 27-1~表 27-5 所示。

表 27-1　　　　　中诚会计师事务所销售与收款循环内部控制调查表

被审计单位：兴华公司 项目：销售与收款循环内部控制问卷 编制：　　刘婷　　　　 日期：　　2007/1/15	索引号：　　Z3-1-1　　 财务报表截止日/期间：2006/1/1~2006/12/31 复核：　　杨平　　　　 日期：　　2007/1/15				
调查项目	是	否	不适合	备　注	
1. 所有的销货行为是否都有合同并经主管核准？			√	零星销售无合同
2. 签订合同前是否核准客户信用？	√			
3. 产品的单价及销货折扣的制定、调整是否经过授权核准？	√			
4. 销售发票是否以审核后的销售合同为依据？			√	零星销售无合同
5. 发票是否按顺序号填列签发？	√			
6. 是否所有的销售发票都开出提货单并交给客户？	√			
7. 提货单是否经顾客签字确认？	√			
8. 发货前是否核实客户有付款能力？	√			
9. 产品发货时是否核对发票和装箱单？	√			
10. 销售日记账是否根据提货单及发票的入账联登记？	√			
11. 销货退回是否经审核批准？	√			
12. 销货退回是否开红字发票及产品入库单？	√			
13. 退货是否经过检验入库后退款？	√			
14. 应收账款是否有核对、催收制度？	√			
15. 坏账损失的处理是否经授权批准？	√			

结论：（1）经内部控制问卷和简易测试后，认为销售与收款循环内部控制可信赖程度为：高（√）中（　）低（　）。

（2）该循环是否需进一步作控制测试：是（√）否（　）。

表 27-2　　　　　中诚会计师事务所采购与付款循环内部控制调查表

被审计单位：兴华公司	索引号：Z3-1-2
项目：采购与付款循环内部控制问卷	财务报表截止日/期间：2006/1/1~2006/12/31
编制：刘婷	复核：杨平
日期：2007/1/15	日期：2007/1/15

调查项目	是	否	不适合	备注
1. 原料的单价、数量是否与合同一致？			√	零星采购无合同
2. 原料的入库是否经验收合格，并同发票核对后才填写入库单？	√			
3. 原料的进项税、运费及运输中损耗的计算是否合理？	√			
4. 固定资产和在建工程有无预算，并经授权批准？			√	零星销售无合同
5. 已完工的在建工程项目转入固定资产是否办理了竣工验收等移交手续？	√			
6. 固定资产折旧方法的确定与变更是否经过董事会批准？	√			
7. 固定资产入厂、内部调拨是否履行一定的手续？	√			
8. 固定资产的取得、处置和出售是否有书面授权批准？	√			
9. 固定资产毁损、报废、清理是否经过技术鉴定和授权标准？	√			
10. 有无固定资产定期盘点制度并执行？	√			
11. 付款是否实行费用预算控制，并明确款项支付权限？	√			
12. 货款支付与记账的职责是否分离？	√			

结论：（1）经内部控制问卷和简易测试后，认为销售与收款循环内部控制可信赖程度为：高（√）中（　）低（　）。
　　　（2）该循环是否需进一步作控制测试：是（√）否（　）。

表 27-3　　　　　中诚会计师事务所生产与仓储循环内部控制调查表

被审计单位：兴华公司	索引号：Z3-1-3
项目：生产与仓储循环内部控制问卷	财务报表截止日/期间：2006/1/1~2006/12/31
编制：刘婷	复核：杨平
日期：2007/1/15	日期：2007/1/15

调查项目	是	否	不适合	备注
1. 大宗货物的采购是否都订有合同并经主管批准？	√			
2. 原料的领用是否经核准后开出领料单？	√			
3. 存货和固定资产是否有出门验证制度？	√			
4. 是否所有存货均设永续盘存记录？	√			
5. 仓库存货是否按种类、性质集中堆放并有醒目标记？	√			
6. 存货是否定期盘点？	√			年终

续表

调查项目	是	否	不适合	备 注
7. 存货的盘盈、盘亏是否经报批后入账？	√			
8. 仓库是否对呆滞、废损存货进行了清理？	√			
9. 存货的收发人与记账人是否分开？	√			
10. 委托外单位加工的材料，其发出、收回、结存情况是否有专人负责登记？是否定期与委托单位核对？	√			
11. 原料、成品的收发存月报表是否根据当月的入库单、领料单分别汇总编制？	√			
12. 月末车间未用的原材料是否办理假退料手续？	√			
13. 产品是否有材料定额并以限额领料单控制领料？	√			
14. 半成品和成品完工是否及时办理交库手续？	√			
15. 存货计价方法的确定与变更是否经董事会批准？		√		
16. 成本计算和费用分配方法的确定与变更是否经授权批准？	√			
17. 是否建立成本核算管理制度？	√			
18. 成本开支范围是否符合有关规定？	√			
19. 成本核算范围是否适合生产特点？并严格执行？	√			
20. 各成本项目的核算、制造费用的归集和分配、产品成本的结转是否严格按规定办理？前后期是否一致？	√			
21. 是否定期盘点在产品，并作为在产品成本的分配依据？	√			
22. 工资标准的制定及变动是否经授权批准？	√			
23. 计时、计件工资的原始记录是否齐全？	√			

结论：（1）经内部控制问卷和简易测试后，认为生产与仓储循环内部控制可信赖程度为：高（√）中（　）低（　）。
（2）该循环是否需进一步作控制测试：是（√）否（　）。

表 27 - 4　　　　中诚会计师事务所工薪与人事循环内部控制调查表

被审计单位：兴华公司 项目：工薪与人事循环内控制问卷 编制：刘婷 日期：2007/1/15	索引号：Z3 - 1 - 4 财务报表截止日/期间：2006/1/1 ~ 2006/12/31 复核：杨平 日期：2007/1/15

调查项目	是	否	不适合	备 注
1. 计时卡的使用和打卡程序是否受到监督？	√			
2. 计工单的工作小时数是否经过主管批准？	√			
3. 工资费用的分配是否恰当，有无分配错误的情况？	√			
4. 是否按职工工资总额提取职工福利费？	√			

续表

调查项目	是	否	不适合	备注
5. 是否对人工成本分配汇总表的分类和计算进行复核？	√			
6. 记入的账户及其金额是否正确？	√			
7. 是否指派专人负责及时申报和交纳员工收入所得税？	√			
8. 有无乱发乱用职工福利费的情况？		√		
9. 人事部门是否编制工薪人事计划？计划有无分为短期和中长期两种？	√			
10. 人事部门是否为每一位新雇用员工编制授权表？			√	
11. 人事档案资料是否只限于经授权人员才可接近？	√			

结论：（1）经内部控制问卷和简易测试后，认为销售与收款循环内部控制可信赖程度为：高（√）中（ ）低（ ）。
（2）该循环是否需进一步作控制测试：是（√）否（ ）。

表 27-5　中诚会计师事务所筹资与投资循环内部控制调查表

被审计单位：兴华公司	索引号：　Z3-1-5
项目：筹资与投资循环内部控制问卷	财务报表截止日/期间：2006/1/1~2006/12/31
编制：　刘婷	复核：　杨平
日期：　2007/1/15	日期：　2007/1/15

调查项目	是	否	不适合	备注
1. 购买证券、期货和远期外汇是否经董事会、高层管理机构和财务部门的核准？	√			
2. 全部公司债务、股票、期货和外汇交易是否均经董事会授权的人员处理？	√			
3. 对巨额的上述交易是否对被授权者规定一定的限额？超过限额是否须获得董事会的批准？	√			
4. 是否由财务总监执行交易，但财务总监部负责会计记录？			√	无财务总监
5. 上述交易所得是否如数及时存入银行？	√			
6. 所有投资凭证是否放入保险箱内？	√			
7. 保险箱是否由两人以上同时开启？	√			
8. 是否定期盘点投资凭证并与会计记录核对？	√			
9. 有价证券是否以被审计单位的名义登记？	√			
10. 证券保管人员是否不处理会计记录？	√			
11. 是否对每一种证券设立明细分类账并逐笔登记交易情况、记录盈亏？	√			
12. 重大借款和筹资行为是否经董事会批准？	√			
13. 融资借款是否均签订借款合同？	√			

续表

调查项目	是	否	不适合	备注
14. 抵押担保是否获得授权批准？	√			
15. 利息支出是否按期入账，并划清资本性支出和收益性支出？	√			
16. 实收资本是否经过注册会计师验证并作会计处理？	√			
17. 投资项目是否均经授权批准，投资金额是否及时入账？	√			
18. 与被投资单位签订投资合同协议，是否获得被投资单位出具的投资证明？	√			
19. 长期投资的核算是否符合有关财会制度，相关投资收益的会计处理是否正确？	√			
20. 是否按年编制资本预算并经董事会批准？	√			
21. 对投资收益按权益法计算的附属企业是否进行过审计？	√			

结论：（1）经内部控制问卷和简易测试后，认为销售与收款循环内部控制可信赖程度为：高（√）中（　）低（　）。

（2）该循环是否需进一步作控制测试：是（√）否（　）。

六、理论思考

1. 怎样识别和评估重大错报风险？
2. 理解审计风险要素并解释审计风险模型。
3. 为什么检查风险不能降低为零？
4. 初步了解内部控制的目的是什么？如何从整体上了解内部控制？

第二节　确定重要性水平

一、实习内容

学习了解重要性水平的确定；运用职业判断，确定被审计单位财务报表层次和列报、账户层次的重要性水平。

二、相关知识提示

（一）重要性的概念

审计重要性概念的运用贯穿于整个审计过程。重要性取决于在具体环境下对错报金额和性质的判断。如果一项错报单独或连同其他错报可能影响财务报表使用者依据财务报表做出的经济决策，则该项错报是重大的。

（二）重要性与审计风险的关系

重要性与审计风险之间存在反向关系。重要性水平越高，审计风险越低；重要性水平越低，审计风险越高。这里所说的重要性水平高低指的是金额的大小。

审计风险越高，越要求注册会计师搜集更多更有效的审计证据，以将审计风险降至可接受的低水平。因此，重要性和审计证据之间也是反向变动关系。

（三）计划审计工作中重要性水平的确定

在审计过程中，注册会计师应当考虑财务报表层次和各类交易、账户余额、列报认定层次的重要性水平。

1. 财务报表层次的重要性水平的确定。确定会计报表层次重要性水平时可以采用固定比率法或变动比率法。采用固定比率法时，注册会计师通常先选择一个恰当的基准，再选用适当的百分比乘以该基准，从而得出财务报表层次的重要性水平。实务中，可以用作确定财务报表层次重要性水平的基准有总资产、净资产、销售收入、费用总额、毛利、净利润等。

2. 各类交易、账户余额、列报认定层次的重要性水平的确定。各类交易、账户余额、列报认定层次的重要性水平称为"可容忍错报"。可容忍错报的确定以注册会计师对财务报表层次重要性水平的初步评估为基础。

三、实习流程

1. 学习如何确定重要性水平；
2. 选择一个恰当的基准，再选用适当的百分比乘以该基准，得出各会计报表的重要性水平；
3. 考虑各种因素，运用职业判断确定财务报表层次的重要性水平；
4. 确定各类交易、账户余额、列报认定层次的重要性水平。

四、实习成果与评价

总体审计计划中与重要性水平确定相关的工作底稿，根据完成情况考核评分。

五、案例分析

兴华公司审计重要性水平的确定

中诚会计师事务所注册会计师李丽在制定2006年度兴华公司的审计计划时，形成重要性水平确定审计工作底稿，如表27-6~表27-7所示。

表 27-6　　　　　　　中诚会计师事务所重要性水平初步评估表

客户：兴华公司		签名	日期		
审计项目：重要性水平初步评估表	编制人	李丽	2007.1.10	索引号	Z5-1
会计期间：2006/12/31	复核人	刘欢	2007.1.10	页次	1
年份或项目			总收入法		
2003			30 455		
2004			32 458		
2005			38 019		
前3年平均			33 644		
当年未审数			28 399		
重要性比例			0.5%~1%		
审计说明			33 644×0.5%=168.22（万元） 28 399×0.5%=141.995（万元） 以当年未审数为计算基础，参照3年平均数，选择报表层次重要性水平为120万元。		
部门经理对总体审计重要性标准意见			对审计中发现的需要调整的会计事项，征得被审计单位同意前提下，能调整的尽量调整而不受120万元的影响，但是，所有未调整不符事项金额总和不能超过120万元。		

表 27-7　　　　　中诚会计师事务所账户（交易）重要性水平分配表

客户：兴华公司		签名	日期		
审计项目：账户（交易）重要性水平分配表	编制人	李丽	2007.1.10	索引号	Z5-2
会计期间：2006/12/31	复核人	刘欢	2007.1.10	页次	1
资产类	分配金额	负债及所有者权益		分配金额	
货币资金	0.5	应付票据		9	
应收账款	15	应付账款		40	
坏账准备	7	预收账款		15	
预付账款	8	其他应付款		10	
其他应收款	8	应付职工薪酬		5	
存货	20	应交税费		0	
长期投资	14.5	长期借款		10	
固定资产原值	25	实收资本		0	
累计折旧	7	资本公积		0	
在建工程	10	盈余公积		0	
无形资产	5	未分配利润		0	
资产合计	120	负债及所有者权益合计		120	

六、理论思考

1. 审计重要性在注册会计师审计中的作用？
2. 重要性水平确定的方法？影响因素？
3. 分析重要性与审计风险的关系？
4. 如何运用重要性水平做出审计判断？
5. 如果有人认为由于审计人员应当谨慎执业，因此应当低估重要性水平而不能高估重要性水平，你赞同吗？为什么？

第三节 制定总体审计计划

一、实习内容

学习总体审计计划的编制；制定总体审计策略，编制总体审计计划。

二、相关知识提示

（一）总体审计策略的内容

审计计划是指注册会计师为了完成各项审计业务，达到预期的审计目标，在具体执行审计程序之前编制的工作计划。计划审计工作包括针对审计业务制定总体审计策略和具体审计计划，以将审计风险降至可接受的低水平。

总体审计策略用以确定审计范围、时间和方向，并指导制定具体审计计划。注册会计师应当为审计工作制定总体审计策略。

（二）总体审计策略的具体内容

审计师应当在总体审计策略中清楚地说明下列内容：

1. 向具体审计领域调配的职员，包括向高风险领域分派有适当经验的项目组成员，就复杂的问题利用专家工作等。

2. 向具体审计领域分配资源的数量，包括安排到重要存货存放地观察存货盘点的项目组成员的数量，对其他审计师工作的复核范围，对高风险领域安排的审计时间预算等。

3. 何时调配这些资源，包括是在期中审计阶段还是在关键的截止日期调配资源等。

4. 如何管理、指导、监督这些资源的利用，包括预期何时召开项目组预备会和总结会，预期项目负责人和经理如何进行复核，是否需要实施项目质量控制复核等。

(三) 总体审计策略的工作步骤

总体审计策略的制定和形成需要经过以下工作步骤：了解被审计单位经营及所属行业的基本情况；执行分析性复核程序；初步评价审计重要性水平。

三、实习流程

1. 学习总体审计计划的编制；
2. 了解被审计单位经营及所属行业的基本情况；
3. 执行分析性复核程序；
4. 初步评价审计重要性水平；
5. 时间预算与人员安排；
6. 制定总体审计策略。

四、实习成果与评价

制定总体审计计划的相关审计工作底稿，如总体审计计划。具体根据本实习项目完成情况及提交实习成果考核评分。

五、案例分析

兴华公司总体审计计划的编制

中诚会计师事务所注册会计师李丽根据对被审计单位的了解，制定了2006年度兴华公司的总体审计计划，如表27-8所示。

表27-8　　　　　　　　　中诚会计师事务所总体审计计划

客户：兴华公司		签名	日期		
审计项目：总体审计计划	编制人	李丽	2007.1.10	索引号	Z6-1
会计期间：2006/12/31	复核人	刘欢	2007.1.10	页次	1
一、审计工作范围					
适用的财务报告准则		企业会计准则			
适用的审计准则		中国注册会计师审计准则			
与财务报告相关的行业特别规定		上市公司信息披露的相关法规			
需要阅读的含有已审计财务报表的文件中的其他信息		上市公司年报			
二、重要性					
重要性		确定方法			

续表

见上节案例	总收入法
三、报告目标、时间安排及所需沟通	
拟定的报告报送及审计工作时间安排如下：	
对外报告	2007年3月25日
执行审计时间安排	2007年1月10日~2007年3月25日
制定总体审计策略及具体审计计划	2007年1月10日
期末审计，包括：	
监盘	2007年1月15日~2007年1月16日
所需沟通	时间
(1) 与管理层及治理层的会议	2007年1月11日
(2) 项目组会议（包括预备会和总结会）	2007年1月12日
(3) 与前任注册会计师沟通	2007年1月12日
四、人员安排	
拟定的主要项目组成员的职位、姓名及其主要职责如下：	

职位	姓名	主要职责
项目经理	李丽	制定审计计划，编制审计报告
主审	刘婷	内部控制评估，控制测试
主审	郑田	销售与收款循环
……		
助理	刘欢	监盘、协助主审工作
助理	杨平	内部控制评估，控制测试、协助主审工作

五、主要会计科目	拟采取的初步审计策略
存货	内部审计部门对各仓库的存货每半年至少盘点一次。在中期审计时，项目组已经对内部审计部门盘点步骤进行观察，其结果满意，因此项目组将审阅其年底的盘点结果，并缩小存货监盘的范围。
应收账款	……
……	……

六、理论思考

1. 一份合格的总体审计计划需要哪些要素？在编制总体审计计划时为什么要考虑审计重要性水平问题？

2. 总体审计策略中时间预算的作用有哪些？

第二十八章 销售与收款循环审计

第一节 销售与收款循环的控制测试

一、实习内容

熟悉销售与收款循环中的主要业务活动，了解销售与收款循环所涉及的主要凭证及会计记录，对被审计单位的销售与收款业务的内部控制实施控制测试程序。

二、相关知识提示

(一) 销售与收款循环涉及的主要业务活动

一般企业的销售与收款循环的主要活动有：(1) 接受顾客订单；(2) 批准赊销信用；(3) 按销售单供货；(4) 按销售单装运货物；(5) 向顾客开具账单；(6) 记录销售；(7) 办理和记录现金及银行存款收入；(8) 办理和记录销货退回及折扣折让；(9) 注销坏账；(10) 提取坏账准备。

(二) 销货业务的内部控制和控制测试

1. 适当的职责分离。销货业务中的职责分离主要包括：销售、发货、收款三项业务或岗位分别设立；单位在销售合同订立前，应当指定专门人员就销售价格、信用政策、发货及收款方式等具体事项与客户进行谈判。谈判人员至少应有两人以上，并与订立合同的人员相分离；编制销售发票通知单的人员与开具销售发票的人员应相互分离；销售人员应避免接触销售现款；单位应收票据的取得和贴现必须经由保管票据以外的主管人员的书面批准。

2. 正确的授权审批。对于授权审批问题，注册会计师应当关注以下四个关键点上的审批程序：在销货发生之前，赊销已经正确审批；非经正当审批，不得发出货物；销售价格、销售条件、运费、折扣等必须经过审批；审批人应当根据销售与收款授权批准制度的规定，在授权范围内进行审批，不得超越审批权限。

3. 充分的凭证和记录。只有具备充分的记录手续,才有可能实现其他各项控制目标。销售过程有完整的凭证与记录,从接受客户订单、制定货单一直到记录销售、登记收款及计提坏账准备。

4. 凭证的预先编号。销售发票和发运凭证必须预先编号,以防止重开、重记或漏记。对这种控制常用的一种控制测试程序是清点各种凭证,看其编号是否连续。

5. 按月寄出对账单。注册会计师观察指定人员寄送对账单和检查顾客复函档案,对于测试被审计单位是否按月向顾客寄出对账单,是十分有效的控制测试。

6. 内部核查程序。由内部审计人员或其他独立人员核查销货业务的处理和记录,是实现内部控制目标所不可缺少的一项控制措施。注册会计师可以采用检查内部审计人员的报告,或其他独立人员在他们核查的凭证上签字等方法实施控制测试。

三、实习流程

1. 询问被审计单位的人员,了解被审计单位销售与收款的主要控制制度是否被执行;
2. 观察销售与收款的关键控制点及特定控制点的控制实践;
3. 检查关键控制点生成的有关文件和记录;
4. 必要时通过重新执行来证实控制执行的有效性;
5. 通过追踪交易在财务报告信息系统中的处理过程,以提取对关键控制点控制有效支持的审计证据;
6. 评估控制是否可信赖。

四、实习成果与评价

销售与收款循环控制测试的相关工作底稿,如销售与收款循环控制测试表等。具体根据实习完成情况评价考核。

五、案例分析

兴华公司销售与收款循环内部控制测试

中诚会计师事务所接受委托对 ABC 股份有限公司 2006 年年报进行审计。刘婷、杨平负责对销售与收款循环业务的审计。刘婷和杨平两位注册会计师采用抽样技术、审阅法、核对法、观察法、追踪法等对被审计单位的销售与收款循环中的主要内部控制进行控制测试以后,编制了审计工作底稿,如表28-1所示。

表28-1　　　　中诚会计师事务所销售与收款循环控制测试表

客户：兴华公司			签名	日期		
审计项目：销售与收款循环控制测试		编制人	刘婷	2007/1/15	索引号	F1-1
会计期间：2006.1.1~2006.12.31		复核人	杨平	2007/1/15	页次	1
程序号	测试情况记录					索引号
1	随机抽取2006年1~10月份开出的销售发票50份,进行销售发票审计的七项检查,测试相符率为100%。					(略)
2	抽取6月份开出的所有销售发票,发现编号连续、无缺号,只有3张作废发票均盖有"作废"印章。					(略)
3	将送货单核销售发票核对,未发现货发出不开具发票的现象。					(略)
4	经查,1~10月份被审计单位未发生销售折扣、折让行为,有两笔销货退回。销货退回附有按顺序编号并经主管人员核准的贷项通知单,有仓库签发的退货验收报告,有对方税务部门开具的有关证明,会计处理正确。					(略)
5	收款凭证的检查在现金和银行存款控制测试时进行。					(略)
测试结论： 该循环测试相符率高,可适当简化实质性测试审计程序。						

(资料来源：刘静：《审计学》,吉林人民出版社2000年版)

六、理论思考

1. 销售与收款循环涉及的主要业务活动有哪些？
2. 销售与收款循环控制测试的程序有哪些？

第二节　主营业务收入的审计

一、实习内容

对主营业务收入项目进行审计,确定主营业务收入的内容、款项是否合理、正确、完整；确定销售退回、销售折让是否经授权批准,会计处理是否及时、正确；确定主营业务收入的披露是否恰当。

二、相关知识提示

（一）销货交易的实质性测试

1. 测试销货业务的真实性。测试真实性目标时，起点是明细账。从主营业务收入明细账中抽取若干个发票号码样本，追查至销售发票存根、发运凭证以及顾客订货单。

2. 测试销货业务的完整性。测试完整性目标起点应是发货凭证，即从发货凭证中选取样本，追查至销售发票存根和主营业务收入明细账，以测试是否存在遗漏事项。

3. 测试销货业务的估价。典型的测试估价的程序是复算会计记录中的数据。

4. 测试销货业务的分类。销货业务分类正确的测试一般可与估价测试一并进行。

5. 测试销货业务的截止。将所选取的提货单或其他发运凭证的日期与相应的销售发票存根、主营业务收入明细账和应收账款明细账上的日期作比较。如有重大差异，就可能存在销货截止期限上的错误。

6. 测试销货业务过账、汇总过账。此类测试包括加总主营业务收入明细账、应收账款明细账和过入总账三项，并从其中之一追查其他两者。

（二）主营业务收入实质性测试审计程序

主营业务收入实质性测试审计程序包括：

1. 获取或编制主营业务收入、成本项目明细表，复核加计正确并核对与总账、明细账、报表发生额是否相符。

2. 检查收入的确认原则和方法是否符合会计准则规定，前后期是否一致。

3. 运用分析性复核方法，分析与收入相关的重要比率，寻找本期重要变动和异常变动。

4. 根据普通发票或增值税发票申请表，估算全年收入，与实际入账收入金额核对，并检查是否存在虚开发票或销售而未开发票的情况。

5. 获取产品价格目录，抽查售价是否符合定价政策，并注意销售给关联方或关系密切的重要客户的产品价格是否合理，有无低价或高价结算以转移收入的现象。

6. 抽取本期一定数量的销售发票，检查开票、记账、发货日期是否相符，品名、数量、单价、金额等是否与发运凭证、销售合同等一致，编制测试表。

7. 实施主营业务收入的截止测试。主营业务收入截止测试的目的在于确定被审计单位主营业务收入的会计记录归属期是否正确，即应计入本期或下期的主营业务收入有无被推迟至下期或提前至本期。在进行主营业务收入截止测试时应关注发票开具日期或收款日期与记账日期和发货日期。

8. 结合对决算日应收账款的函证程序，观察有无未经认可的巨额销售。

9. 检查销售折扣、销售退回与折让业务是否真实，内容是否完整，相关手续是否符合规定，折扣与折让的计算和会计处理是否正确。

10. 检查外币收入折算是否正确。

11. 检查有无特殊的销售行为。

12. 调查集团内部销售的情况，以关注关联方及其交易问题。

13. 调查向关联方销售的情况，记录其交易品种、数量、价格、金额以及占营业收入总额的比例。

14. 检查主营业务收入在利润表中的披露是否恰当。

三、实习流程

1. 将获取或编制的主营业务收入、成本项目明细表与总账、明细账、报表发生额进行核对；

2. 执行分析性程序；

3. 抽查主营业务收入的原始凭证，检查开票、记账、发货日期是否相符，品名、数量、单价、金额等是否与发运凭证、销售合同等一致，编制测试表；

4. 实施主营业务收入的截止测试；

5. 检查销售折扣、销售退回与折让业务；

6. 检查外币收入折算是否正确；

7. 检查主营业务收入在利润表中的披露是否恰当。

四、实习成果与评价

主营业务收入审计的相关审计工作底稿，如主营业务收入审计程序表、主营业务收入明细表、月度毛利率分析表、业务/产品销售分析表、主营业务收入截止测试表等。具体根据实习完成情况评价考核。

五、案例分析

兴华公司主营业务收入审计

中诚会计师事务所注册会计师郑田、江国庆等对兴华公司主营业务收入进行实质性测试时，编制了审计工作底稿，如表28-2～表28-5所示。

表28-2　　　　　　　　　　中诚会计师事务所主营业务收入审计程序表

客户：兴华公司		签名	日期		
审计项目：主营业务收入	编制人	郑田	2007.1.15	索引号	C1-1
会计期间：2006年度	复核人	江国庆	2007.1.15	页次	1
一、审计目标 1. 确定主营业务收入的记录是否完整； 2. 确定主营业务退回、主营业务折让是否经授权批准并及时入账； 3. 确定主营业务收入发生额是否正确； 4. 确定主营业务收入在会计报表上的披露是否恰当。					
二、审计程序				执行情况	索引号
1. 获取或编制主营业务收入明细表，复核其加计是否正确，并与总账和明细账的余额核对相符。				已检查	C1-1
2. 将本年度主营业务收入与上年度主营业务收入进行比较分析，分析主营业务的结构和价格变动是否正常。并分析异常变动原因。				已检查	I1-3
3. 比较本年度各月各种主营业务收入的波动情况，分析其变动趋势是否正常，并查明异常现象和重大波动的原因。				已检查	I1-3
4. 抽查主营业务的原始凭证（发票、运货单据），并追查至记账凭证及明细账，确定主营业务收入是否真实，主营业务记录是否已检查。				已检查	I1-4
5. 实施截止日测试，抽查资产负债表日前后的主营业务收入与退货记录，检查主营业务的会计处理有无跨年度现象。对跨年度的重大主营业务项目应予以调整。				已做调整	I1-4
6. 结合对资产负债表日应收账款的函询程序，查明有无未经认可的大额主营业务。				已检查	I1-2
7. 检查主营业务退回与折让手续是否符合规定，是否按规定进行会计处理。				已检查	I1-2
8. 检查以外币结算的主营业务收入的折算方法是否正确。				已检查	I1-2
9. 验明主营业务收入是否在损益表上恰当披露。				已检查	I1-2

表28-3　　　　　　　　　　中诚会计师事务所主营业务收入审定表

客户：兴华公司			签名	日期		
审计项目：主营业务收入	编制人	郑田	2007.1.15	索引号	C1-2	
会计期间：2006年度	复核人	江国庆	2007.1.15	页次	1	
产品名称			未审数	调整数	审定数	
X产品			102 000 984.00		102 000 984.00	
Y产品			20 000 000.85		20 000 000.85	
C产品			672 000.00		672 000.00	
合计			122 672 984.85		122 672 984.85	
审计说明及调整分录：						
审计结论： 　　本科目经审计后无调整事项，发生额可以确认。						

表 28-4　　　　中诚会计师事务所主营业务收入各月分析表

客户：兴华公司			签名	日期	
审计项目：主营业务收入	编制人	郑田	2007.1.15	索引号	C1-3
会计期间：2006 年度	复核人	江国庆	2007.1.15	页次	1
月份	2006 年营业收入	占全年比例	2005 年营业收入	占全年比例	增减率
1	9 901 756.39	8.07%	7 530 299.14	6.82%	31.49%
2	5 747 943.64	4.69%	8 993 273.48	8.14%	-36.09%
3	8 520 570.25	6.95%	8 131 700.85	7.36%	4.78%
4	10 869 038.45	8.86%	10 695 246.78	9.68%	1.62%
5	8 545 488.43	6.97%	9 985 779.48	9.04%	-14.42%
6	10 264 180.18	8.37%	9 645 639.50	8.73%	6.41%
7	11 736 517.10	9.57%	8 367 504.30	7.57%	40.26%
8	12 351 731.74	10.07%	9 194 873.49	8.32%	34.33%
9	11 779 757.01	9.60%	9 333 767.09	8.45%	26.21%
10	9 201 610.25	7.50%	8 121 096.13	7.35%	13.31%
11	10 966 514.35	8.94%	9 298 096.73	8.42%	17.94%
12	12 787 877.06	10.42%	11 175 312.66	10.12%	14.43%
合计	122 672 984.85	100.01%	110 472 589.63	100.00%	11.04%

审计分析：
　　1. 各月收入相对均衡，8 月和 12 月稍高，2 月份稍低。
　　2. 上半年收入与去年基本持平，下半年收入较去年同期增加 1 333 万元，主要是下半年 Y 产品的产量和销量上升。
　　3. 各月收入、成本的波动未见异常。

表 28-5　　　　中诚会计师事务所主营业务收入截止性测试表

客户：兴华公司			签名	日期	
审计项目：主营业务收入	编制人	郑田	2007.1.15	索引号	C1-4
会计期间：2006/1/1~2006/12/31	复核人	江国庆	2007.1.15	页次	1

一、仓库出库单为依据查

序号	出库单编号	产品名称	数量	日期	发票号	凭证号	保管账	明细账	总账
1	02385#	X 产品	18 吨	12/30	06085436#	12/78#	已记录	已记录	已记录
2	01389#	X 产品	30 吨	1/5	05085437#	1/23#	已记录	已记录	已记录

二、以财务明细账为依据查

序号	明细账	仓库保管账	凭证号	发票号	产品名称	数量	日期	出库单编号
1	已记录	已记录	12/88#	06085426#	X 产品	10 吨	12/30	02380#
2	已记录	已记录	1/25#	05085404#	X 产品	3 吨	1/5	01387#

审计结论：
　　1. 确认收入的发货单均有购货单位签收。
　　2. 所开发票都在出库单日期之后。
　　3. 收入的确认未见异常。

六、理论思考

1. 列举一些能够帮助你识别主营业务收入存在重大错报的信号，并指出如何应对？
2. 主营业务收入的截止测试的方法有哪些？
3. 请列举一些识别主营业务收入是否存在重大错报风险的分析程序。

第三节 应收账款的审计

一、实习内容

对应收账款项目进行审计，确认应收账款是否存在；应收账款是否归被审计单位所有；应收账款增减变动的记录是否完整；应收账款是否可收回，坏账准备的计提是否恰当；应收账款期末余额是否正确；应收账款在会计报表中的披露是否恰当。

二、相关知识提示

（一）函证

1. 函证的范围和对象。注册会计师不需要对被审计单位所有的应收账款进行函证。函证数量的大小、范围是由诸多因素决定的，主要有：应收账款在全部资产中的重要性；被审计单位内部控制的强弱；以前期间的函证结果；函证方式的选择。

2. 选择函证方式。函证方式分为积极的函证方式和消极的函证方式。注册会计师可采用积极的或消极的函证方式实施函证，也可将两种方式结合使用。

3. 确定函证时间。发函的最佳时间应是与资产负债表日接近的时间。

4. 函证的控制。注册会计师通常利用被审计单位提供的应收账款明细账户名称及客户地址等资料据以编制询证函，但注册会计师应当对选择被询证者、设计询证函以及发出和收回询证函保持控制。

5. 对不符事项的处理。收回的询证函若有差异，注册会计师要进行分析，查找原因。

6. 对函证结果要进行总结和评价。

（二）应收账款实质性测试审计程序

1. 取得或编制应收账款明细表，复核加计正确，并与报表数、总账数和明细账数核对相符；

2. 分析应收账款账龄；

3. 向债务人函证应收账款；

4. 请被审计单位协助，在应收账款明细表中标出至审计时已收回的应收账款金额；

5. 检查未经函证的应收账款；

6. 审查坏账的确认和处理；

7. 检查有无不属于结算业务的债权；

8. 检查应收账款是否业已用于融资，并根据融资合同判定其属质押还是出售，其会计处理是否正确；

9. 检查外币应收账款的折算；

10. 分析应收账款明细账余额；

11. 确定应收账款在资产负债表中是否已恰当披露。

（三）坏账准备审计

坏账准备审计包括：确定计提坏账准备的方法和比例是否恰当，计提是否充分；确定坏账准备增减变动的记录是否完整；确定坏账准备期末余额是否正确；确定坏账准备的披露是否恰当。

三、实习流程

1. 取得或编制应收账款明细表，与报表数、总账数和明细账数核对相符；

2. 分析应收账款账龄和明细账余额；

3. 向债务人函证应收账款；

4. 审查坏账的确认和处理；

5. 检查未经函证的应收账款；

6. 抽查明细账，检查有无不属于结算业务的债权；检查应收账款是否业已用于融资，并根据融资合同判定其属质押还是出售，其会计处理是否正确；

7. 检查外币应收账款的折算；

8. 确定应收账款在资产负债表中已恰当披露。

四、实习成果与评价

应收账款审计的相关审计工作底稿，如应收账款询证函、应收账款实质性程序表、应收账款明细表、应收账款函证结果汇总表、应收账款替代测试表、应收账款坏账准备计算表等。具体根据实习完成情况评价考核。

五、案例分析

兴华公司应收账款审计

中诚会计师事务所注册会计师郑田和江国庆对兴华公司应收账款进行实质性测试时，编制了审计工作底稿，如表28-6~表28-10所示。

表28-6　　　　　　　中诚会计师事务所应收账款审计程序表

客户：兴华公司			签名	日期		
审计项目：应收账款		编制人	郑田	2007/1/16	索引号	A7-1
会计期间：2006/12/31		复核人	江国庆	2007/1/16	页次	1
一、审计目标： ①确定应收账款是否存在；②确定应收账款是否归被审计单位所有；③确定应收账款增减变动的记录是否完整；④确定应收账款的计价是否正确；⑤确定应收账款、应收账款坏账准备余额是否正确；⑥确定应收账款的披露是否恰当。						
二、审计程序：						
序号	内　　容			执行情况说明		索引号
1	获取或编制应收账款明细表，复核加计正确并与总账数、报表数及明细账合计数核对是否相符。			√		A7-1
2	查验应收账款账龄分析是否正确。			√		A7-2
3	选取账龄长、金额大的债权，检查有关合同、原始凭证等，并进行函证（包括重分类转入项目）。			√		A7-3
4	对预审时发出函询并回函确认的，仍应实施抽查程序追查到报表日。			N/A		
5	未回函的，可再次复询，如不复询可采用替代审计程序进行检查。			√		A7-4
6	抽查明细账发生额，检查原始凭证与账面记录是否相符，检查资金流入来源是否正常，检查有无不属于商品、劳务等结算业务的债权，如有，应做出记录或作必要调整。			√		A7-5-1、 A7-5-14
7	检查坏账损失的会计处理是否经授权批准，账务处理是否正确。			N/A		
8	涉及债务重组、资产置换的事项，审查有关协议等法律文件及手续是否齐备，账务处理是否正确，并判断交易的合法性和真实性。			N/A		
9	对异常项目及关联方欠款，即使回函相符，仍应取证并审核相关交易合同，判断交易的合法性、真实性。			√		A7-5-1、 A7-5-13

续表

序号	内容	执行情况说明	索引号
10	分析明细账余额，对于出现贷方余额的项目，应查明原因，必要时做重分类调整。	√	A7-1-2
11	对于用非记账本位币结算的应收账款，检查其采用的汇率及折算方法是否正确。	N/A	
12	检查应收账款是否已被抵押、质押，并做出记录。	√	A7-1-1
13	验明应收账款的披露是否恰当。	√	

审计结论：
本科目经审计后无调整事项，余额可以确认。

表28-7　　　　　　　　　　中诚会计师事务所应收账款审定表

客户：兴华公司		签名	日期		
审计项目：应收账款	编制人	郑田	2007/1/16	索引号	A7-2
会计期间：2006/12/31	复核人	江国庆	2007/1/16	页次	1

账龄	年末数				年初数			
	账面余额	占总额比例%	坏账准备计提比例%	坏账准备	账面余额	占总额比例%	坏账准备计提比例%	坏账准备
1年以内	27 522 200.93	97.82	5	1 135 765.22	20 832 895.77	99.72%	5.00%	1 024 482.03
1~2年	613 101.99	2.18	10	61 310.20	58 470.00	0.28%	10.00%	5 847.00
2~3年			20				20.00%	
3~4年			50				50.00%	
4年以上			100				100.00%	
合计	28 135 302.92	100.00%	—	1 197 075.42	20 891 365.77	100.00%	—	1 030 329.03

审计结论：
1. 通过银行存款、短期借款、长期借款查验，通过查阅董事会决议等资料，未见应收账款有抵押、质押事项，公司已提供声明（见综合底稿）。
2. 应收账款余额可以确认。

表 28-8　　　　　　　　　　中诚会计师事务所应收账款明细余额表

客户：兴华公司					签名	日期		
审计项目：应收账款			编制人	郑田	2007/1/16	索引号	A7-3
会计期间：2006/12/31			复核人	江国庆	2007/1/16	页次	1

序号	债务人名称	金额	账龄					是否函证
			1年以内	1~2年	2~3年	3~4年	4年以上	
1	××股份公司	4 806 896.54	4 806 896.54					
2	阳光公司	4 117 272.10	4 117 272.10					√
3	金康有限公司	3 153 332.75	3 153 332.75					√
4	横东有限公司	2 349 053.38	2 349 053.38					√
5	TK有限公司	1 794 150.00	1 794 150.00					√
	……							

表 28-9　　　　　　　　　　　　　　询证函

索引号：A7-3-1

询证函

编号：20060120002

致：阳光公司

本公司聘请的中诚会计师事务所有限公司正在对本公司会计报表进行审计，按照《中国注册会计师独立审计准则》的要求，应当询证本公司与贵公司的往来及投资款项。下列数额出自本公司账簿记录，如与贵公司记录相符，请在本函下端"数额证明无误"处签章证明；如有不符，请在"数据不符"及需加说明事项处详为指正。回函请寄中诚会计师事务所有限公司业务16部　杨平　注册会计师。

地址：上海市南京东路61号四楼　　　　邮编：200002
电话：(021) 63391166　　　传真：(021) 63392558
(本函仅为复核账目之用，并非催款结算)

截止日期	贵公司欠	欠贵公司	投资于贵公司	本公司科目
2006年12月31日	4 117 272.10			应收账款

若款项在上述日期之后已经付清，仍请及时函复为盼。
数额证明无误

签章：(公司印鉴)　　　　　　　日期：

数据不符需加说明事项

截止日期	贵公司欠	欠贵公司	备注

签章：(公司印鉴)　　　　　　　日期：

表 28-10　　　　　　　中诚会计师事务所应收账款函证结果汇总表

客户：兴华公司			签名		日期		
审计项目：应收账款			编制人	郑田	2007/1/16	索引号	A7-4
会计期间：2006/12/31			复核人	江国庆	2007/1/16	页次	1
序号	单位名称	函证金额	是否回函	回函直接确认金额	调节后可以确认金额	通过替代程序确认金额	未核实金额	审计金额
1	阳光公司	4 117 272.10	是	相同				
2	金康有限公司	3 153 332.75	是	相同				
3	横东有限公司	2 349 053.38	是	相同				
4	TK 有限公司	1 794 150.00	是	相同				
	……							

六、理论思考

1. 如何选择应收账款函证的对象和确定函证范围？
2. 对应收账款进行审计时，应重点关注的账户有哪些？
3. 如何对应收账款函证保持适当控制？
4. 坏账准备的错误计提对哪些会计报表会产生何种影响？

第四节　其他相关项目的审计

一、实习内容

对应收票据、长期应收款、预收款项、应交税费、营业税金及附加及销售费用等项目进行审计，确认它们的相关认定。

二、相关知识提示

（一）营业税金及附加的审计程序

营业税金及附加审计可供选择的程序有：获取或编制营业税金及附加明细表，复核加计是否正确；根据审定的本期应纳各项税金及附加，按规定的税率，分项计算、复核本期应纳税额，检查会计处理是否正确；结合应交税费科目的审计，复核其勾稽关系；检查营业税金及附加是否已按照企业会计准则在财务报表中做出恰当的列报。

（二）销售费用的审计程序

销售费用审计可供选择的程序有：获取或编制销售费用明细表；对销售费用进行分析；检查各明细项目是否与被审计单位销售商品和材料、提供劳务以及专设的销售机构发生的各种费用有关；检查销售佣金支出是否符合规定；检查广告费、宣传费、业务招待费的支出是否合理；检查由产品质量保证产生的预计负债，是否按确定的金额进行会计处理；检查重要或异常对销售费用；实施截止测试；检查销售费用是否已按照企业会计准则在财务报表中做出恰当的列报。

（三）应收票据的审计程序

应收票据审计可供选择的程序有：获取或编制应收票据明细表；取得被审计单位"应收票据备查簿"，核对其是否与账面记录一致；监盘库存票据；对应收票据进行函证；检查大额票据；复核带息票据的利息计算是否正确，并检查其会计处理是否正确；对贴现的应收票据，复核其贴现息计算是否正确，会计处理是否正确；评价针对应收票据计提的坏账准备的适当性；检查应收票据在资产负债表中是否已恰当披露。

（四）长期应收款的审计程序

长期应收款审计可供选择的程序有：获取或编制长期应收款明细表；分析长期应收款账龄及余额构成；选择重要项目进行函证；对于融资租赁产生的长期应收款，取得相关的合同和契约；检查长期应收款的坏账准备；检查未实现融资收益；检查长期应收款在资产负债表中是否已恰当披露。

（五）应交税费的审计程序

应交税费审计可供选择的程序有：获取或编制应交税费明细表；首次接受委托时，取得被审计单位的纳税鉴定等批准文件；核对期初未缴税金与税务机关受理的纳税申报资料是否一致，检查缓期纳税及延期纳税事项是否经过有权税务机关批准；取得税务部门汇算清缴或其他确认文件等，分析其有效性；检查各项税金计算是否正确；检查应交税费在资产负债表中是否已恰当披露。

（六）预收账款的审计程序

预收账款审计可供选择的程序有：获取或编制预收账款明细表；检查预收账款长期挂账的原因，并做出记录；抽查预收账款有关的销货合同、仓库发货记录、货运单据和收款凭证等，确定预收账款期末余额的正确性和合理性；函证预收账款；通过货币资金的期后测试，以确定预收账款是否已计入恰当期间；检查预收账款在资产负债表中是否已恰当披露。

三、实习流程

1. 根据被审计单位实际情况对应收票据、长期应收款、预收款项、应交税费、营业税金及附加、销售费用等项目进行审计，选择要执行的实质性测试程序；

2. 执行实质性测试测试，编制相应的审计工作底稿。

四、实习成果与评价

应收票据、长期应收款、预收款项、应交税费、营业税金及附加、销售费用等项目的相关审计工作底稿。具体根据实习完成情况评价考核。

五、案例分析

兴华公司销售与收款循环其他相关项目审计

中诚会计师事务所注册会计师郑田、江国庆等对兴华公司销售与收款循环其他相关项目进行实质性测试时，编制了如下审计工作底稿（部分），如表 28-11~表 28-13 所示。

表 28-11　　　　　　　中诚会计师事务所应收票据审计程序表

客户：兴华公司		签名	日期		
审计项目：应收票据	编制人	郑田	2007/1/16	索引号	A3-1
会计期间：2006/12/31	复核人	江国庆	2007/1/16	页次	1
一、审计目标： ①确定应收票据是否存在；②确定应收票据是否归被审计单位所有；③确定应收票据增减变动的记录是否完整；④确定应收票据是否有效，可否收回；⑤确定应收票据余额是否正确；⑥确定应收票据的披露是否恰当。					
二、审计程序：					
序号	内　　容			执行情况说明		索引号
1	获取或编制应收票据明细表，复核加计正确并与总账数、报表数和明细账合计数核对是否相符			执行		略
2	监盘库存票据，并与应收票据登记簿的有关内容核对。			执行		
3	检查商业承兑汇票贴现是否按问题解答（四）财会〔2004〕3号作短期借款处理。			执行		
4	抽取部分票据，根据具体情况决定向出票人、承兑人或前手发函询证。			执行		
5	验明应收票据的利息收入是否均已正确入账。			不适用		
6	获取并核对已贴现的应收票据明细表，检查其贴现额与利息额的计算是否准确，会计处理方法是否恰当。			执行		
7	检查已到期未收款的应收票据是否已转入应收账款。			执行		

续表

序号	内　　容	执行情况说明	索引号
8	检查有无抵押的票据，并做出相应记录。	执行	
9	请客户协助在明细表上标出至审计日已兑现的应收票据，并查验期后收款凭证做出记录。	执行	
10	验明应收票据的披露是否恰当。	执行	

表 28-12　　　　　　　　　　中诚会计师事务所应收票据审定表

客户：兴华公司		签名		日期			
审计项目：应收票据		编制人	郑田	2007/1/16		索引号	A4-1
会计期间：2006/12/31		复核人	江国庆	2007/1/16		页次	1
项　　目	未审数	调整数			审定数		
		借方		贷方			
山东中新纳米管材有限公司	2 550 000			2 550 000	0		
山东天宇科技纺织有限公司	2 500 000				2 500 000		
淄博恒丰纺织有限公司	1 000 000				1 000 000		
海安县茂源商贸有限公司	3 000 000				3 000 000		
深圳市海康实业有限公司		1 000 000			1 000 000		
山东省天涯纺织机械公司		35 000 000			35 000 000		
合计	9 050 000				42 500 000		

调整事项说明及调整分录

本期项目未审数为 9 050 000.00 元，审计调增 33 450 000.00 元，审定数为 42 500 000.00 元。调整事项说明如下：

1. （底稿见 A4-1-2）经查验，公司未对已到期而无法收到的应收票据进行调整，应予以调整：
ADJ：借：应收账款——山东中新纳米管材有限公司　　　　2 550 000.00
　　　　贷：应收票据——商业承兑汇票　　　　　　　　　　　　2 550 000.00
2. （底稿见 A4-1-3）经查验，公司漏记已收到的应收票据 100 万元，应予以调整：
ADJ：借：应收票据——银行承兑汇票　　　　　　　　　　1 000 000.00
　　　　贷：应收账款——山东省天涯纺织机械器材有限公司　　1 000 000.00
3. （底稿见 A4-1-3-2）经查验，公司应收票据背书给客户时，财务入账串户，应予以调整：
ADJ：借：应收账款——山东天华纺织厂　　　　　　　　　2 500 000.00
　　　　贷：应收账款——山东大西洋机械设备有限公司　　　　2 500 000.00
4. （底稿见 A4-4）经查验，公司未对已贴现票据按问题解答（四）财会［2004］3 号作短期借款处理，应予以调整：
ADJ：借：应收票据　　　　　　　　　　　　　　　　　35 000 000.00
　　　　贷：短期借款　　　　　　　　　　　　　　　　　　　35 000 000.00

审计结论：
本科目经审计调整后，审定数可以确认。

表 28-13　　　　　　　中诚会计师事务所应收票据盘点表

客户：兴华公司		签名	日期		
审计项目：应收票据	编制人	郑田	2007/1/16	索引号	A4-2
会计期间：2006/12/31	复核人	江国庆	2007/1/16	页次	1
应收票据盘点记录					
2006-2-14	盘点金额		4 000 000.00	①	
2006-1-1~2006-2-14	贷方发生额		7 500 000.00	②	
	借方发生额		1 450 000.00	③	
2005-12-31	倒推金额		10 050 000.00	④ = ① + ② - ③	
	账面金额		9 050 000.00		
	差异		1 000 000.00		

注：差异系年末已收到未入账的#129385 票据，索引见 A4-1-2。
盘点日票据复印件：< A4-2-1 ~ A4-2-14 >

盘点小结

审计人员于 2007 年 1 月 16 日对公司的应收票据进行了盘点，盘点时将公司存放于保险柜中的票据全部清点。

我们均已查见票据原件，并与应收票据备查簿 2006~2007 年 1 月 16 日相应的记录进行了逐一核对，核对项目包括：票据种类、出票日期、票据号、出票人、前手，记录均核对一致（底稿见索引号 A4-2-1），同时未发现已到期未承兑的应收票据。

六、理论思考

1. 应收票据审计与应收账款审计的区别。
2. 应收税费审计的内容有哪些？
3. 怎样对预收账款进行审计？

第二十九章　采购与付款循环审计

第一节　采购与付款循环的控制测试

一、实习内容

理解采购与付款循环的主要业务活动与审计目标；熟悉采购与付款循环所涉及的业务活动及凭证和会计记录；对采购与付款循环进行控制测试。

二、相关知识提示

(一) 采购与付款循环涉及的主要业务活动

采购与付款循环涉及的主要业务活动有：(1) 请购商品和劳务；(2) 编制订购单；(3) 验收商品；(4) 储存已验收商品；(5) 编制付款凭单；(6) 确认与记录负债；(7) 支付负债；(8) 记录现金、银行存款支出。

(二) 采购与付款业务的内部控制和控制测试

1. 适当的职责分离。
2. 正确的授权审批。
3. 充分的凭证和记录。
4. 预先连续编号的凭证。
5. 定期的对账制度。
6. 内部核查程序。

三、实验流程

1. 询问被审计单位的人员，了解被审计单位采购与付款的主要控制制度是否被执行；
2. 观察采购与付款的关键控制点及特定控制点的控制实践；
3. 检查关键控制点生成的有关文件和记录；
4. 必要时通过重新执行来证实控制执行的有效性；

5. 通过追踪交易在财务报告信息系统中的处理过程,以提取对关键控制点控制有效支持的审计证据;

6. 评估控制是否可信赖。

四、实习成果与评价

采购与付款循环控制测试的相关工作底稿。具体根据实习完成情况评价考核。

五、案例分析

兴华公司采购与付款循环内部控制测试

中诚会计师事务所接受委托对兴华公司 2006 年年报进行审计。刘婷、杨平两位注册会计师负责对采购与付款循环的内部控制进行了解和测试。两位注册会计师采用抽样技术、审阅法、核对法、观察法、追踪法等对被审计单位的采购与付款循环中的主要内部控制进行控制测试以后,编制审计工作底稿如表 29 - 1 所示。

表 29 - 1　　　　　中诚会计师事务所采购与付款循环控制测试表

被审计单位:兴华公司	索引号:
项目:采购与付款循环控制测试	财务报表截止日/期间:2006/1/1~2006/12/31
编制:刘婷	复核:杨平
日期:2007/1/15	日期:2007/1/15

程序号	测试情况记录	索引号
1	随机抽取 2004 年 1~10 月份的购货合同 50 份,同请购单、供应商发票、验收报告、入库单、付款凭证、记账凭证相核对,并追查至明细账和总账,相符率为 100%。	略
2	固定资产和在建工程内部控制的符合性测试: (1) 抽查年内新增 10 项固定资产和 2 项在建工程项目,均有预算,经过董事会授权批准; (2) 在建工程中付款均具有发票或其他原始凭证; (3) 完工工程转入固定资产办理竣工验收和移交使用手续; (4) 固定资产折旧方法为直线法,折旧率合规定,前后期一致; (5) 固定资产的毁损、报废、清理经过技术鉴定和授权批准; (6) 固定资产每年盘点一次。	略

测试结论:该循环测试相符率高,可适当简化实质性测试审计程序。

(资料来源:刘静:《审计学》,吉林人民出版社 2000 年版)

六、理论思考

1. 采购与付款循环涉及的主要业务活动有哪些？
2. 采购与付款循环控制测试的程序有哪些？
3. 如果一个公司的采购与付款循环存在以下错误或违规行为，请分别提出防止这些错误或违规行为的控制措施以及审计师识别这些错误或违规行为的控制程序：

（1）订购单可能未经处理。
（2）收到未经批准购入的货物。
（3）已记录的购货交易可能无效。
（4）对未经批准的支出签发支票。

第二节　应付账款的审计

一、实习内容

对应付账款进行审计，确定期末应付账款是否存在；确定期末应付账款是否为被审计单位应履行的偿还义务；确定应付账款的发生及偿还记录是否完整，确定应付账款期末余额是否正确；确定应付账款的披露是否恰当。

二、相关知识提示

（一）应付账款的实质性程序

1. 根据被审计单位实际情况对应付账款执行实质性分析程序。
2. 检查应付账款是否存在借方余额，如有，应查明原因，必要时建议做重分类调整。
3. 函证应付账款。
4. 检查是否存在未入账的应付账款。
5. 确定应付账款的披露是否恰当。

三、实习流程

1. 执行实质性分析程序；
2. 检查应付账款明细账；
3. 函证应付账款；
4. 检查是否存在未入账的应付账款；
5. 确定应付账款的披露是否恰当。

四、实习成果与评价

应付账款审计的相关审计工作底稿。具体根据实习完成情况评价考核。

五、案例分析

兴华公司应付账款审计

中诚会计师事务所注册会计师李全、刘荣对兴华公司应付账款进行实质性测试时，编制了审计工作底稿，如表29-2～表29-6所示。

表29-2　　　　　　　　　中诚会计师事务所应付账款审计程序表

客户：	兴华公司		签名	日期		
审计项目：应付账款		编制人	李全	2007.1.15	索引号	R1-1
会计期间：2006/12/31		复核人	刘荣	2007.1.15	页次	1

一、审计目标：
　①确定应付账款的发生及偿还记录是否完整；②确定应付账款的余额是否正确；③确定应付账款的披露是否充分。

二、审计程序：

序号	内　　容	执行情况说明	索引号
1	获取或编制应付账款明细表，复核加计正确并与总账数、报表数和明细账合计数核对是否相符。	已执行	略
2	对期末应付账款余额与上期末余额进行比较，了解其波动原因；对大额异常项目进行重点查验。	已执行	略
3	选择应付账款重要项目（包括零账户），函证其余额是否正确。	已执行	略
4	根据回函情况，编制与分析函证结果汇总表，对未回函的，决定是否再次函证。	已执行	
5	对未回函的重大项目，采用替代程序，确定其是否真实　①检查该笔应付账款的相关凭证资料，核实交易事项的真实性；②抽查决算日后应付账款明细账及现金、银行存款日记账，核实其是否已支付货款并转销。	已执行	
6	检查是否存在未入账的应付账款：①结合存货监盘或盘点抽查检查被审计单位在决算日是否有大额料到单未到的经济业务；②对决算日后应付账款明细账的贷方发生额的相应凭证，检查其购货发票的日期，确认其入账期是否合理；③检查决算日后（　）天的付款事项，确定有无未及时入账的应付账款。	已执行	

续表

序号	内　容	执行情况说明	索引号
7	对应付账款借方余额应采用同预付账款相同的程序审验其真实性并决定是否进行重分类。	已执行	
8	检查应付账款长期挂账的原因，做出记录，对于确实无法支付的，检查是否按规定转入资本公积。	已执行	
9	检查非记账本位币折合记账本位币采用的折算汇率，折算差额是否按规定进行会计处理。	N/A	
10	检查应付关联公司款项的合法性和真实性：①了解交易事项的目的、价格和条件；②检查采购合同等有关文件；③向关联方或其他注册会计师函询，以确认交易的真实性；④标明应付关联方（包括持股5%以上股东）的款项，注明合并报表时应予抵销的数字。	N/A	
11	检查债务重组中涉及应付账款的会计处理是否正确，审查有关协议等法律文件及手续是否齐备。	N/A	
12	验明应付账款的披露是否恰当。	已执行	略

表29-3　　　　　　　　中诚会计师事务所应付账款审定表

客户：兴华公司		签名	日期		
审计项目：应付账款	编制人	李全	2007.1.15	索引号	R1-2
会计期间：2006/12/31	复核人	刘荣	2007.1.15	页次	1
序号	项　目		未审数	调整数	审定数
1	上海华文实业有限公司		962 785		962 785
2	上海三汇材料厂		590 249		590 249
3	永悦新材料开发公司		1 726 449		1 726 449
	……				
	合计		10 909 304		10 909 304
审计说明及调整分录：					
审计结论：本科目经审核后无调整事项，余额可以确认。					

表29-4　中诚会计师事务所应付账款账龄分析表

客户：兴华公司		签名	日期		
审计项目：应付账款	编制人	李全	2007.1.15	索引号	R1-3
会计期间：2006/12/31	复核人	刘荣	2007.1.15	页次	1
债权人名称	年初余额	本期发生额 借方	本期发生额 贷方	年末余额	账龄
上海华文实业有限公司	77 890	4 927 340	4 042 445	962 785	1年以内
上海三汇材料厂	768 969	5 438 900	5 617 620	590 249	1年以内
永悦新材料开发公司	1 726 449			1 726 449	2~3年
……					
合计	12 338 252	66 333 604	64 904 656	10 909 304	

表29-5　中诚会计师事务所应付账款函证汇总表

客户：兴华公司		签名	日期		
审计项目：应付账款	编制人	李全	2007.1.15	索引号	R1-4
会计期间：2006/12/31	复核人	刘荣	2007.1.15	页次	1
项目	函证金额	发函日期	回函日期	是否回函	函证结果
上海华文实业有限公司	962 785	2007/1/15	2007/1/25	已回函	相符
上海三汇材料厂	590 249	2007/1/15	2007/1/20	已回函	相符
永悦新材料开发公司	1 726 449	2007/1/15	2007/1/28	已回函	相符
……					
合计	7 361 316				

表29-6　询证函

索引号：R1-4-3

询证函

编号：006

致：上海华文实业有限公司

　　本公司聘请的上海立信长江会计师事务所有限公司正在对本公司会计报表进行审计，按照《中国注册会计师独立审计准则》的要求，应当询证本公司与贵公司的往来及投资款项。下列数额出自本公司账簿记录，如与贵公司记录相符，请在本函下端"数额证明无误"处签章证明；如有不符，请在"数据不符"及需加说明事项处详为指正。回函请寄上海立信长江会计师事务所有限公司李全注册会计师。

地址：上海市南京东路61号四楼　　　　　　邮编：200002
电话：(021) 63606600　　　　　　　　　传真：(021) 63501004
(本函仅为复核账目之用，并非催款结算)

截止日期	贵公司欠	欠贵公司	投资于贵公司	本公司科目
2006年12月31日		¥962 785		应付账款 产品质量有问题

续表

若款项在上述日期之后已经付清，仍请及时函复为盼。	
	兴华公司 （公司印鉴）
数额及情况证明无误	数额不符及需加证明事项（详细附后）
签章：诚盛工贸公司 日期：2007年2月5日	签章： 日期：

六、理论思考

1. 审计师在抽查应付账款的过程中，如何判断被审计单位有关债务重组的履行情况及账务处理的真实性？

2. 对于长期挂账的应付账款，审计师应如何判断其真实性？

3. 审计师审查未入账债务，除了通过账簿检查，还可以通过哪些途径实现？

4. 在应付账款审计执行中，在何种情况下需要对应付账款进行函证？具体函证有哪些内容？

第三节 固定资产的审计

一、实习内容

对固定资产进行审计，就是审查固定资产是否真实存在并归被审计单位所有；确定固定资产及累计折旧增减变动的记录是否完整；确定固定资产的计价和折旧政策是否恰当；审查固定资产的期末余额是否正确；确定固定资产在会计报表中的披露是否恰当。

二、相关知识提示

（一）固定资产——账面余额的实质性程序

1. 获取或编制固定资产和累计折旧分类汇总表，检查固定资产的分类是否正确并与总账数和明细账合计数核对相符，结合累计折旧、减值准备科目与报表数核对相符。

2. 根据具体情况，对固定资产实施实质性分析程序。

3. 实地检查重要固定资产（如为首次接受审计，应适当扩大检查范围），确定其是否存在，关注是否存在已报废但仍挂账的固定资产。

4. 检查固定资产的所有权。

5. 检查本期固定资产的增加。

6. 检查本期固定资产的减少。

7. 检查固定资产后续支出的核算是否符合规定。

8. 获取暂时闲置固定资产的相关证明文件，并观察其实际状况，检查是否已按规定计提折旧，相关的会计处理是否正确。

9. 获取持有待售固定资产的相关证明文件，并作相应记录，检查对其预计净残值调整是否正确、会计处理是否正确。

10. 检查年度终了被审计单位对固定资产的使用寿命、预计净残值和折旧方法的复核结果是否合理，若不合理，则应提请被审计单位作必要调整。

11. 对应计入固定资产的借款费用，应根据企业会计准则的规定，结合长短期借款、应付债券或长期应付款的审计，检查借款费用（借款利息、折溢价摊销、汇兑差额、辅助费用）资本化的计算方法和资本化金额，以及会计处理是否正确。

（二）固定资产——累计折旧的实质性程序

1. 检查被审计单位制定的折旧政策和方法是否符合相关会计准则的规定，确定其所采用的折旧方法能否在固定资产预计使用寿命内合理分摊其成本，前后期是否一致，预计使用寿命和预计净残值是否合理。

2. 根据实际情况对累计折旧执行实质性分析程序。

3. 复核本期折旧费用的计提和分配。

（三）固定资产——固定资产减值准备的实质性程序

1. 获取或编制固定资产减值准备明细表，复核加计正确，并与报表数、总账数和明细账合计数核对是否相符；

2. 检查固定资产减值准备的计提和核销的批准程序；

3. 运用分析性复核的方法，分析本期期末固定资产减值准备数额占期末固定资产原价的比率，并与期初数比较；

4. 检查实际发生固定资产损失时，相应的固定资产减值准备的转销是否符合有关规定，会计处理是否正确；

5. 检查已计提减值准备的固定资产价值是否有转回情况。

6. 确定固定资产减值准备的披露是否恰当。

三、实习流程

1. 获取或编制固定资产增减变动分类汇总表，与总账数、报表数和明细账合计数核对是否相符。
2. 检查本期增加的固定资产；
3. 检查本年度减少的固定资产；
4. 检查固定资产保险、租赁、抵押、担保情况；
5. 检查资本性支出与收益性支出的划分是否恰当；
6. 验明固定资产的披露是否恰当。

四、实习成果与评价

固定资产审计的相关审计工作底稿。具体根据实习完成情况评价考核。

五、案例分析

中诚会计师事务所注册会计师李全、刘荣对兴华公司固定资产进行实质性测试时，编制了审计工作底稿，如表29-7～29-11所示。

表29-7　　　　中诚会计师事务所固定资产、累计折旧审计程序表

客户：兴华公司		签名	日期		
审计项目：固定资产及累计折旧具体审计计划	编制人	李全	2007.1.15	索引号	A8-1
会计期间：2006/12/31	复核人	刘荣	2007.1.15	页次	1
一、审计目标： ①确定固定资产是否存在；②确定固定资产是否归被审计单位所有；③确定固定资产增减变动的记录是否完整；④确定固定资产的计价是否恰当；⑤确定固定资产的余额是否正确；⑥确定固定资产的披露是否恰当。					
二、审计程序：					
序号	内　　容		执行情况说明		索引号
1	获取或编制固定资产增减变动分类汇总表，复核加计正确并与总账数、报表数和明细账合计数核对是否相符。		执行		
2	了解有关固定资产的请购、核算、批准、报废处置等增减及日常管理方面的内控情况，必要时实施符合性测试。		执行		
3	实地抽查重要的、新增的固定资产（如为初次审计，应作全面盘点），确定其是否实际存在。		执行		

第二十九章 采购与付款循环审计

第四篇 注册会计师审计实习

续表

序号	内　　容	执行情况说明	索引号
4	查验有关所有权证明文件，确定固定资产是否归被审计单位所有。	执行	
5	检查本期增加的固定资产。	执行	
5-1	抽查新购入固定资产的购货合同、发票、保险单、运单等文件，测试其入账价是否正确，授权批准手续是否齐备，会计处理是否正确。	执行	
5-2	检查在建工程转入固定资产的竣工决算报告、移交验收报告，与在建工程相关记录核对相符。	执行	
5-3	检查投资投入固定资产入账价值是否与投资合同规定作价一致，需经评估确认的，应检查是否已取得国有资产管理部门确认；固定资产交接手续是否齐全。	不适用	
5-4	查明更新改造而增加的固定资产是否确实提高了固定资产的效用或延长了使用寿命，增加的原值是否真实，重新确定的剩余折旧年限是否恰当。	不适用	
5-5	通过债务重组、非货币交易增加的固定资产，查验有关协议、产权过户手续是否完备，入账价值是否正确，并形成专门底稿。	执行	
5-6	融资租入固定资产的会计处理是否正确，入账价值是否正确。	不适用	
6	检查本年度减少的固定资产是否经授权批准，是否正确及时进行账务处理。	执行	
7	复核固定资产保险范围、数额是否足够。	不适用	
8	获取租入（含融资租入）、租出固定资产相关的证明文件，并检查其计价及账务处理是否正确。	不适用	
9	结合银行借款的检查，了解固定资产是否存在抵押、担保情况，如有应取证并提请作必要披露。	执行	
10	检查有无关联方之间固定资产购售活动，是否经授权，价格是否公允。	执行	
11	检查资本性支出与收益性支出的划分是否恰当。	不适用	
12	检查固定资产购置时是否存在与资本性支出有关的财务承诺。	不适用	
13	验明固定资产的披露是否恰当。	执行	

表29-8　　　　　　　　中诚会计师事务所固定资产、累计折旧审定表

客户：兴华公司			签名	日期		
审计项目：固定资产及累计折旧		编制人	李全	2007.1.15	索引号	A8-2
会计期间：2006/12/31		复核人	刘荣	2007.1.15	页次	1

一、固定资产原价

大类	期初数	本期增加数	本期减少数	期末未审数	调整数	审定数
房屋建筑物	5 450 000	1 600 000	2 000 000	5 050 000		5 050 000
机器设备	12 072 676.86		878 028.86	11 194 648		11 194 648
运输设备	87 020 746		245 444.30	624 763.16		624 763.16
办公设备	170 420	33 349		203 769		203 769
小计	18 563 304.32	1 633 349	3 123 473.16	17 073 180.16		17 073 180.16

二、累计折旧

大类	期初数	本期增加数	本期减少数	期末未审数	调整数	审定数
房屋建筑物	876 770.83	296 875	562 083.33	611 562.50		611 562.50
机器设备	4 245 111.27	1 082 114.68	568 837.49	4 758 388.46		4 758 388.46
运输设备	517 084.00	82 394.38	240 780.69	358 697.69		358 697.69
办公设备	129 218.72	9 789.57		139 008.29		139 008.29
小计	5 768 184.82	1 471 173.63	1 371 701.51	5 867 656.94		5 867 656.94

三、审计调整及说明：

四、审计结论：
　　本科目经审计后无调整事项，可以确认。

表29-9　　　　　　　　中诚会计师事务所固定资产增加情况测试表

客户：兴华公司				签名	日期		
审计项目：固定资产			编制人	李全	2007.1.15	索引号	A8-3
会计期间：2006/12/31			复核人	刘荣	2007.1.15	页次	1

日期	凭证号	固定资产类别	固定资产名称	增加情况 数量	原价	测试情况 1	2	3	4	5	6
4/30	128	机器设备	缝纫机	1	3 517 409.45	√	√	√	√		
5/20	80	机器设备	缝纫机	1	11 529 417.80	√	√	√	√		
7/15	70	运输设备	叉车	2	633 829.09	√	√	√	√		

测试内容：
　1. 新增固定资产的计价正确；
　2. 新增固定资产原是凭证手续齐备；
　3. 新增固定资产计提折旧方法正确；
　4. 新增固定资产归企业所有；
　5. 新增固定资产的会计处理正确；
　6. 新增固定资产划清资本性支出与收益性支出界限。

审计说明及审计意见：
　固定资产增加情况属实。

表29-10

中诚会计师事务所固定资产减少情况测试表

客户：兴华公司								索引号	A8-4
审计项目：固定资产								页次	1
会计期间：2006/12/31									
	编制人		签名	李全		日期	2007.1.15		
	复核人			刘荣			2007.1.15		
	固定资产名称	固定资产类别	增加情况		测试情况				
凭证号			数量	原价	1	2	3	4	5	6
日期									
5/30	12	内丝机	机器设备	1	31 517 409.45	√	√	√	√	
6/20	8	内丝机	机器设备	1	21 529 417.80	√	√	√	√	
8/15	7	轿车	运输设备	1	333 829.09	√	√	√	√	

测试内容：
1. 减少的固定资产归企业所有；
2. 减少的固定资产结转的金额正确；
3. 减少的固定资产经授权批准；
4. 减少的固定资产的会计处理正确。

审计说明及审计意见：
固定资产减少情况属实。

表 29 – 11

中诚会计师事务所固定资产折旧验算表

客户：兴华公司

审计项目：固定资产折旧验算表　　　　　签名　　　　日期　　　　索引号　A8 – 5

会计期间：2006/12/31　　　　编制人　李全　　2007.1.15　　页次　1

复核人　刘荣　　2007.1.15

固定资产类别	折旧方法	年折旧率	固定资产期初余额	本期增加	本期减少	固定资产期末余额	应提折旧平均余额	应提折旧	本期已提折旧	差异
房屋	直线	5%	244 246 113.47	19 179 963.92	17 338 373.89	246 087 703.50	236 244 195.36	4 812 209.77	4 812 209.77	—
机动车辆	直线	10%	2 753 282.44	1 592 075.49	1 902 668.90	2 442 691.03	2 344 983.39	234 498.34	234 498.34	—
其他	直线	10%	15 682 045.45		15 682 045.45	—				

审计结论：经计算，本期折旧费计算正确。

六、理论思考

1. 固定资产在购置、损毁、处置、盘盈、盘亏等处理过程中存在哪些控制环节？这些环节的授权控制是如何保证固定资产置于有效的管理控制之下的？
2. 在累计折旧中出现的会计估计差错应如何调整？
3. 审计师在进行企业固定资产减值准备的实质性测试时应从哪些方面判断减值准备的真实性？
4. 企业是如何通过提取固定资产减值准备来调节企业利润的？

第四节 其他相关项目的审计

一、实习内容

对在建工程、无形资产、开发支出、长期应付款、商誉、应付票据、管理费用等账户进行审计，确认它们的相关认定。

二、相关知识提示

（一）在建工程审计

在建工程审计可供选择的实质性程序有：检查在建工程项目期末余额的构成内容，并实地观察工程现场；检查本期在建工程的增加数；检查本期在建工程的减少数；检查利息资本化是否正确；实施在建工程实地检查程序；检查在建工程减值准备；检查在建工程是否已按照企业会计准则的规定在财务报表中做出恰当列报。

（二）无形资产审计

无形资产审计可供选择的实质性程序有：获取或编制对无形资产明细表，复核加计是否正确；检查无形资产的权属证书原件、非专利技术的持有和保密状况等；检查无形资产的增加；检查无形资产的减少；检查被审计单位确定无形资产使用寿命的依据，分析其合理性；检查无形资产的后续支出是否合理，会计处理是否正确；检查无形资产预计是否能为被审计单位带来经济利益；结合长短期借款等项目的审计，了解是否存在用于债务担保的无形资产；检查无形资产的摊销；检查无形资产减值准备；检查无形资产是否已按照企业会计准则的规定在财务报表中做出恰当列报。

（三）开发支出审计

开发支出审计可供选择的实质性程序有：获取或编制研发支出明细表，复核加计是否正确；检查研发支出的增加；检查研发支出的减少；对研发支出实施截止测试；检查开发支出是否已按照企业会计准则的规定在财务报表中做出恰当列报。

（四）长期应付款审计

长期应付款审计可供选择的实质性程序有：获取或编制长期应付款明细表；检查应付融资租入固定资产的租赁费；检查以分期付款方式购入固定资产等发生的应付款项；检查未确认融资费用；结合固定资产的审计，检查有无未入账的长期应付款；函证重大的长期应付款明细账户；检查各项长期应付款本息的计算是否正确，会计处理是否正确；检查长期应付款是否已按照企业会计准则的规定在财务报表中做出恰当列报。

（五）管理费用审计

管理费用审计可供选择的实质性程序有：获取或编制管理费用明细表，复核加计是否正确；对管理费用进行分析；检查管理费用的明细项目的设置是否符合规定的核算内容和范围，结合成本费用的审计，检查是否存在费用分类错误；检查各项费用的支出是否合理；选择重要或异常的管理费用，检查费用的开支标准是否符合有关规定，计算是否正确，原始凭证是否合法，会计处理是否正确；实施截止性测试；检查管理费用是否已按照企业会计准则的规定在财务报表中做出恰当列报。

三、实习流程

1. 对在建工程、无形资产、开发支出、长期应付款、商誉、应付票据、管理费用等账户进行审计，根据被审计单位实际情况选择要执行的实质性测试程序；

2. 执行实质性测试程序，编制相应的审计工作底稿。

四、实习成果与评价

在建工程、无形资产、开发支出、长期应付款、商誉、应付票据等账户的相关审计工作底稿。具体根据实习完成情况评价考核。

五、案例分析

兴华公司长期应付款等项目审计

中诚会计师事务所注册会计师李全、刘荣对兴华公司长期应付款等项目进行实质性测试时，编制了审计工作底稿（部分），如表 29 – 12、表 29 – 13 所示。

表 29 – 12　　　　　　　　中诚会计师事务所长期应付款审定表

客户：兴华公司		签名		日期			
审计项目：长期应付款		编制人	李全	2007.1.15		索引号	R10 – 1
会计期间：2006/12/31		复核人	刘荣	2007.1.15		页次	1
项　目	账表数				审定数		
	年初余额	本年增加	本年减少	年末余额	年初余额	本年增加	本年减少	年末余额
中发公司	9 000 000			9 000 000	9 000 000			9 000 000

审计说明：

审计结论：
　　本科目经审计后无调整事项，余额可以确认。

表 29 – 13　　　　　　　　中诚会计师事务所应付票据审定表

客户：兴华公司		签名		日期			
审计项目：长期应付款		编制人	李全	2007.1.15		索引号	R7 – 1
会计期间：2006/12/31		复核人	刘荣	2007.1.15		页次	1
项　目	未审数	调整数	审定数
报表数	3 750 000		3 750 000
总账数	3 750 000		3 750 000
明细账：银行承兑汇票	2 250 000		2 250 000
商业承兑汇票	1 500 000		1 500 000

审计说明：
　　明细账、总账、报表数一致。

审计结论：
　　本科目经审计后无调整事项，余额可以确认。

六、理论思考

1. 应付票据的函证对象？
2. 在建工程的审计与固定资产的审计的区别。
3. 开发支出的内容有哪些？

第三十章 生产与仓储循环审计

第一节 生产与仓储/工薪与人事循环的控制测试

一、实习内容

了解生产与仓储循环所涉及的主要经济业务活动及凭证和记录，熟悉存货监盘程序及有关成本会计制度等内容，对生产与仓储循环中的内部控制进行测试。

二、相关知识提示

（一）生产与仓储循环业务流程

生产与仓储循环业务流程如图 30-1 所示。

准备生产订单 → 原材料申请 → 原材料由仓库发出 → 原材料转移到产成品 → 完成生产报告 → 产成品转为库存商品 → 记录生产 → 更新存货记录

图 30-1 生产与仓储循环业务流程

（二）生产与仓储循环主要活动

生产与仓储循环的主要活动包括：(1) 计划和安排生产；(2) 发出原材料；(3) 生产产品；(4) 核算产品成本；(5) 储存产成品；(6) 发出产成品。

（三）生产与仓储循环内部控制测试

1. 测试对象：成本会计制度的测试包括直接材料成本测试、直接人工成本测试、制造费用测试和生产成本在当期完工产品与在产品之间分配的测试；工薪内部控制的测试。

2. 控制测试内容：成本会计制度的测试包括授权审批控制、交易完整性控制、费用归集控制、存货盘点等；工薪内部控制测试包括授权审批控制、记录完整控制、费用归集与分配处理控制等。

3. 控制测试的方法：核对法、盘点法、观察法等。

（四）工薪与人事循环关键控制点及其控制措施

工薪与人事循环包括组织和协调劳动力资源的一系列业务，该循环包括招聘、雇用、劳动安排、培训、薪酬处理和员工绩效评价等业务。工薪与人事循环关键控制点及其控制措施有：

1. 人力资源、考勤和工薪支付的职责相分离；
2. 雇用、辞退员工或调整员工的职位时，应经人力资源部门恰当的授权和批准；
3. 工时卡应由主管人员审核，并与缺勤报告相核对；
4. 工薪支票应预先编号并及时记账，应有人员独立地对工薪银行账户余额进行调节；
5. 复核工薪率与工时卡，并独立地重新计算工薪总额、工薪净额以及总的支付金额；
6. 核对工薪支票上的日期与工薪登记簿上的记录日期。

三、实习流程

1. 询问被审计单位的人员，了解被审计单位生产与仓储循环和工薪与人事循环的主要控制制度是否被执行；
2. 观察生产与仓储循环和工薪与人事循环的关键控制点及特定控制点的控制实践；
3. 检查关键控制点生成的有关文件和记录；
4. 必要时通过重新执行来证实控制执行的有效性；
5. 通过追踪交易在财务报告信息系统中的处理过程，以提取对关键控制点控制有效支持的审计证据；
6. 评估控制是否可信赖。

四、实习成果与评价

生产与仓储循环和工薪与人事循环控制测试的相关审计工作底稿。具体根据实习完成情况评价考核。

五、案例分析

兴华公司生产与仓储循环内部控制测试

中诚会计师事务所接受委托对兴华公司 2006 年年报进行审计。刘婷、杨平负责对生产与仓储循环的内部控制进行了解和测试。两位注册会计师采用抽样技术、审阅法、核对法、观察法、追踪法等对被审计单位的生产与仓储循环中的主要内部控制进行控制测试以后,编制审计工作底稿如表30-1所示。

表30-1　　　中诚会计师事务所生产与仓储循环循环控制测试表

被审计单位：兴华公司		索引号：	
项目：采购与付款循环控制测试		财务报表截止日/期间：2006/1/1-2006/12/31	
编制：刘婷		复核：杨平	
日期：2007/1/15		日期：2007/1/15	
程序号	测试情况记录		索引号
1	生产循环相关的内部控制符合性测试： (1) 10万元以上存货采购均签订购货合同,由审批制度。 (2) 存货入库严格履行验收手续,对品名、规格、型号、数量、质量和价格等做到逐项核对,并及时入账。 (3) 存货发出手续按规定办理,及时登记仓库数量账,每月末同财务部核对存货明细账。 (4) 存货采购、验收、保管、运输、付款等职责严格分离。 (5) 存货的分拣、堆放、仓储条件等良好。 (6) 每月进行存货盘点,月末进行,发生盘盈、盘亏、毁损、报废均及时按规定审批处理。		略
2	产品销售成本结转方法采用加权平均法,前后各期一致。		略
测试结论：该循环测试相符率高,可适当简化实质性测试审计程序。			

(资料来源：刘静：《审计学》,吉林人民出版社2000年版)

六、理论思考

1. 生产与仓储循环控制测试的内容有哪些？
2. 生产与仓储循环所涉及的业务活动有哪些？
3. 存货的控制测试结果为高度可信赖,是否意味着存货不需要进行盘点？
4. 存货控制测试中涉及存货的保管条件,它在存货真实性目标中应占据什么地位？

第二节　存货的审计

一、实习内容

对存货进行审计,确定存货是否存在,并归被审计单位所有；审计存货增减变动的记录是否完整；确定存货的计价方法是否恰当；审查存货的品质状况以及存货跌价准备计提是否合理；确定存货期末余额是否正确；审查存货的披露是否恰当。

二、相关知识提示

（一）存货监盘

1. 存货监盘的定义。《中国注册会计师审计准则第 1311 号——存货监盘》规定，存货监盘是指注册会计师现场观察被审计单位存货的盘点，并对已盘点存货进行适当检查。

2. 存货监盘计划。

（1）制定存货监盘计划的基本要求。注册会计师应当根据被审计单位存货的特点、盘存制度和存货内部控制的有效性等情况，在评价被审计单位存货盘点计划的基础上，编制存货监盘计划，对存货监盘做出合理安排。

（2）制定存货监盘计划应实施的工作。在编制存货监盘计划时，注册会计师应当实施下列审计程序。①了解存货的内容、性质、各存货项目的重要程度及存放场所。②了解与存货相关的内部控制。③评估与存货相关的重大错报风险和重要性。④查阅以前年度的存货监盘工作底稿。⑤考虑实地查看存货的存放场所，特别是金额较大或性质特殊的存货。⑥考虑是否需要利用专家的工作或其他注册会计师的工作。⑦复核或与管理层讨论其存货盘点计划。

（3）存货监盘计划的主要内容。存货监盘计划应当包括以下主要内容：存货监盘的目标、范围及时间安排；存货监盘和要点及关注事项；参加存货监盘人员的分工；检查存货的范围。

3. 存货监盘程序。

（1）观察程序。

（2）检查程序。

（3）需要特别关注的情况：①存货移动情况。注册会计师应当特别关注存货的移动情况，防止遗漏或重复盘点。②存货的状况。注册会计师应当特别关注存货的状况，观察被审计单位是否已经恰当区分所有毁损、陈旧、过时及残次的存货。③存货的截止。注册会计师应当获取盘点日前后存货收发及移动的凭证，检查库存记录与会计记录期末截止是否正确。

（4）对特殊类型存货的监盘。对某些特殊类型的存货而言，被审计单位通常使用的盘点方法和控制程序并不完全适用。这些存货通常或者没有标签，或者其数量难以估计，或者其质量难以确定，或者盘点人员无法对其移动实施控制。在这些情况下，注册会计师需要运用职业判断，根据存货的实际情况，设计恰当的审计程序，对存货的数量和状况获取审计证据。

(5) 存货监盘结束时的工作。在被审计单位存货盘点结束前，注册会计师应当：①再次观察盘点现场，以确定所有应纳入盘点范围的存货是否均已盘点。②取得并检查已填用、作废及未使用盘点表单的号码记录，确定其是否连续编号，查明已发放的表单是否均已收回，并与存货盘点的汇总记录进行核对。

（二）存货计价测试

存货成本审计主要包括直接材料成本的审计、直接人工成本的审计、制造费用的审计等内容。

(1) 直接材料成本的审计要点。抽查产品成本计算单，检查直接材料成本的计算是否正确；检查直接材料耗用数量的真实性；分析比较同一产品前后各年度的直接材料成本；抽查材料发出及领用的原始凭证；对采用定额成本或标准成本的企业，应检查直接材料成本差异的计算、分配与会计处理是否正确。

(2) 直接人工成本的审计要点。抽查产品成本计算单，检查直接人工成本的计算是否正确；检查直接人工耗用数量的真实性；分析比较同一产品前后各年度的直接人工成本；结合应付工资的检查，抽查人工费用会计记录及会计处理是否正确；对采用定额成本或标准成本的企业，应检查直接材料成本差异的计算、分配与会计处理是否正确。

(3) 制造费用的审计要点。获取或编制制造费用汇总表，并与明细账、总账核对相符，抽查制造费用中的重大数额项目及例外项目是否合理；审阅制造费用明细账，检查其核算内容及范围是否正确；必要时，对制造费用实施截止测试；检查制造费用的分配是否合理；对于采用标准成本法的企业，应抽查标准制造费用的确定是否合理。

三、实习流程

1. 核对存货项目明细账与总账余额是否相符；
2. 对存货进行监盘；
3. 实施分析性程序；
4. 获取存货盘点盈亏调整和损失处理记录，检查重大存货盘亏和损失的原因有无充分的解释，重大存货盘亏和损失的会计处理是否经授权审批；
5. 对存货实施截止测试；
6. 抽查存货的原始凭证；
7. 抽查产成品账；
8. 了解存货的保险情况和存货防护措施的完善程度；
9. 验明存货是否已在资产负债表上恰当披露。

四、实习成果与评价

存货审计的相关审计工作底稿。具体根据实习完成情况评价考核。

五、案例分析

兴华公司存货审计

中诚会计师事务所注册会计师王一、张三对兴华公司存货进行实质性测试时,编制了审计工作底稿,如表30-2~表30-6所示。

表30-2　　　　　　　　中诚会计师事务所存货审计程序表

客户：兴华公司		签名	日期		
审计项目：存货	编制人	王一	2007.1.15	索引号	A5-1
会计期间：2006/12/31	复核人	张三	2007.1.15	页次	1
一、审计目标： ①确定存货是否存在；②确定存货是否归被审计单位所有；③确定存货增减变动的记录是否完整；④确定存货的品质状况,存货跌价的计提是否合理；⑤确定存货的计价方法是否恰当；⑥确定存货年末余额是否正确；⑦确定存货在会计报表上的披露是否恰当。					
二、审计程序：					
序号	内　　容			执行情况说明		索引号
1	核对存货项目明细账与总账余额是否相符。			相符		略
2	检查资产负债表日存货的实际存在。			不适用		
3	如未参与年末盘点,应在审计外勤工作时对存货进行抽查。			已获取		
4	在监盘或抽查被审计单位存货时,要检查有无代他人保存和来料加工的存货,有无未做账务处理而置于（或寄存）他处的存货,这些存货是否正确列示于存货盘点表中。			列示正确		
5	在监盘或抽查被审计单位存货时,要注意观察存货的品质状况,要征询技术人员、财务人员、仓库管理人员的意见,了解或确定存货属于残次、毁损、滞销积压的存货及其对当年损益的影响。			已了解		
6	获取存货盘点盈亏调整和损失处理记录,检查重大存货盘亏和损失的原因有无充分的解释,重大存货盘亏和损失的会计处理是否经授权审批。			无重大盘亏、盘盈		
7	检查被审计单位存货跌价损失准备计提和结转的依据、方法、会计处理是否正确,是否已授权审批,前后期是否一致。			不适用		
8	查阅资产负债表日前后若干天的存货增减变动的有关账簿记录和原始凭证,检查有无存货跨期现象。			无跨期现象		
9	抽查年末结存量较大的存货计价是否正确。			计价正确		

续表

序号	内 容	执行情况说明	索引号
10	抽查存货发出的原始凭证是否齐全,内容是否完整,计价是否正确。	计价正确	
11	抽查大额的采购业务,核实采购成本是否正确。	正确	
12	抽查委托加工材料发出和收回的合同、凭证,核对其计费是否正确,有无长期未收回的委托加工材料,必要时对委托加工材料的实际存在进行函证。	不适用	
13	抽查大额分期收款发出商品的原始凭证及相关协议、合同,看其是否按约定时间收回货款,如有逾期或其他异常事项,需审计单位做出合理解释,必要时进行函证。	不适用	
14	低值易耗品与固定资产的划分是否合理,其摊销方法和摊销额是否正确。	正确	
15	抽查产成品账,核对入库品种、数量和实际成本与生产成本结转数额是否相符,核对发出品种,数量和实际成本与产品销售结转成本是否相符。	相符	
16	了解存货的保险情况和存货防护措施的完善程度。	完善	
17	验明存货是否已在资产负债表上恰当披露。	已披露	

表30-3　　　　　　　　　中诚会计师事务所存货审定表

客户:兴华公司		签名	日期		
审计项目:存货	编制人	王一	2007.1.15	索引号	A5-2
会计期间:2006/12/31	复核人	张三	2007.1.15	页次	1
项目	未审数		调整数	审定数	
原材料	24 579 010.89			24 579 010.89	
产成品	2 538 346 888.90			2 538 346 888.90	
……					
合计					
审计说明及调整分录: 　　存货采用实际成本计价。					
审计结论: 　　本科目经审计后无调整事项,余额可以确认。					

第三十章 生产与仓储循环审计

表 30-4　中诚会计师事务所存货盘点汇总表

客户：兴华公司			签名	日期		
审计项目：存货		编制人	王一	2007.1.15	索引号	A5-3
会计期间：2006/12/31		复核人	张三	2007.1.15	页次	1
存货名称和规格	仓库账面数	实际盘存数	盘盈	盘亏	差异原因分析	
主料 ZB	86 700	86 700				
主料 ZD	1 500	1 500				
产品 PA	946 467	577 107		369 360	盘点日收入 181 440 只，发出 550 800 只	
产品 PC	424 696	424 696				
……						

表 30-5　中诚会计师事务所存货监盘或抽查表

客户：兴华公司			签名	日期			
审计项目：存货抽查表		编制人		王一	2007.1.15	索引号	A5-4
会计期间：2006/12/31		复核人		张三	2007.1.15	页次	1
存货名称和规格	盘点前财务账面余额		盘点日		差异	品质状况	
	数量	金额	数量	金额			
主料 ZB	803 吨	5 067.08	803 吨	5 067.08	—	正常	
主料 ZD	295 吨	2 398.08	295 吨	2 398.08	—	正常	
……							

表 30-6　中诚会计师事务所存货计价测试表

客户：兴华公司			签名	日期		
审计项目：存货抽查表		编制人	王一	2007.1.15	索引号	A5-5
会计期间：2006/12/31		复核人	张三	2007.1.15	页次	1
存货编号	存货名称	账面存货记录		进货发票内容		
		数量	单价	日期	发票号	数量	单价
W-11	主料 ZB	500	800	2006/5/4	×××	500	800
W-12	主料 ZD	200	300	2006/8/25	×××	200	300
……							

六、理论思考

1. 存货监盘一定要在报表审计中实施吗？有无其他较恰当的替代程序？
2. 在存货盘点过程中，关于存货的所有权问题如何解决？怎样才能证实存货归被审计单位所有？

3. 为什么存货审计十分重要？

4. 简述存货监盘的性质、目标和流程。

5. 如果由于存货性质或位置等原因造成审计师无法实施存货监盘，可实施的替代审计程序主要包括哪些方面？

第三节 应付职工薪酬的审计

一、实习内容

对应付职工薪酬账户进行审计；确定资产负债表中记录的应付职工薪酬是否存在；所有应当记录的应付职工薪酬是否均已记录；记录的应付职工薪酬是否被审计单位应当履行的现时义务；应付职工薪酬以恰当的金额包括在财务报表中，与之相关的计价调整已恰当记录；应付职工薪酬已按照企业会计准则的规定在财务报表中做出恰当列报。

二、相关知识提示

（一）应付职工薪酬的实质性程序

1. 对本期职工薪酬执行实质性分析程序：

（1）检查各月职工薪酬的发生额是否存在异常波动，若有，应查明波动原因并做出记录；

（2）将本期职工薪酬总额与上期进行比较，要求被审计单位解释大幅增减变动的原因，并取得被审计单位管理层关于职工薪酬标准的决议；

（3）了解被审计单位本期平均职工人数，计算人均薪酬水平，与上期或同行业水平进行比较。

2. 检查本项目的核算内容是否包括工资、职工福利、社会保险费、住房公积金、工会经费、职工教育经费、解除职工劳动关系补偿、股份支付等明细项目。外商投资企业按规定从净利润中提取的职工奖励及福利基金，也应在本项目核算。

3. 检查应付职工薪酬的计量和确认。

三、实习流程

1. 执行实质性分析程序；

2. 检查应付职工薪酬明细账；

3. 检查应付职工薪酬的计量和确认;
4. 检查应付职工薪酬的披露情况。

四、实习成果与评价

应付职工薪酬审计的相关审计工作底稿。具体根据实习完成情况评价考核。

五、案例分析

兴华公司应付职工薪酬审计

中诚会计师事务所注册会计师王一、张三负责对兴华公司应付职工薪酬进行实质性测试时,编制了审计工作底稿,如表30-7所示。

表30-7　　　　中诚会计师事务所应付工资审定表

客户:兴华公司		签名	日期		
审计项目:应付工资	编制人	王一	2007.1.15	索引号	C2-1
会计期间:2006/12/31	复核人	张三	2007.1.15	页次	1

月份	应付工资总额(元)		一、全年应付工资贷方发生数计入:
	支用数	提取数	1. 直接人工:4 100 000.00元
年初余额	—	—	2. 制造费用:2 170 000.00元
1月	785 000	785 000	3. 营业费用:2 600 000.00元
2月	785 200	785 200	4. 管理费用:5 010 000.00元
3月	785 500	785 500	5. 在建工程:120 000.00元
4月	785 600	785 600	合计　14 000 000.00元
5月	787 000	787 000	二、全年应付工资贷方发生数13 000 000.00元,计入成本、费用有关账户金额14 000 000.00元,核对不相符,相差1 000 000.00元。
6月	1 571 400	1 571 400	三、应付工资借方发生额小于贷方发生额,原因见F6-3-1。计税工资额1 300万元(见有关部门批准认定书复印件　索)
7月	786 500	786 500	四、本年度计算应付福利费等的工资总额基数:1 300万元。
8月	786 000	786 000	五、应付福利费:
9月	785 800	785 800	年初余额　80 000.00元
10月	785 600	785 600	本年应计提　1 820 000.00元
11月	785 700	785 700	本年支用　2 100 000.00元
12月	1 570 700	3 570 700	年末余额　-200 000.00元
累计	11 000 000∧(G)	13 000 000∧(G)	审计标识: G:与总账核对相符 T/B:与试算平衡表未审数核对相符
年末余额	—	2 000 000(T/B)	

续表

审计说明及调整事项:	
1. 获取或编制应付工资明细表，复核加计正确与总账数、报表数和明细账合计数核对相符。 2. 本科目未审数为 2 000 000.00 元，审计调减 200 000.00 元，审定余额为 1 800 000.00 元。调整事项说明如下：经查验，公司在 2006 年初发放 2005 年 12 月计提的新进人员工资及年终奖金，将未支付的 200 000.00 元转入其他应付款挂账。 多计提的工资应冲转管理费用。 　　借：管理费用　　　　　　　　　　　　　　　－200 000.00 　　　贷：应付工资　　　　　　　　　　　　　　－200 000.00	
审计结论： 本科目经调整后的余额可以确认。	

六、理论思考

审计师对应付职工薪酬进行审计时，以下事项的会计处理哪些是可以认可的？哪些是不可以认可的？为什么？

（1）被审计单位以其自产产品或外购商品作为非货币性福利发放给职工的，应根据受益对象，将该产品或商品的公允价值，计入相关的资产成本或当期损益，同时确认应付职工薪酬。

（2）被审计单位将其拥有的房屋等资产无偿提供给职工使用的，应当根据受益对象，将该住房每期应计提的折旧计入相关资产成本或当期损益，同时确认应付职工薪酬。

（3）被审计单位租赁住房等资产供职工无偿使用的，应当根据受益对象，将每期应付的租金计入相关资产成本或当期损益，同时确认应付职工薪酬。

（4）医疗保险费、养老保险费、失业保险费、工伤保险费、生育保险费、住房公积金、工会经费以及职工教育经费等均据实列支。

第四节　主营业务成本的审计

一、实习内容

对主营业务成本账户进行审计；确定利润表中记录的主营业务成本已发生，且与被审计单位有关；所有应当记录的主营业务成本均已记录；与主营业务成本有关的金额及其他数据已恰当记录；主营业务成本已记录于正确的会计期间；主营业务成本已记录于恰当的账户；主营业务成本已按照企业会计准则的规定在财务报表中做出恰当列报。

二、相关知识提示

（一）主营业务成本的实质性审计程序

1. 复核主营业务成本汇总明细表的正确性，与库存商品等科目的勾稽关系，并编制生产成本与主营业务成本倒轧表。

2. 对主营业务成本执行实质性分析程序，检查本期内各月间及前期同一产品的单位成本是否存在的异常波动，是否存在调节成本的现象。

3. 抽取若干份的主营业务成本结转明细清单，结合生产成本的审计，检查销售成本结转数额的正确性，比较计入主营业务成本的商品品种、规格、数量与计入主营业务收入的口径是否一致，是否符合配比原则。

4. 确定主营业务成本在利润表中是否已恰当披露。

三、实习流程

1. 复核主营业务成本汇总明细表的正确性；
2. 执行实质性分析程序；
3. 抽查若干份的主营业务成本结转明细清单；
4. 确定主营业务成本在利润表中是否已恰当披露。

四、实习成果与评价

主营业务成本审计的相关审计工作底稿。具体根据实习完成情况评价考核。

五、案例分析

兴华公司主营业务成本审计

中诚会计师事务所注册会计师王一、张三负责对兴华公司主营业务成本进行实质性测试时，编制了审计工作底稿，如表30-8～表30-10所示。

表30-8　　　　中诚会计师事务所主营业务成本审计程序表

客户：兴华公司		签名	日期		
审计项目：主营业务成本	编制人	王一	2007.1.15	索引号	I2-1
会计期间：2006/1/1～2006/12/31	复核人	张三	2007.1.15	页次	1
一、审计目标 ①主营业务成本的记录是否完整；②主营业务成本的计算是否正确；③主营业务成本与主营业务收入是否配比；④主营业务收入在会计报表上的披露是否恰当。					

续表

二、审计程序	执行情况说明	索引号
（一）直接材料 1. 抽查产品成本计算单，检查直接材料成本的计算是否正确，材料费用的分配标准与计算方法是否合理和恰当，是否相符；是否与材料费用汇总表总表中该产品分摊的直接材料费相符。	已核对	略
2. 分析比较同一产品前后年度的直接材料成本，如有重大波动应查明原因。	已分析	
3. 抽查材料发出及领用的原始凭证，检查领料单的签发，是否经过授权批准，材料发出汇总表是否经过适当人员；材料单位成本计价方法是否适当，是否正确及时。	已核对	
4. 采用定额成本或标准成本的企业，应检查直接材料差异的计算、分配与会计处理是否正确。并查明直接材料的定额成本、标准成本在年度内有无重大变化。	已检查	
（二）直接人工成本 1. 抽查产品成本计算单，检查直接人工成本的计算是否正确，人工费用的分摊标准与计算方法是否合理和适当，是否与人工费用汇总表中该产品分摊的直接人工费用相符。	已检查	
2. 本年度直接人工成本与前期进行比较，查明其异常。	已检查	
3. 分析比较本年度各个月份的人工费用发生额，如有异常波动，应查明波动的原因；	已分析	
4. 结合应付工资的审计，抽查人工费用会计处理是否正确。	已检查	
5. 对采用标准成本的，应检查人工成本差异的计算、分配与会计处理是否正确，并查明直接人工的标准成本在本年度内有无重大变动。		
（三）制造费用 1. 获取或编制制造费用汇总表，并与明细账、总账核对相符，抽查制造费用中的重大数额项目及例外项目是否合理。	已检查	
2. 审阅制造费用的明细账，检查其核算内容及范围是否正确，并应注意是否存在异常会计事项，如有，则应追查至记账凭证及原始凭证。	已检查	
3. 必要时，对制造费用实施截止日测试，即检查资产负债表日后若干天的制造费用明细账及其凭证，确定有无跨期入账的情况。	已检查	
4. 对于采用标准成本法的，应抽查标准制造费用的确定是否合理，计算成本计算单的数额是否正确，制造费用差异的计算、分配与会计处理是否正确，并查明标准制造费用在本年度内有无重大变动。		
（四）主营业务成本 1. 获取或编制主营业务成本明细表，与明细账和总账核对相符。	已检查	
2. 编制生产成本及销售成本倒轧表，与总账核对相符。		
3. 分析比较本年度与上年度主营业务成本总额，以及本年度各月份的主营业务成本金额，如有重大波动和异常情况，应查明原因。	已分析	
4. 结合生产成本的审计，抽查销售成本结转数额的正确性，并检查其是否与销售收入配比。	已分析	
5. 检查主营业务成本账户中重大调整事项（如销售退回、委托代销商品）是否有其充分理由。	已检查	
（五）验明主营业务成本是否已在损益表上恰当披露。	已检查	

表30-9　　　　　　　中诚会计师事务所主营业务成本审定表

客户：兴华公司		签名	日期		
审计项目：主营业务成本	编制人	王一	2007.1.15	索引号	I2-2
会计期间：2006/1/1～2006/12/31	复核人	张三	2007.1.15	页次	1
项　目	未审数		调整数	审定数	
产品1	9 084 030.09			9 084 030.09	
产品2	8 392 722.48			8 392 722.48	
产品3	8 272 839.78			8 272 839.78	
……					
合计	102 937 738.89			102 937 738.89	
审计说明及调整分录：					
审计结论： 　　本科目经审计后无调整事项，发生额可以确认。					

表30-10　　　　　中诚会计师事务所生产成本与销售成本倒轧表

客户：兴华公司		签名	日期		
审计项目：生产成本与销售成本倒轧表	编制人	王一	2007.1.15	索引号	I2-3
会计期间：2006/1/1～2006/12/31	复核人	张三	2007.1.15	页次	1
项　目	未审数	调整数	审定数	上期数
期初存货				
加本期购货净额				
减期末存货				
直接材料成本				
加直接人工成本				
加制造费用				
产品生产成本				
加期初在产品				
减期末在产品				
产成品成本				
加期初产成品				
减期末在产品				
产品销售成本				
情况说明及审计说明： 　　本科目经审计后无调整事项，发生额可以确认。				

六、理论思考

1. 怎样对主营业务成本进行分析性程序？
2. 生产成本与主营业务成本倒轧表的作用是什么？

第三十一章 筹资与投资循环审计

第一节 筹资与投资循环控制测试

一、实习内容

了解筹资与投资循环主要业务活动及其涉及的主要凭证及记录,掌握筹资与投资循环的内部控制的关键控制及其控制措施,对筹资与投资循环进行控制测试。

二、相关知识提示

(一)筹资中的主要业务活动及其关键控制

1. 审批授权。
2. 签订合同和协议。
3. 取得资金。
4. 计算利息或股利。
5. 偿还本息或发放股利。

(二)投资中的主要业务活动及其关键控制

1. 审批授权。
2. 取得证券或其他投资。
3. 取得投资收益。
4. 转让证券或收回其他投资。
5. 记录和保管有价证券。

(三)筹资活动的内部控制和控制测试

以应付债券为例,注册会计师在了解企业应付债券内部控制后,应运用一定的方法进行内部控制以测试其健全、有效程度。控制测试方法通常包括如下内容:

1. 取得债券发行的法律性文件,检查债券发行是否经董事会授权、是否履行了适当的审批手续,是否符合法律的规定。

2. 检查企业发行债券的收入是否立即存入银行。

3. 取得债券契约,检查企业是否根据契约的规定支付利息。

4. 检查债券入账的会计处理是否正确。

5. 检查债券溢(折)价的会计处理是否正确。

6. 取得债券偿还和回购时的董事会决议,检查债券的偿还和回购是否按董事会的授权进行。

(四) 投资活动的内部控制和控制测试

投资的控制测试一般包括如下内容:

1. 进行抽查。注册会计师应抽查投资业务的会计记录。

2. 审阅内部盘核报告。注册会计师应审阅内部审计人员或其他授权人员对投资者进行定期盘核的报告。

3. 分析企业投资业务管理报告。

三、实习流程

1. 询问被审计单位,了解筹资循环的相关控制;

2. 观察筹资的关键控制点及特定控制点的控制实践;

3. 检查筹资的关键控制点生成的有关文件和记录;

4. 必要时通过重新执行来证实控制执行的有效性;

5. 根据以上程序的实施,评估控制是否可信赖。

四、实习成果与评价

筹资与投资循环控制测试的相关审计工作底稿。具体根据实习完成情况评价考核。

五、案例分析

兴华公司筹资与投资循环内部控制测试

中诚会计师事务所接受委托对兴华股份有限公司 2006 年年报进行审计。刘婷、杨平负责对筹资与投资循环的内部控制进行了解和测试。两位注册会计师采用抽样技术、审阅法、核对法、观察法、追踪法等对被审计单位的筹资与投资循环中的主要内部控制进行控制测试以后,编制了审计工作底稿,如表 31 - 1 所示。

表 31－1　　　　中诚会计师事务所筹资与投资循环控制测试表

被审计单位：兴华公司	索引号：
项目：筹资与投资循环控制测试	财务报表截止日/期间：2006/1/1～2006/12/31
编制：刘婷	复核：杨平
日期：2007/1/15	日期：2007/1/15

程序号	测试情况记录	索引号
1	检查筹资活动是否建立并严格执行内部控制： （1）取得债券发行的法律性文件，验明债券发行是经董事会授权，有审批手续。 （2）取得债券契约，查明企业是根据契约的规定支付利息的。 （3）抽查企业年内发行的债券收入凭证和银行对账单，企业将债券发行收入立即存入银行，在全入账的会计处理正确合规。 （4）抽查1～10月份账簿记录，企业债券溢（折）价的会计处理正确。	Il－3
2	投资活动内部控制设计及执行情况测试： （1）取得企业投资的授权批准文件和董事会会议记录，企业投资活动有可行性报告。 （2）抽查1～10月份各类投资业务中部分明细账记录，按从原始凭证到记账凭证再到明细账、总账的顺序核对，验证金额正确，记录完整、合规。 （3）审阅投资资产定期盘核报告，每半年盘点一次，由内审人员及授权人员盘点、记录，其结果与会计记录相同。 （4）从投资协议到可行性报告以及投资文件、投资协议、投资业务管理报告，可以看出，该企业最高管理层对投资进行了可行性研究和论证。投资业务已经执行，又有严格管理，负责投资业务的财务经理定期向企业最高管理当局报告有关投资业务情况，以便对投资决策的控制。	略
测试结论：该循环测试相符率高，可适当简化实质性测试审计程序。		

（资料来源：刘静：《审计学》，吉林人民出版社2000年版）

六、理论思考

1. 筹资循环的特征是什么？审计上应当如何应对？
2. 筹资循环的关键控制点有哪些？
3. 筹资控制测试的内容有哪些？

第二节　借款相关项目的审计

一、实习内容

对短期借款、长期借款、应付债券、财务费用等借款相关项目进行审计，确定它们的各项认定。

二、相关知识提示

（一）短期借款的实质性程序

1. 函证短期借款的实有数。
2. 检查短期借款的增加。
3. 检查有无到期未偿还的短期借款。
4. 复核短期借款利息。

（二）长期借款的实质性程序

1. 对年度内增加的长期借款，应检查借款合同和授权批准，了解借款数额、借款条件、借款日期、还款期限、借款利率，并与相关会计记录相核对。
2. 向银行或其他债权人函证重大的长期借款。
3. 计算短期借款、长期借款在各个月份的平均余额，选取适用的利率匡算利息支出总额，并与财务费用的相关记录核对，判断被审计单位是否高估或低估利息支出，必要时进行适当调整。
4. 检查借款费用的会计处理是否正确。
5. 检查企业抵押长期借款的抵押资产的所有权是否属于企业，其价值和实际状况是否与抵押契约中的规定相一致。
6. 检查长期借款是否已在资产负债表上充分披露。

（三）应付债券的审计的实质性程序

1. 获取或编制应付债券明细表。
2. 检查应付债券的增加；审阅债券发行申请和审批文件，检查发行债券所收入现金的收据、汇款通知单、送款登记簿及相关的银行对账单，核实其会计处理是否正确。
3. 对应付债券向证券承销商或包销商函证。
4. 检查债券利息费用的会计处理是否正确，资本化的处理是否符合规定。
5. 检查到期债券的偿还。
6. 如发行债券时已作抵押或担保，应检查相关契约的履行情况。
7. 检查应付债券是否已按照企业会计准则的规定在财务报表中做出恰当列报。

（四）财务费用的审计

1. 获取或编制财务费用明细表，复核其加计数是否正确，并与报表数、总账数和明细账合计数核对是否相符；
2. 实质性分析程序；
3. 检查财务费用明细项目的设置是否符合规定的核算内容与范围，是否划清财务费用与其他费用的界限；

4. 检查利息支出明细账；

5. 检查利息收入明细账；

6. 检查汇兑损益明细账，检查汇兑损益计算方法是否正确，核对所用汇率是否正确，前后期是否一致；

7. 检查大额金融机构手续费的真实性和正确性；

8. 实施截止测试；

9. 检查财务费用是否已按照企业会计准则的规定在财务报表中做出恰当的列报。

三、实习流程

1. 对短期借款、长期借款、应付债券、财务费用等借款相关项目进行审计，根据被审计单位实际情况选择要执行的实质性测试程序；

2. 执行实质性测试程序，编制相应的审计工作底稿。

四、实习成果与评价

借款项目的相关审计工作底稿。具体根据实习完成情况评价考核。

五、案例分析

兴华公司借款项目审计

中诚会计师事务所注册会计师王二、刘四对兴华公司借款项目进行实质性测试时，编制了审计工作底稿，如表31-2～表31-7所示。

表31-2   中诚会计师事务所短期借款审计程序表

客户：兴华公司		签名	日期		
审计项目：短期借款审计程序表	编制人	王二	2007.1.15	索引号	C1-1
会计期间：2006/12/31	复核人	刘四	2007.1.15	页次	1
一、审计目标： ①确定短期借款借入、偿还及计息的记录是否完整；②确定短期借款的余额是否正确；③确定短期借款的披露是否恰当。					
二、审计程序：					执行情况说明	索引号
1. 获取或编制短期借款明细表，复核加计正确并与总账数、报表数和明细账合计数核对是否相符。					已执行	
2. 取得贷款证余额清单并向银行或其他债权人函证重大的短期借款。					已执行	

续表

3. 索取并检查借款合同、协议及授权批准、或其他有关资料和收款凭证，确认其真实性、合法性。	已执行	
4. 检查本期各项借款的借入、偿还情况，核对会计记录和原始凭证。	已执行	
5. 了解借款数额、借款条件、借款日期、还款期限、借款利率，并与相关会计记录进行核对，对抵押贷款做出记录。	已执行	
6. 对年度内减少的短期借款，检查相关会计记录和原始凭证，核实还款数额。	已执行	
7. 检查年末有无到期未偿还的借款，逾期借款是否办理了转期手续。	已执行	
8. 复核已计借款利息是否正确，如有未计利息应做出记录，必要时进行适当调整。	已执行	
9. 检查非记账本位币折合记账本位币采用的折算汇率，折算差额是否按规定进行会计处理。	已执行	
10. 涉及债务重组的事项，审查有关协议等法律文件及手续是否齐备，账务处理是否正确。	不适用	
11. 验明短期借款的披露是否恰当。	已执行	

表 31-3　　　　中诚会计师事务所短期借款审定表

客户：兴华公司		签名	日期		
审计项目：短期借款审定表	编制人	王二	2007.1.15	索引号	C1-2
会计期间：2006/12/31	复核人	刘四	2007.1.15	页次	1
项　目			未审数	调整数	审定数
农行浦东分行			2 000 000		2 000 000
上海银行			3 000 000		3 000 000
交通银行			2 000 000		2 000 000

审计说明及调整分录：

审计结论：
　　本科目经审计后无调整事项，余额可以确认。

表 31-4　　　　中诚会计师事务所短期借款明细表

客户：兴华公司		签名	日期		
审计项目：短期借款明细表	编制人	王二	2007.1.15	索引号	C1-3
会计期间：2006/12/31	复核人	刘四	2007.1.15	页次	1
债权人名称	年初余额	本期增加	本期减少	年末余额	还款期限
农行浦东分行	2 000 000			2 000 000	2007/3/15
上海银行	3 000 000			3 000 000	2008/4/5
交通银行		2 000 000		2 000 000	2009/3/5
合计	5 000 000	2 000 000		7 000 000	

表 31-5　　　　　　　中诚会计师事务所财务费用审计程序表

客户：兴华公司		签名	日期		
审计项目：财务费用审计程序表	编制人	王二	2007.1.15	索引号	I4-1
会计期间：2006/1/1~2006/12/31	复核人	刘四	2007.1.15	页次	1
一、审计目标： 　　①确定财务费用的记录是否完整；②确定财务费用的计算是否正确；③确定财务费用的披露是否恰当。					
二、审计程序：				执行情况说明	索引号
1. 获取或编制财务费用明细表，复核加计正确并核对与总账、报表发生额及明细账合计数是否相符。				已执行	
2. 将本年度财务费用与上年度的财务费用及本年度各个月份的财务费用进行比较，如有重大波动和异常情况应查明原因。				已执行	
3. 审查利息支出明细账，复核借款利息支出应计数，注意审查现金折扣的会计处理是否正确。				已执行	
4. 复核应收票据贴现息的计算与会计处理是否正确。				已执行	
5. 选择重要或异常的利息费用项目或大金额冲减财务费用项目，检查其原始凭证是否合法，会计处理是否正确。				已执行	
6. 必要时，对财务费用实施截止日测试，检查有无跨期入账的现象。				已执行	
7. 审查汇兑损益明细账，检查汇兑损益计算方法是否正确，核对所用汇率是否正确。				已执行	
8. 对于从筹建期间汇兑损益转入的，应查明其摊销方法在前后期是否保持一致，摊销金额是否正确。					
9. 审查"其他"子目明细账，检查大额金融机构手续费的真实性。					
10. 审阅下期期初财务费用明细账，检查各项目有无跨期入账情况，对重大跨期项目，应做必要调整。				已执行	
11. 检查从其他企业或非银行金融机构取得的利息收入是否已按规定计缴营业税。					
12. 验明财务费用的披露是否恰当。				已执行	

表 31-6　　　　　　　中诚会计师事务所财务费用审定表

客户：兴华公司		签名	日期		
审计项目：财务费用审定表	编制人	王二	2007.1.15	索引号	I4-2
会计期间：2006/1/1~2006/12/31	复核人	刘四	2007.1.15	页次	1
项目		未审数	调整数	审定数	
利息净支出		16 206 949.46		16 206 949.46	
汇兑净损失		-1 706.46		-1 706.46	
金融机构手续费		65 416.28		65 416.28	
合计		16 270 659.28		16 270 659.28	
调整说明及调整分录：					
审计结论： 　　本科目经审计后无调整事项，发生额可以确认。					

表31-7　　　中诚会计师事务所财务费用各月比较分析表

客户：兴华公司			签名	日期		
审计项目：财务费用各月比较分析表		编制人	王二	2007.1.15	索引号	I4-3
会计期间：2006/1/1～2006/12/31		复核人	刘四	2007.1.15	页次	1
月份	利息净支出	汇兑净损失	手续费	其他	合计	备注
1	-264 734.80		3 822.27		-260 912.53	
2	827 591.44		3 694.86		831 286.30	
3	1 540 565.52		5 985.10		1 546 550.62	
4	1 396 861.18		5 498.98		1 402 360.16	
5	1 306 251.65		6 337.18		1 312 588.83	
6	8 303 163.40		3 426.28		8 306 589.68	
7	1 169 943.23	-1 706.46	9 833.74		1 178 070.51	
8	1 568 337.92		3 662.62		1 572 000.54	
9	1 568 337.92		3 669.57		-402 326.18	
10	1 989 649.35		6 649.68		1 996 299.03	
11	-1 583 339.76		6 138.94		-1 577 200.82	
12	358 656.08		6 697.06		365 353.14	
合计	16 206 949.46	-1 706.46	65 416.28		16 270 659.28	

六、理论思考

1. 在借款审计中，如何判断借款人是在严格的控制制度的要求下规范操作的？

2. 在借款直接进入企业的账户中，注册会计师的审计工作有助于维护债权人的合法权益吗？注册会计师判断企业借款使用效益的标准是什么？

第三节　所有者权益相关项目的审计

一、实习内容

对实收资本、资本公积、盈余公积、未分配利润等所有者权益相关项目进行审计，确定它们的各项认定。

二、相关知识提示

(一)实收资本(股本)的实质性程序

1. 查阅公司章程、股东大会、董事会会议记录中有关实收资本(股本)的规定。收集与实收资本(股本)变动有关的董事会会议纪要、合同、协议、公司章程及营业执照、公司设立批文、验资报告等法律性文件,并更新永久性档案。

2. 检查实收资本（股本）增减变动的原因,查阅其是否与董事会纪要、补充合同、协议及其他有关法律性文件的规定一致,逐笔追查至原始凭证,检查其会计处理是否正确。注意有无抽资或变相抽资的情况,如有,应取证核实,作恰当处理。对首次接受委托的客户,除取得验资报告外,还应检查并复印记账凭证及进账单。

（二）资本公积的实质性程序

1. 收集与资本公积变动有关的股东（大）会决议、董事会会议纪要、资产评估报告等文件资料,更新永久性档案。首次接受委托的,应检查期初资本公积的原始发生依据。

2. 根据资本公积明细账,对股本溢价、其他资本公积各明细的发生额逐项审查。

（三）盈余公积的实质性程序

1. 收集与盈余公积变动有关的董事会会议纪要、股东（大）会决议以及政府主管部门、财政部门批复等文件资料,进行审阅,并更新永久性档案。

2. 对法定盈余公积和任意盈余公积的发生额逐项审查至原始凭证。

（四）未分配利润的实质性程序

1. 将未分配利润年初数与上年审定数核对是否相符。

2. 获取与未分配利润有关的董事会会议纪要、股东大会决议、政府部门批文及有关合同、协议、公司章程等文件资料,并更新永久性档案。

3. 检查未分配利润变动的相关凭证,结合所获取的文件资料,确定其会计处理是否正确。

4. 结合以前年度损益科目的审计,检查以前年度损益调整的内容是否真实、合理。

5. 检查未分配利润是否已按照企业会计准则的规定在财务报表中做出恰当列报。

（五）应付股利的实质性程序

1. 审阅公司章程、股东会和董事会会议纪要中有关股利的规定,了解股利分配标准和发放方式是否符合有关规定并经法定程序批准。

2. 检查应付股利的计提是否根据董事会或股东会决定的利润分配方案,从税后可供分配利润中计算确定,并复核应付股利计算和会计处理的正确性。

3. 检查股利支付的原始凭证的内容、金额和会计处理是否正确。检查现金股利是否按公告规定的时间、金额予以发放。

4. 向主要股东函证，以确定未付股利的真实性和完整性。

5. 检查利润分配方案中拟分配的现金股利或利润，是否按规定未做账务处理，并已在附注中披露。

6. 检查应付股利的列报是否恰当。

三、实习流程

1. 对实收资本、资本公积、盈余公积、未分配利润等所有者权益相关项目进行审计，根据被审计单位实际情况选择要执行的实质性测试程序；

2. 进行实质性测试，编制相应的审计工作底稿。

四、实习成果与评价

所有者权益项目的相关审计工作底稿。具体根据实习完成情况评价考核。

五、案例分析

兴华公司所有者权益项目审计

中诚会计师事务所注册会计师王二、刘四对兴华公司所有者权益项目进行实质性测试时，编制了审计工作底稿，如表31-8、表31-9所示。

表31-8　　　　　中诚会计师事务所实收资本审计程序表

客户：兴华公司		签名	日期		
审计项目：实收资本审计程序表	编制人	王二	2007.1.15	索引号	R10-1
会计期间：2006/12/31	复核人	刘四	2007.1.15	页次	1
一、审计目标： ①确定股本（实收资本）增减变动是否符合法律、法规和合同、章程的规定，记录是否完整； ②确定股本（实收资本）的余额是否正确；③确定股本（实收资本）的披露是否恰当。					
二、审计程序：			执行情况说明	索引号	
1. 获取或编制实收资本增减变动明细表，复核加计正确并与总账数、报表数和明细账合计数核对是否相符。			已执行		
2. 审阅公司章程、股东大会、董事会会议记录中有关股本（实收资本）的规定。收集与股本（实收资本）变动有关的董事会、股东大会会议纪要、合同协议、公司章程修改案及营业执照、验资报告等法律文件，并更新永久性档案。			已执行		
3. 检查投资者是否已按合同、协议、章程约定时间缴付出资额，有无缴付后抽逃资本的情况，对首次接受委托的客户，应对其股本（实收资本）的沿革，进行调查并做出查验记录。			已执行		

续表

4. 其出资额是否已经中国注册会计师验证，已验资者，应查阅验资报告。	已执行	
5. 以外币出资的，检查其实收资本折算汇率是否符合规定，折算差额的会计处理是否正确。		
6. 检查实收资本增减变动的原因，查阅其是否与董事会纪要等有关法律性文件的规定一致，会计处理是否正确。	已执行	
7. 根据证券登记公司提供的股东名录，检查委托人及其关联方是否违反规定持有或相互持有原发行在外的股票。		
8. 根据证券登记公司提供的股东名录，检查委托人及其关联方是否违反规定持有或相互持有原发行在外的股票。		
9. 验明股本（实收资本）的披露是否恰当。	已执行	

表31-9　　　　　中诚会计师事务所实收资本审定表

客户：兴华公司				签名	日期		
审计项目：实收资本审定表		编制人	王二	2007.1.15	索引号	R10-2
会计期间：2006/12/31		复核人	刘四	2007.1.15	页次	1

投资者名称	期初余额		本期增加	本期减少	期末余额		调整数	审定数
	金额	比例			金额	比例		
甲公司	1 000 000	33.33%	500 000		1 500 000	33.33%		1 500 000
乙公司	2 000 000	66.67%	1 000 000		3 000 000	66.67%		3 000 000
……								
合计	3 000 000	100%	1 500 000		4 500 000	100%		4 500 000

审计说明：
1. 明细合计与总账、报表数一致。
2. 验资报告核对无误。

审计结论：
本科目经审计后无调整事项，余额可以确认。

六、理论思考

1. 利润分配审计的测试环节与其他项目审计的测试环节有何区别和联系？自身的特点是如何体现的？

2. 利润分配审计中利润的真实性至关重要，但在具体审计过程中，注册会计师如何确认被审计单位提供资料的真实性？具体可以通过哪些方法进行测试？

第四节 投资相关项目的审计

一、实习内容

了解交易性金融资产、可供出售金融资产、持有至到期投资、长期股权投资、投资性房地产、应收利息（股利）、投资收益、交易性金融负债等项目审计的基本内容和具体操作程序，进行投资相关项目审计的实质性测试操作。

二、相关知识提示

（一）交易性金融资产的实质性程序

1. 对期末结存的相关交易性金融资产，向被审计单位核实其持有目的，检查本科目核算范围是否恰当。

2. 获取股票、债券及基金等交易流水单及被审计单位证券投资部门的交易记录，与明细账核对，检查会计记录是否完整、会计处理是否正确。

3. 监盘库存交易性金融资产，并与相关账户余额进行核对，如有差异，应查明原因，并做出记录或进行适当调整。

4. 向相关金融机构发询证交易性金融资产期末数量以及是否存在变现限制（与存出投资款一并函证），并记录函证过程。取得回函时应检查相关签章是否符合要求。

5. 复核与交易性金融资产相关的损益计算是否准确，并与公允价值变动损益及投资收益等有关数据核对。

6. 复核股票、债券及基金等交易性金融资产的期末公允价值是否合理，相关会计处理是否正确。

（二）可供出售金融资产的实质性程序

1. 获取可供出售金融资产对账单，与明细账核对，并检查其会计处理是否正确。

2. 检查库存可供出售金融资产，并与相关账户余额进行核对，如有差异，应查明原因，并做出记录或进行适当调整。

3. 向相关金融机构发函询证可供出售金融资产期末数量，并记录函证过程。取得回函时应检查相关签章是否符合要求。

4. 对期末结存的可供出售金融资产，向被审计单位核实其持有目的，检查本科目核对范围是否恰当。

5. 复核可供出售金融资产的期末公允价值是否合理，检查会计处理是否正确。

6. 如果可供出售金融资产的公允价值发生较大幅度下降，并且预期这种下降趋势属于非暂时性的，应当检查被审计单位是否计提资产减值准备，计提金额和相关会计处理是否正确。

7. 复核可供出售金融资产划转为持有至到期投资的依据是否充分，会计处理是否正确。

（三）持有至到期投资的实质性程序

1. 获取持有至到期投资对账单，与明细账核对，并检查其会计处理是否正确。

2. 检查库存持有至到期投资，并与账面余额进行核对，如有差异，应查明原因，并做出记录或进行适当调整。

3. 向相关金融机构发函询证持有至到期投资期末数量，并记录函证过程。取得回函时应检查相关签章是否符合要求。

4. 对期末结存的持有至到期投资资产，核实被审计单位持有的目的和能力，检查本科目核算范围是否恰当。

5. 抽取持有至到期投资增加的记账凭证，注意其原始凭证是否完整合法，成本、交易费用和相关利息的会计处理是否符合规定。

6. 根据相关资料，确定债券投资的计息类型，结合投资收益科目，复核计算利息采用的利率是否恰当，相关会计处理是否正确，检查持有至到期投资持有期间收到的利息会计处理是否正确。检查债券投资票面利率和实际利率有较大差异时，被审计单位采用的利率及其计算方法是否正确。

7. 检查当持有目的改变时，持有至到期投资划转为可供出售金融资产的会计处理是否正确。

（四）长期股权投资的实质性程序

1. 根据有关合同和文件，确认股权投资的股权比例和持有时间，检查股权投资核算方法是否正确。

2. 对于重大的投资，向被投资单位函证被审计单位的投资额、持股比例及被投资单位发放股利等情况。

3. 对于应采用权益法核算的长期股权投资，获取被投资单位已经注册会计师审计的年度财务报表，如果未经注册会计师审计，则应考虑对被投资单位的财务报表实施适当的审计或审阅程序。

4. 对于采用成本法核算的长期股权投资，检查股利分配的原始凭证及分配决议等资料，确定会计处理是否正确；对被审计单位实施控制而采用成本法核算的长期股权投资，比照权益法编制变动明细表，以备合并报表使用。

5. 确定长期股权投资的增减变动的记录是否完整。

（五）投资性房地产的实质性程序

1. 检查纳入投资性房地产范围的建筑物和土地使用权是否符合会计准则的规定。

2. 检查投资性房地产后续计量模式选用的依据是否充分。与上年政策进行比较,确定后续计量模式的一致性。如不一致,则详细记录变动原因。

3. 确定投资性房地产后续计量选用公允价值模式政策恰当,计算复核期末计价正确。

4. 确定投资性房地产后续计量模式的转换恰当。

5. 获取租赁合同等文件,重新计算租金收入,并与利润表其他业务收入中的相应数字核对无误。

(六) 应收利息(股利)的实质性程序

1. 获取或编制应收利息(股利)明细表。
2. 检查应收利息(股利)增加变动,如有必要,向有关单位函证并记录。
3. 检查期后收款情况。
4. 检查应收利息(股利)的坏账准备是否正确。
5. 检查应收利息(股利)在财务报表中是否做出恰当列报。

(七) 投资收益的实质性程序

1. 获取或编制投资收益分类明细表。
2. 确定投资收益的金额是否准确。
3. 结合投资和银行存款等的审计,确定投资收益被计入正确的会计期间。
4. 检查投资协议等文件。
5. 检查投资收益是否已按照企业会计准则的规定在财务报表中做出恰当列报。

三、实习流程

1. 对投资项目进行审计,根据被审计单位实际情况选择要执行的实质性测试程序;
2. 进行实质性测试,编制相应的审计工作底稿。

四、实习成果与评价

投资项目的相关审计工作底稿。具体根据实习完成情况评价考核。

五、案例分析

兴华公司投资项目审计

中诚会计师事务所注册会计师王二、刘四对兴华公司投资项目进行实质性测试时,编制了审计工作底稿,如表 31-10~表 31-13 所示。

表 31-10　中诚会计师事务所交易性金融资产审计程序表

客户：兴华公司		签名	日期		
审计项目：交易性金融资产审计程序表	编制人	王二	2007.1.15	索引号	A6-1
会计期间：2006/12/31	复核人	刘四	2007.1.15	页次	1
一、审计目标： 　　①资产负债表记录的交易性金融资产是存在的。②所有应当记录的交易性金融资产均已记录。③记录的交易性金融资产由被审计单位拥有或控制。④交易性金融资产以恰当的金额包括在财务报表中，与之相关的计价调整已恰当记录。⑤交易性金融资产已按照企业会计准则的规定在财务报表中做出恰当列报。					
二、审计程序：				执行情况说明	索引号
1. 获取或编制交易性金融资产明细表。				略	
2. 就被审计单位管理层将投资确定划分为交易性金融资产的意图获取审计证据，并考虑管理层实施该意图的能力。					
3. 确定交易性金融资产余额正确及存在。					
4. 确定交易性金融资产的会计记录是否完整，并确定所购入交易性金融资产归被审计单位所拥有。					
5. 确定交易性金融资产的计价是否正确。					
6. 抽取交易性金融资产增减变动的相关凭证，检查其原始凭证是否完整合法，会计处理是否正确。					
7. 检查有无变现存在重大限制的交易性金融资产，如有，则查明情况，并做适当调整。					
8. 针对识别的舞弊风险等因素增加的审计程序。					
9. 检查交易性金融资产检查是否已按照企业会计准则的规定在财务报表中做出恰当列报。					

表 31-11　中诚会计师事务所交易性金融资产明细表

客户：兴华公司		签名	日期		
审计项目：交易性金融资产审计程序表	编制人	王二	2007.1.15	索引号	A7-1
会计期间：2006/12/31	复核人	刘四	2007.1.15	页次	1
略					

表 31-12　　　　中诚会计师事务所交易性金融资产监盘表

客户：兴华公司		签名	日期		
审计项目：交易性金融资产监盘表	编制人	王二	2007.1.15	索引号	A7-2
会计期间：2006/12/31	复核人	刘四	2007.1.15	页次	

盘点日实存交易性金融资产					资产负债表日至盘点日增减		资产负债表日实存交易性金融资产				账面结存交易性金融资产			差异	备注
项目名称	数量	面值	总计	票面利率	到期日	数量	面值	数量	面值	总计	票面利率	到期日	数量	面值	总计		
略																	

出纳人员：　　　　会计主管：　　　　监盘地点：　　　　监盘时间：　　　　监盘人员：

审计说明：

表 31-13　　　　中诚会计师事务所交易性金融资产公允价值复核表

客户：兴华公司		签名	日期		
审计项目：交易性金融资产公允价值复核表	编制人	王二	2007.1.15	索引号	A7-3
会计期间：2006/12/31	复核人	刘四	2007.1.15	页次	1

项目名称	账面数		复核					与上期计价方法是否一致	备注
	数量	余额	市价	市价来源	证券市值	差异	差异原因		

审计说明：
　　略

六、理论思考

1. 企业对外投资的效益性是如何考核的？注册会计师应结合哪些指标来确认企业投资的效益性？

2. 企业对外投资过程中涉及投资的升值与贬值，此时应依据什么标准来调整相关账户？

第五节 其他相关项目的审计

一、实习内容

了解其他应收款、其他应付款、长期应付款、预计负债、递延所得税资产、递延所得税负债、资产减值损失、公允价值变动损益、营业外收入、营业外支出等项目审计的基本内容和具体操作程序，并进行相关项目审计的实质性测试操作。

二、相关知识提示

（一）其他应收款的实质性测试程序

1. 获取或编制其他应收款明细表。
2. 对其他应收款进行函证。
3. 获取或编制其他应收款账龄分析表。
4. 检查坏账准备。
5. 检查是否在财务报表中做出恰当列报。

（二）其他应付款的实质性测试程序

1. 获取或编制其他应付款明细表。
2. 判断选择金额较大和异常的明细金额，检查其原始凭证，并考虑向债权人函证。
3. 检查长期未结的其他应付款，并作妥善处理。
4. 检查其他应付款是否在财务报表中做出恰当列报。

（三）长期应付款的实质性测试程序

1. 获取或编制长期应付款明细表。
2. 检查应付融资租入固定资产的租赁费。
3. 检查以分期付款方式购入固定资产等发生的应付款项。
4. 检查未确认融资费用。
5. 结合固定资产的审计，检查有无未入账的长期应付款。
6. 函证重大的长期应付款明细账户。
7. 检查各项长期应付款本息的计算是否准确，会计处理是否正确。
8. 检查长期应付款是否在财务报表中做出恰当列报。

（四）预计负债的实质性测试程序

1. 获取或编制预计负债明细表，复核加计正确，并与报表数、总账数和明细账合计数核对相符。

2. 向相关银行函证担保事项。

3. 对已诉讼并已判决的对外担保，取得并审阅相关法院判决书。

4. 对已诉讼但尚未判决的对外担保，取得被审计单位律师或法律顾问的法律意见。

5. 检查预计负债的估计是否准确，会计处理是否正确。

6. 检查预计负债的披露是否恰当。

（五）递延所得税资产的实质性测试程序

1. 获取或编制递延所得税资产明细表，复核加计正确，并与报表数、总账数和明细账合计数核对相符。

2. 检查被审计单位采用的会计政策是否恰当，前后期是否一致。

3. 检查被审计单位用于确认递延所得税资产的税率是否正确。

4. 检查递延所得税资产增减变动记录，以及可抵扣暂时性差异的形成原因，确定是否符合有关规定，计算是否正确，预计转销期是否恰当。

5. 检查被审计单位是否在资产负债表日对递延所得税资产的账面价值进行复核，如果预计未来期间很可能无法获得足够的应纳税所得额用以抵扣递延所得税资产，应当减记递延所得税资产的账面价值。

6. 当适用税率发生变化时，检查被审计单位是否对递延所得税资产进行重新计量，对其影响数的会计处理是否正确。

7. 确定递延所得税资产的披露是否恰当。

（六）递延所得税负债的实质性测试程序

1. 获取或编制递延所得税负债明细表，复核加计正确，并与报表数、总账数和明细账合计数核对相符。

2. 检查被审计单位采用的会计政策是否恰当，前后期是否一致。

3. 检查被审计单位用于确认递延所得税负债的税率是否正确。

4. 检查递延所得税负债增减变动记录，以及应纳税暂时性差异的形成原因，确定是否符合有关规定、计算是否正确，预计转销期是否恰当。

5. 当适用税率发生变化时，检查被审计单位是否对递延所得税负债进行重新计量，对其影响数的会计处理是否正确。

6. 确定递延所得税负债的披露是否恰当。

（七）资产减值损失的实质性测试程序

1. 获取或编制资产减值损失明细表。

2. 检查资产减值损失核算内容是否符合规定。

3. 检查本期增减变动情况。

4. 确定资产减值损失的披露是否恰当。

（八）公允价值变动损益的实质性测试程序

1. 获取或编制公允价值变动损益明细表。
2. 根据公允价值变动损益明细账，对交易性金融资产、衍生工具、套期保值业务和投资性房地产等各明细发生额逐项检查。
3. 确定公允价值变动损益的披露是否恰当。

（九）营业外收入的实质性测试程序

1. 获取或编制营业外收入明细表，复核加计正确。
2. 检查营业外收入的核算内容是否符合会计准则的规定。
3. 抽查营业外收入中金额较大或性质特殊的项目，审核其内容的真实性和依据的充分性。
4. 对营业外收入各项目进行检查。
5. 营业外收入的披露是否恰当。

（十）营业外支出的实质性测试程序

1. 获取或编制营业外支出明细表，复核加计正确。
2. 检查营业外支出的核算内容是否符合会计准则的规定。
3. 对营业外收入各项目进行检查。
4. 检查是否存在非公益性捐赠支出、税收滞纳金、罚金、罚款支出、各种赞助会费支出，必要时进行应纳税所得额调整。
5. 对非常损失应详细检查有关资料、被审计单位实际损失和保险理赔情况及审批文件，检查有关会计处理是否正确。
6. 检查营业外收入的披露是否恰当。

三、实习流程

1. 对其他应收款、其他应付款、长期应付款、预计负债、递延所得税资产、递延所得税负债、资产减值损失、公允价值变动损益、营业外收入、营业外支出等项目进行审计，根据被审计单位实际情况选择要执行的实质性测试程序；
2. 进行实质性测试，编制相应的审计工作底稿。

四、实习成果与评价

其他应收款、其他应付款、长期应付款、预计负债、递延所得税资产、递延所得税负债、资产减值损失、公允价值变动损益、营业外收入、营业外支出等项目的相关审计工作底稿。具体根据实习完成情况评价考核。

五、案例分析

兴华公司筹资与投资其他相关项目审计

中诚会计师事务所注册会计师王二、刘四对兴华公司筹资与投资其他相关项目进行实质性测试时，编制了审计工作底稿，如表31－14～表31－16所示。

表31－14　　　　中诚会计师事务所其他应收款审计程序表

客户：兴华公司		签名	日期		
审计项目：其他应收款审计程序表	编制人	王二	2007.1.15	索引号	A5－1
会计期间：2006/12/31	复核人	刘四	2007.1.15	页次	1
一、审计目标： ①确定其他应收款是否存在；②确定其他应收款是否归被审计单位所有；③确定其他应收款增减变动的记录是否完整；④确定其他应收款是否可收回；⑤确定其他应收款余额是否正确；⑥确定其他应收款在会计报表上的披露是否恰当。					
二、审计程序：				执行情况说明	索引号
1. 获取或编制其他应收款明细表，复核加计正确并与总账数、报表数及明细账合计数核对是否相符。				执行	
2. 查验其他应收款账龄分析是否正确。				执行	
3. 对其他应收款余额作分析性复核，若有重大波动应查明原因并做出记录。				执行	
4. 选择金额较大和异常的项目，检查原始凭证并发函询证（包括重分类转入的项目），对大额频繁往来客户发函询证时请公司提供对账的流水记录。				执行	
5. 对发出询证函未能收回的，采用替代程序确认其入账依据是否充分。				执行	
6. 对于长期未能收回的项目，应查明原因，确定是否可能发生坏账损失。				执行	
7. 审查转作坏账损失的项目，是否符合规定并办妥审批手续。				执行	
8. 涉及债务重组、资产置换的事项，审查有关协议等法律文件及手续是否齐备，账务处理是否正确。				不适用	
9. 对异常项目及关联方欠款即使回函相符，仍应取证并审核相关交易合同判断交易的合法性、真实性。				执行	
10. 关注关联方归还大额欠款时对公司有关无相应资金流出。				不适用	
11. 检查内部往来是否核对相符，形成核对记录，标明核对责任人，做好必要的索引，说明对差异的处理结果及理由。				执行	
12. 分析明细账余额，对于出现贷方余额的项目，应查明原因，必要时作重分类调整。				执行	
13. 对于用非记账本位币结算的其他应收款，检查其采用的汇率及折算方法是否正确。				不适用	
14. 请客户协助，在其他应收款明细表上标明截止审计日已收回或转销的项目，并检查有关凭证。				执行	
15. 检查其他应收款是否已被抵押、质押，并做出记录。				不适用	
16. 验明其他应收款的披露是否恰当。				执行	

表31-15　　　　　　　中诚会计师事务所其他应收款明细表

客户：兴华公司			签名		日期			
审计项目：其他应收款		编制人	王二		2007/1/16		索引号	A5-2
会计期间：2006/12/31		复核人	刘四		2007/1/16		页次	1

序号	债务人名称	金额	账龄					是否函证
			1年以内	1~2年	2~3年	3~4年	4年以上	
1	上海金座置业有限公司	-800 000	-800 000					是
2	上海英杰科技有限公司	2 000 000						是
3	职工备用金	220 000	20 000	20 000				
4	庆典活动借款	300 000	300 000					
	……							
	合计	7 649 000	3 542 000	902 000	690 000	251 500		

审计说明：
　　明细账与总账、报表核对一致。

审计结论：
　　本科目经审计后无调整事项，余额可以确认。

表31-16　　　　　中诚会计师事务所其他应收款函证结果汇总表

客户：兴华公司			签名		日期			
审计项目：其他应收款		编制人	王二		2007/1/16		索引号	A5-3
会计期间：2006/12/31		复核人	刘四		2007/1/16		页次	1

序号	单位名称	函证金额	是否回函	回函直接确认金额	调节后可以确认金额	通过替代程序确认金额	未核实金额	审计金额
1	上海金座置业有限公司	-800 000	是	相同				-800 000
2	上海英杰科技有限公司	2 000 000	是	相同				2 000 000
	……							
	合计	5 800 000						5 800 000

六、理论思考

1. 其他应收款核算的内容？
2. 其他应收款审计的程序？
3. 其他应收款是否需要函证？

第三十二章 货币资金审计

第一节 货币资金的控制测试

一、实习内容

了解货币资金审计中所涉及的主要经济业务活动及主要凭证和记录；掌握货币资金内部控制制度以及内部控制测试的内容、过程和方法；对被审计单位的货币资金项目进行控制测试。

二、相关知识提示

（一）货币资金审计中的主要凭证

货币资金审计涉及的凭证和会计记录主要有：（1）现金盘点表；（2）银行对账单；（3）银行存款余额调节表；（4）有关科目的记账凭证；（5）有关会计账簿。

（二）货币资金的内部控制制度

1. 货币资金收支与记账的岗位分离。
2. 货币资金收入和支出要有合理、合法的凭据。
3. 全部收支及时准确入账，并且支出要有核准手续。
4. 控制现金坐支，当日收入现金应及时送存银行。
5. 及时盘点现金，定期编制银行存款余额调节表。
6. 加强对货币资金收支业务的内部审计。

（三）货币资金审计的符合性测试内容

1. 抽查货币资金收款凭证。
2. 抽查货币资金付款凭证。
3. 抽查核对现金、银行存款日记账与总账。
4. 抽查核对银行存款余额调节表与库存现金盘点表。
5. 检查外币性货币资金的折算方法是否符合有关规定，是否与上年一致。

6. 评价货币资金的内部控制。

三、实习流程

1. 学习了解货币资金的内部控制；
2. 选择货币资金内部控制符合性测试的程序；
3. 对货币资金内部控制进行符合性测试；
4. 评价货币资金的内部控制。

四、实习成果与评价

与货币资金项目相关的审计工作底稿。具体根据实习完成情况评价考核。

五、案例分析

兴华公司货币资金内部控制测试

中诚会计师事务所刘婷、杨平负责对兴华公司的货币资金内部控制进行符合性测试，编制了审计工作底稿，如表 32 – 1、32 – 2 所示。

表 32 – 1　　　　中诚会计师事务所货币资金收款凭证测试表

被审计单位：兴华公司						索引号：F5 – 1					
项目：货币资金收款凭证测试						财务报表截止日/期间：2006/12/31					
编制：刘婷						复核：杨平					
日期：2007/1/20						日期：2007/1/20					
序号	日期	凭证编号	现金	银行存款	收入金额	1	2	3	4	5	6	7
1	1.12	25#	√		20 000	√	√	√	√	√	√	√
2	2.15	30#		√	50 000	√	√	√	√	√	√	√
……												
核对说明： 1. 收款凭证与存入银行账户的解款单日期和金额相符。 2. 收款凭证金额已记入现金日记账、银行存款日记账。 3. 银行收款凭证与银行对账单核对相符。 4. 收款凭证与销售发票、收据核对相符。 5. 收款凭证的对应科目与付款单位的户名一致。 6. 收款凭证账务处理正确。 7. 收款凭证与对应科目明细账的记录一致。						审计人员意见及结论： 　　随机抽取 1~11 月份发生业务收款凭证 9 笔进行符合性测试，测试相符率为 98%。测试相符率高，可适当简化实质性测试审计程序。					

表 32-2　　　　中诚会计师事务所货币资金付款凭证测试表

被审计单位：兴华公司					索引号：F5-2						
项目：货币资金付款凭证测试					财务报表截止日/期间：2006/12/31						
编制：刘婷					复核：杨平						
日期：2007/1/20					日期：2007/1/20						
序号	日期	凭证编号	业务内容	收入金额	1	2	3	4	5	6	7	8
1	1.02	25#	购买办公用品	500	√	√	√	√	√	√	√	√
2	2.19	27#	购买原材料	20 000	√	√	√	√	√		√	√
	……											

核对说明：
1. 付款原始凭证有核准人签名。
2. 原始凭证为合法的发票或收据。
3. 原始凭证的内容和金额与付款凭证摘要核对一致。
4. 付款凭证的授权批准手续齐全。
5. 付款凭证与记入现金、银行存款日记账金额一致。
6. 付款凭证与银行对账单相符。
7. 付款凭证与对应科目明细账的记录一致。
8. 付款凭证账务处理正确。

审计人员意见及结论：
　　随机抽取 1~11 月份发生业务付款凭证 8 笔进行符合性测试，测试相符率为 99%。测试相符率高，可适当简化实质性测试审计程序。

六、理论思考

1. 一个良好的货币资金内部控制主要包括哪些内容？

2. 为什么货币资金在资产负债表中所占比重不大，审计师在年报审计中却偏好对其执行详细的细节测试？

3. 结合上市公司货币资金舞弊案例，分析货币资金内部控制容易出现的问题，如何建立起关键的内部控制措施？

第二节　现金的审计

一、实习内容

　　了解库存现金审计中所涉及的主要经济业务活动及相关凭证记录；掌握库存现金盘点范围及方法和程序，根据盘点情况对被审计单位库存现金管理制度做出判断和评价；对被审计单位现金项目进行审计。

二、相关知识提示

（一）现金的审计目标

1. 审查被审计单位资产负债表中的现金在会计报表日是否确实存在，是否为被审计单位所有。
2. 确定被审计单位在特定期间内发生的现金收支业务是否均已记录完毕，有无遗漏。
3. 审查现金余额是否正确。
4. 确定现金在会计报表中的披露是否恰当。

（二）库存现金的实质性程序

库存现金的实质性程序一般包括：
1. 监盘库存现金。
2. 抽查大额现金收支。
3. 检查现金收支的正确截止。
4. 确定现金是否在资产负债表中被恰当披露。

三、实习流程

1. 监盘库存现金；
2. 抽查大额现金收支；
3. 检查现金收支的正确截止；
4. 确定现金是否在资产负债表中被恰当披露。

四、实习成果与评价

与现金项目的相关审计工作底稿，如库存现金盘点分析表、现金审计审定表、现金大额支出抽查表、现金收支截止性测试审查表等。具体根据实习完成情况评价考核。

五、案例分析

见本章第三节案例。

六、理论思考

1. 分析库存现金盘点中应注意到问题，并对比库存现金盘点与存货监盘的不同。
2. 列举现金舞弊的手段。

第三节 银行存款的审计

一、实习内容

了解银行存款审计中所涉及的主要经济业务活动及相关凭证记录；掌握银行存款审计的方法和程序；对被审计单位的银行存款项目进行审计。

二、相关知识提示

（一）银行存款的审计目标

1. 审查被审计单位资产负债表中的银行存款在会计报表日是否确实存在，是否为被审计单位所有。
2. 确定被审计单位在特定期间内发生的银行存款收支业务是否均已记录完毕，有无遗漏。
3. 审查银行存款余额是否正确。
4. 确定银行存款在会计报表中的披露是否恰当。

（二）银行存款的实质性程序

银行存款的实质性程序一般包括：
1. 核对银行存款日记账与总账的余额是否相符。
2. 实施实质性分析程序。
3. 取得并检查银行存款余额调节表。
4. 函证银行存款余额。
5. 审查一年以上定期存款或限定用途存款，它们已不属于企业的流动资产，应列于其他资产类下。
6. 抽查大额银行存款的收支。
7. 检查银行存款收支的正确截止。
8. 确定银行存款是否在资产负债表中被恰当披露。

三、实习流程

1. 核对银行存款日记账与总账的余额是否相符；
2. 实施实质性分析程序；
3. 取得并检查银行存款余额调节表；
4. 函证银行存款余额；
5. 抽查大额银行存款的收支；

6. 检查银行存款收支的正确截止；
7. 确定银行存款是否在资产负债表中被恰当披露。

四、实习成果与评价

与银行存款项目相关的审计工作底稿，如银行日记账余额和银行账面余额核对表、银行存款大额支出抽查表、银行未达账项审查表、银行存款截止性测试审查表等。具体根据实习完成情况评价考核。

五、案例分析

兴华公司货币资金审计

中诚会计师事务所邓君、戴涛负责对兴华公司的货币资金项目进行实质性测试，两位注册会计师编制了审计工作底稿，如表32-3～表32-10所示。

表32-3   中诚会计师事务所货币资金审计程序表

客户：兴华公司		签名	日期		
审计项目：货币资金审计程序表	编制人	邓君	2007.1.21	索引号	A1-1
会计期间：2006/12/31	复核人	戴涛	2007.1.22	页次	1
一、审计目标： ①确定货币现金是否存在；②确定货币资金的收支记录是否完整；③确定库存现金、银行存款以及其他货币资金的余额是否正确；④确定货币资金的披露是否恰当。					
二、审计程序：				执行情况说明	索引号
1. 核对现金日记账、银行存款日记账与总账的余额是否相符。				相符	
2. 会同被审计单位主管会计人员盘点库存现金，编制"库存现金盘点表"，并与现金日记账核对，如有差异，应查明原因做出记录或做适当调整；若有充抵库存现金的借条、未提现支票、未做报销的原始凭证，需在盘点表中注明或做出适当调整。				已执行	
3. 抽查大额现金收支、银行存款支出的原始凭证的内容是否完整，有无授权批准，并核对相关账户的进账情况。				已抽查	
4. 抽查资产负债表日前后若干天的大额现金、银行存款收支凭证，如有跨期收支事项，应做适当调整。				已抽查	
5. 获取资产负债表日的"银行存款对账单"、"银行存款余额调节表"，并对大额收付款项进行勾对。				已抽查	
6. 检查"银行存款余额调节表"中未达账项的真实性，以及资产负债表日后的进账情况。				已抽查	
7. 对所有开户银行函证银行存款年末余额，询问是否有已质押的或限定用途的银行存款，对不符合现金及现金等价物条件的银行存款应予以列明。				已执行	

续表

8. 从基本账户开户银行获取在银行开立账户管理卡信息,结合复核上年底稿确定银行存款账户数,检查有无账外银行账户,是否存在出租账户或他人共用账户。	已执行	
9. 结合借款审核,检查定期存单原件,对定期存单进行函证,追查质押和转存情况,并形成记录。	不适用	
10. 计算定期存款及存放于非银行金融机构的存款占银行存款的比例,分析其安全性,注意是否存在高息拆借。	不适用	
11. 如有外币,请检查非记账本位币折合记账本位币所采用的折算汇率是否正确。	不适用	
12. 验明货币资金的披露是否恰当。	已执行	

表 32 – 4　　　　　　　**中诚会计师事务所货币资金审定表**

客户：兴华公司		签名	日期		
审计项目：货币资金审定表	编制人	邓君	2007.1.21	索引号	A1 – 2
会计期间：2006/12/31	复核人	戴涛	2007.1.22	页次	1
项目		未审数	调整数		审定数
现金		43 954.80	10 000		33 954.80
银行存款		15 358 759.83	50 000		15 308 759.83
其他货币资金					
合计		15 302 714.63			15 342 714.63

审计说明及调整分录：
　　经审计,盘点实有现金数额与盘点日账面应有金额差异 10 000.00 元是职工的暂支差旅费,应调整入账,调整分录如下：
　　　借：其他应收款——差旅暂借款——××　　10 000.00
　　　　贷：现金　　　　　　　　　　　　　　　　10 000.00
　　经审计,银行存款未达账属于会计期内费用,应予以调整,调整分录如下：
　　　借：管理费用——水电费　　　　　　　　500 000.00
　　　　贷：银行存款——光大银行　　　　　　　500 000.00

审计结论：
　　本科目经审计调整后,余额可以确认。

表 32-5　　　　　　　　　　中诚会计师事务所现金盘点表

客户：兴华公司		签名	日期		
审计项目：现金盘点表	编制人	邓君	2007.1.21	索引号	A1-3
会计期间：2006/12/31	复核人	戴涛	2007.1.22	页次	1
项目		金额	实有现金盘点记录		
上一日账面库存余额		102 661.25	面额	人民币	
盘点日未记账传票收入金额		—		数量	金额
盘点日未记账付款付出金额		27 711.76	100	616	61 600
盘点日账面应有金额		74 949.49	50	2	100
盘点实有现金数额		64 949.49	20	92	1 840
盘点日应有与实际金额差异		10 000	10	94	940
差异原因分析	差异原因系××业务员暂借的差旅费。		5	19	95
			2		
			1	321	321
			0.5	74	37
			0.2		
追溯至报表日结存额			0.1	164	16.4
	报表日至盘点日现金付出总额（+）	2 626 417.6	0.05	1	0.05
	报表日至盘点日现金收入总额（-）	2 657 412.29	0.02	2	0.04
	报表日库存现金应有余额	43 954.80	合计	64 949.49	

盘点人（出纳）：××　　　主管会计：××　　　监盘人：××　　　复核员：××

表 32-6　　　　　　　　　　中诚会计师事务所银行存款明细余额表

客户：兴华公司					签名	日期		
审计项目：银行存款明细余额表			编制人		邓君	2007.1.21	索引号	A1-4
会计期间：2006/12/31			复核人		戴涛	2007.1.22	页次	1
开户银行	银行账号	币种	汇率	对账单	日记账	差额	是否有调节表	调节后是否相符
兴业银行	1332	RMB		3 868 834.93	3 868 834.93			
光大银行	4272	RMB		10 002 067.46	10 588 267.46	586 200	有	相符
招商银行	9001	RMB		901 657.44	901 657.44			
合计					15 358 759.83	586 200		

表32-7　　　　　　　　中诚会计师事务所银行存款余额调节表

开户银行：光大银行　　　　　　　　　　　　　　　　　　　　　　　　账号：4272

客户：兴华公司		签名	日期		
审计项目：银行存款余额调节表	编制人	邓君	2007.1.21	索引号	A1-3
会计期间：2006/12/31	复核人	戴涛	2007.1.22	页次	1

项目	金额	项目	金额
企业银行存款日记账余额	10 588 267.46	银行对账单余额	10 002 067.46
加：银行已收企业未收款项		加：企业已收银行未收款项	
减：银行已付、企业未付款项		减：企业已付、银行未付款项	
其中：1月份、12月份水电费	586 200		
调节后余额	10 002 067.46	调节后余额	10 002 067.46

表32-8　　　　　　　　　　　银行往来询证函

银行往来询证函

　　　　　　　　　　　　　　　　　　　　　　　　　索引号：C1-4-1-1
　　　　　　　　　　　　　　　　　　　　　　　　　编号：_____

致兴业银行：

　　本公司聘请的中诚会计师事务所有限公司正在对本公司会计报表进行审计，按照《中国注册会计师独立审计准则》的要求，应当询证本公司在贵行的存贷款项。下列数额出自本公司账簿记录，如与贵行记录相符，请在本函下端"数额证明无误"处签章证明；如有不符，请在"数据不符及需加说明事项"处详为指正。回函请寄中诚会计师事务所有限公司××注册会计师。

　　地址：广州市海珠区赤沙路21号　　　　　邮编：510320
　　电话：(020) 83391166　　　　　　　　　传真：(020) 83392558

1. 存款户

　　　　　　　　　　　截至2006年12月31日　　　　　　　　金额单位：元

银行账号	账户性质	原币金额	备注
216160100100001332	基本户	￥3 868 834.93	该存款无抵押、质押情况，使用不受任何限制。

续表

2. 贷款户

截至 2006 年 12 月 31 日

贷款性质	贷款金额	担保或抵押	贷款起止日期	利率	备注

数额证明无误
签章：兴业银行业务公章
日期：2007 年 1 月 17 日

兴华公司
（公司印鉴）
数额不符及需加说明事项（详细附后）
签章：
日期：

表 32 – 9　　　　中诚会计师事务所大额货币资金收支抽查表

客户：兴华公司				签名	日期		
审计项目：大额货币资金收支抽查表			编制人	邓君	2007.1.21	索引号	A1 – 5
会计期间：2006/12/31			复核人	戴涛	2007.1.22	页次	1
抽查凭证内容					测试内容			
月	日	凭证号	摘要	对方科目	金额	1	2	3	4
1	10	20	付货款	应付账款	20 000 000.00	√	√	√	√
3	20	10	收销售款	主营业务收入	10 000 000.00	√	√	√	√
8	20	10	付材料款	原材料	3 000 000.00	√	√	√	√
			……						

核对说明：
1. 凭证的授权批准手续齐全。
2. 原始凭证为合法的发票或收据。
3. 原始凭证的内容和金额与记入现金、银行存款日记账金额一致。
4. 收付款凭证账务处理正确。

审计人员意见及结论：
　　随机抽取 1～11 月份大额收付款凭证 8 笔进行符合性测试，测试相符率为 99%。测试相符率高，可适当简化实质性测试审计程序。

表 32 – 10　　　　中诚会计师事务所货币资金截止性测试审查表

客户：兴华公司		签名	日期		
审计项目：货币资金截止性测试表	编制人	邓君	2007.1.21	索引号	C1 – 6
会计期间：2006/12/31	复核人	戴涛	2007.1.22	页次	1
抽查凭证内容			测试结果		

六、理论思考

1. 简述银行存款函证的作用，并对比银行存款、应收账款和应付账款函证的不同。

2. 如果企业存在质押、冻结等对变现有限制的银行存款，审计师应当如何处理？

3. 有人认为，银行存款调节表中的未达账项均应调整，你赞同吗？为什么？简述银行存款调节表中的未达账项产生的原因以及审计师应当如何关注。

第三十三章　特殊事项的审计

第一节　期初余额审计

一、实习内容

了解如何对期初余额进行审计，了解期初余额对审计意见类型的影响；对被审计单位财务报表的期初余额项目进行审计。

二、相关知识提示

（一）期初余额的含义

期初余额是指期初已存在的账户余额。

（二）期初余额的审计程序

注册会计师对期初余额的审计程序通常包括：

1. 考虑被审计单位运用会计政策的恰当性和一贯性。
2. 如果上期财务报表由前任注册会计师审计，注册会计师应当考虑通过查阅前任注册会计师的工作底稿获取有关期初余额的充分、适当的审计证据，并考虑前任注册会计师的独立性和专业胜任能力。
3. 如果上期财务报表未经审计，或者上期财务报表虽经前任注册会计师审计，但在查阅前任注册会计师的工作底稿后未能获取有关期初余额的充分、适当的审计证据，未能对期初余额得出满意结论，注册会计师应当根据期初余额有关账户的不同性质，实施相应的审计程序。
4. 考虑账户的性质和本期财务报表中的重大错报风险。
5. 考虑期初余额对于本期财务报表的重要程度。

三、实习流程

1. 学习了解如何对期初余额进行审计，了解期初余额对审计意见类型的影响；
2. 考虑被审计单位运用会计政策的恰当性和一贯性；

3. 考虑上期财务报表是否由前任注册会计师审计过；
4. 考虑账户的性质和本期财务报表中的重大错报风险；
5. 确定期初余额对本期审计意见的影响。

四、实习成果与评价

与期初余额项目审计相关的审计工作底稿。具体根据实习完成情况评价考核。

五、案例分析

兴华公司期初余额项目审计

中诚会计师事务所刘欢、李丽负责对兴华公司的期初余额项目进行实质性测试，两位注册会计师编制了审计工作底稿，如表33-1所示。

表33-1　　　　　中诚会计师事务所期初余额审计程序表

客户：兴华公司		签名	日期		
审计项目：期初余额具体审计计划	编制人	刘欢	2007.2.15	索引号	T1-1
会计期间：2006/12/31	复核人	李丽	2007.2.15	页次	1
一、审计目标： ①确定期初余额是否存在对本期会计报表有重大影响的错报和漏报；②确定上期期末余额是否正确结转至本期；③确定上期适用的会计政策是否恰当，是否一贯遵循，变更是否合理；④确定上期期末存在的或有事项是否恰当的处理。					
二、审计程序：			执行情况说明	索引号	
1. 考虑被审计单位运用会计政策的恰当性和一贯性。			已执行		
2. 上期财务报表由前任注册会计师审计过的审计程序。			不适用		
3. 上期财务报表未由前任注册会计师审计过的审计程序。			已执行		
4. 确定对本期审计意见的影响。			已执行		
审计说明： 与期初余额相关的会计政策在本期得到一贯运用，不存在对本期财务报表产生重大影响的错报。					
审计结论： 经审计，期初余额可以确认。					

六、理论思考

1. 有人说，审计师只需某一年期末的资产负债表进行审计，因此无须审计期初余额，你赞同吗？为什么？

2. 在审计实务中，审计师应当怎样对期初余额进行审计？

第二节　期后事项审计

一、实习内容

了解期后事项审计中存在的主要问题，掌握对期后事项进行审计的程序与方法；了解期后事项的发生对审计报告的影响；对被审计单位的期后事项项目进行审计。

二、相关知识提示

（一）期后事项的种类

期后事项是指资产负债表日至审计报告日之间发生的事项以及审计报告日后发现的事实。期后事项分为两类：一是资产负债表日后调整事项；二是资产负债表日后非调整事项。

（二）期后事项的审计程序

1. 检查被审计单位建立的、用于识别期后事项的政策和程序。

2. 取得并审阅股东大会、董事会和管理当局的会议记录以及涉及诉讼的相关文件等，查明识别资产负债表日后发生的对本期财务报表产生重大影响的事项，包括调整事项和非调整事项。

3. 在尽量接近审计报告日时，查阅股东会、董事会及其专门委员会在资产负债表日后举行的会议的纪要，并在不能获取会议纪要时询问会议讨论的事项。

4. 在尽量接近审计报告日时，查阅最近的中期财务报表、主要会计科目、重要合同和会计凭证。

5. 在尽量接近审计报告日时，查阅被审计单位与客户、供应商、监管部门等的往来信函。

6. 在尽量接近审计报告日时，向被审计单位律师或法律顾问询问有关诉讼和索赔事项。

7. 结合期末账户余额的审计，对应予调整的资产负债表日后事项进行审计，着重查明资产负债表日后的重大购销业务和重大的收付款业务，有无不寻常的转账交易或调整分录。

8. 确定期后事项是否已按照企业会计准则的规定在财务报表中做出恰当列报。

三、实习流程

1. 学习了解如何对期后事项进行审计，了解期后事项对审计意见类型的影响。
2. 检查被审计单位建立的、用于识别期后事项的政策和程序。
3. 取得并审阅股东大会、董事会和管理当局的会议记录以及涉及诉讼的相关文件。
4. 查阅股东会、董事会及其专门委员会在资产负债表日后举行的会议的纪要。查阅最近的中期财务报表、主要会计科目、重要合同和会计凭证。查阅被审计单位与客户、供应商、监管部门等的往来信函。
5. 向被审计单位律师或法律顾问询问有关诉讼和索赔事项。
6. 确定期后事项是否已按照企业会计准则的规定在财务报表中做出恰当列报。

四、实习成果与评价

与期后事项项目相关的审计工作底稿。具体根据实习完成情况评价考核。

五、案例分析

兴华公司期初余额审计

中诚会计师事务所刘欢、李丽负责对兴华公司的期后事项项目进行实质性测试，两位注册会计师编制了审计工作底稿，如表33-2所示。

表33-2　　　　中诚会计师事务所期后事项审计程序表

客户：兴华公司		签名	日期		
审计项目：期后事项具体审计计划	编制人	刘欢	2007.2.15	索引号	T2-1
会计期间：2006/12/31	复核人	李丽	2007.2.15	页次	1
一、审计目标： ①确定期后事项是否存在；②确定期后事项的处理是否恰当；③确定期后事项的披露是否恰当。						
二、审计程序：				执行情况说明	索引号
1. 检查被审计单位建立的、用于识别期后事项的政策和程序。				已执行	
2. 取得并审阅股东大会、董事会和管理当局的会议记录以及涉及诉讼的相关文件。				已执行	
3. 查阅股东会、董事会及其专门委员会在资产负债表日后举行的会议的纪要。				已执行	
4. 查阅最近的中期财务报表、主要会计科目、重要合同和会计凭证。				已执行	
5. 查阅被审计单位与客户、供应商、监管部门等的往来信函。				已执行	

续表

6. 向被审计单位律师或法律顾问询问有关诉讼和索赔事项。	已执行	
7. 结合期末账户余额的审计，对应予调整的资产负债表日后事项进行审计。	已执行	
8. 确定期后事项是否已按照企业会计准则的规定在财务报表中做出恰当列报。	已执行	
审计说明：		
审计结论： 经审计，该公司的期后事项均已得到妥善处理，不影响审计意见。		

六、理论思考

1. 发生在不同时段的期后事项，注册会计师所负的责任是不同的，在审计实务中，注册会计师应从哪些渠道来关注期后事项的发生？

2. 对于会计报表公布日后的期后事项，注册会计师应如何处理？

第三节　或有事项审计

一、实习内容

了解或有事项的内容；掌握如何发现未记录的或有事项；对被审计单位的或有事项项目进行审计。

二、相关知识提示

（一）或有事项的含义

或有事项，是指过去的交易或事项形成的，其结果须由某些未来事项的发生或不发生时才能决定的不确定事项。

（二）或有事项的审计程序

1. 向被审计单位管理层询问其确定、评价与控制或有事项方面的有关方针政策和工作程序。

2. 向被审计单位管理层索取有关或有事项的文件和凭证，做必要的审核和评价。

3. 向被审计单位的法律顾问和律师进行函证，以获取法律顾问和律师对被审计单位资产负债表日业已存在的，以及资产负债日至复函日期间存在的或有事项的确认证据。

4. 复核上期和税务机构的税收结算报告。从报告中或许能发现被审期间有关纳税方面可能发生的争执之处。如果税款拖延时间较久，发生税务纠纷的可能性就较大。

(三) 获取律师声明书

在对被审计单位期后事项和或有事项等进行审计时，注册会计师往往要向被审计单位的法律顾问和律师进行函证，以获取其对资产负债表日业已存在的，以及资产负债表日至他们复函日这一时期内存在的期后事项和或有事项等的确认证据。被审计单位律师对函证问题的答复和说明，就是律师声明书。律师声明书通常可提供有力的证据，帮助注册会计师解释并报告有关的期后事项和或有事项，从而减少注册会计师误解上述事项的可能性，但其本身不足以对注册会计师形成审计意见提供基本理由。

倘若律师声明书表明或暗示律师拒绝提供信息，或隐瞒信息，或对被审计单位叙述的情况应予修正而不加修正，注册会计师一般应认为审计范围受到限制，就不能出具无保留意见的审计报告。

三、实习流程

1. 学习了解如何对或有事项进行审计；
2. 向被审计单位管理层询问其确定、评价与控制或有事项方面的有关方针政策和工作程序；
3. 向被审计单位管理层索取有关或有事项的文件和凭证，做必要的审核和评价；
4. 向被审计单位的法律顾问和律师进行函证；
5. 复核上期和税务机构的税收结算报告。

四、实习成果与评价

与或有事项项目相关的审计工作底稿。具体根据实习完成情况评价考核。

五、案例分析

兴华公司或有事项审计

中诚会计师事务所刘欢、李丽负责对兴华公司的或有事项项目进行实质性测试，两位注册会计师编制了审计工作底稿，如表33-3、表33-4所示。

表33-3　　　　　中诚会计师事务所期初余额审计程序表

客户：兴华公司		签名	日期		
审计项目：或有事项具体审计计划	编制人	刘欢	2007.2.15	索引号	T3-1
会计期间：2006/12/31	复核人	李丽	2007.2.15	页次	1
一、审计目标： ①确定或有事项是否存在；②确定存在的或有事项是否恰当的处理。					
二、审计程序：				执行情况说明	索引号
1. 向被审计单位管理层询问其确定、评价与控制或有事项方面的有关方针政策和工作程序。				已执行	
2. 向被审计单位管理层索取有关或有事项的文件和凭证，做必要的审核和评价。				已执行	
3. 向被审计单位的法律顾问和律师进行函证。				已执行	
4. 复核上期和税务机构的税收结算报告。				已执行	
审计说明：					
审计结论： 经审计，未发现未记录的或有事项。					

表33-4　　　　　　　　　　　律师询证函

律师询证函

光大律师事务所：

陈海律师台鉴：

　　本公司已聘请中诚会计师事务所对本公司2006年12月31日（以下简称资产负债表日）的资产负债表以及截止于资产负债表日的该年度利润及利润分配表和现金流量表进行审计。为配合该项审计，谨请贵律师基于受理本公司委托的工作（诸如常年法律顾问、专项咨询和诉讼代理等），提供下述资料，并函告中诚会计师事务所：

　　一、请说明存在于资产负债表日并且自该日起至本函回复日止本公司委托贵律师代理进行的任何未决诉讼。该说明中谨请包含以下内容：

　　1. 案件的简要事实经过与目前的发展进程；

　　2. 在可能范围内，贵律师对于本公司管理当局就上述案件所持看法及处理计划的了解，及您对可能发生结果的意见；

　　3. 在可能范围内，您对可能发生的损失或收益的可能性及金额的估计。

　　二、请说明存在于资产负债表日并且自该日起至本函回复日止，本公司曾向贵律师咨询的其他计如未决诉讼、追索债权、被追索债务以及政府有关部门对本公司进行的调查等可能涉及本公司法律责任的事件。

　　三、请说明截止于资产负债表日，本公司与贵律师事务所律师服务费的结算情况（如有可能，请依服务项目区分）。

四、若无上述一及二事项，为节省您宝贵的时间，烦请填写本函背面《律师询证函复函》并签章后，按以下地址，寄往中诚会计师事务所（地址：广州市海珠区赤沙路21号　邮编：510320）。 　　谢谢合作！ 　　　　　　　　　　　　　　　　　　　　　　　　兴华公司（盖章） 　　　　　　　　　　　　　　　　　　　　　　　　公司负责人（盖章） 　　　　　　　　　　　　　　　　　　　　　　　　2007年2月15日
律师询证函复函 中诚会计师事务所： 　　本律师于2006年1月1日至12月31日期间，除向兴华公司提供一般性法律咨询服务，并未有接受委托、代理进行或咨询如前述一、二项所述之事宜。 　　另截至2006年12月31日止，该公司 　（1）未积欠本律师事务所任何律师服务费。√ 　（2）尚有本律师事务所的律师服务费计人民币_____元，未予付清。 　　　　　　　　　　　　　　　　　　　　　　　　光大律师事务所 　　　　　　　　　　　　　　　　　　　　　　　　律师：陈海 　　　　　　　　　　　　　　　　　　　　　　　　2007年2月16日

六、理论思考

1. 或有事项包括哪些内容？
2. 获取律师声明书的作用是什么？
3. 怎样对或有事项进行审计？

第四节　持续经营审计

一、实习内容

　　掌握持续经营假设的审计程序；判断何种情况下出具什么类型的审计报告；对被审计单位的持续经营项目进行审计。

二、相关知识提示

(一) 管理层的责任和注册会计师的责任

1. 管理层的责任。管理层应当根据企业会计准则的规定，对持续经营能力做出评估，考虑运用持续经营假设编制财务报表的合理性。如果认为以持续经营假设为基础编制财务报表不再合理时，管理层应当采用其他基础编制，如清算基础。

2. 注册会计师的责任。在执行财务报表审计业务时，注册会计师的责任是考虑管理层运用持续经营假设的适当性和披露的充分性。注册会计师应当按照审计准则的要求，实施必要的审计程序，获取充分、适当的审计证据，确定可能导致对持续经营能力产生重大疑虑的事项或情况是否存在重大不确定性，并考虑对审计报告的影响。

(二) 持续经营假设的审计程序

1. 关注被审计单位在财务、经营等方面存在的持续经营假设不再合理的各种迹象。

2. 了解被审计单位管理当局对于存在的持续经营假设不再合理的迹象计划采取的措施，判断其能否缓解对持续经营假设的影响。

3. 与管理当局分析、讨论最近的会计报表。

4. 与管理当局分析、讨论现金流量预测和盈利预测及其他预测。

5. 审核影响持续经营能力的期后事项、财务承诺及或有事项。

6. 检查借款合同及债务契约条款等的履行情况。

7. 查阅股东大会、董事会会议及其他重要会议有关财务困境的记录。

8. 向被审计单位的法律顾问或律师询问有关诉讼、索赔的情况。

9. 检查有无改善措施及财务救助计划，并评估其合法性和可行性。

10. 向被审计单位管理当局索取其关于持续经营假设的书面声明。对于应予披露的持续经营事项，验明是否已做出恰当的披露。

三、实习流程

1. 学习了解如何对持续经营事项进行审计；

2. 获取或编制持续经营能力情况表；

3. 关注被审计单位在财务、经营等方面存在的持续经营假设不再合理的各种迹象；

4. 与管理当局分析、讨论有关持续经营的情况，判断持续经营假设的合理性；

5. 获取管理当局声明书；
6. 验明应披露的持续经营事项是否恰当。

四、实习成果与评价

与持续经营项目相关的审计工作底稿。具体根据实习完成情况评价考核。

五、案例分析

兴华公司持续经营项目审计

中诚会计师事务所刘欢、李丽负责对兴华公司的持续经营项目进行实质性测试，两位注册会计师编制了审计工作底稿，如表33-5、表33-6所示。

表33-5　　　　中诚会计师事务所持续经营审计程序表

客户：兴华公司		签名	日期		
审计项目：持续经营具体审计计划	编制人	刘欢	2007.2.15	索引号	T4-1
会计期间：2006/12/31	复核人	李丽	2007.2.15	页次	1
一、审计目标 ①确定被审计单位持续经营假设是否合理；②根据被审计单位持续经营假设的情况，确定会计报表是否需要调整；③确定被审计单位持续经营项目的披露是否恰当。					
二、审计程序				执行情况说明	索引号
1. 获取或编制关联方明细表或清单。				已执行	
2. 获取或编制持续经营能力情况表。				已执行	
3. 关注持续经营假设不再合理的迹象。				已执行	
4. 关注对持续经营假设不再合理迹象采取的缓解措施。				不适用	
5. 判断持续经营假设的合理性。 (1) 与管理当局分析、讨论最近的会计报表； (2) 与管理当局分析讨论现金流量预测、盈利预测及其他预测； (3) 审核影响持续经营能力的期后事项、承诺及或有事项； (4) 审查债务契约等的履行情况； (5) 查阅股东大会、董事会会议及其他重要会议有关财务困境的记录； (6) 向被审计单位的法律顾问询问有关诉讼、索赔的情况； (7) 审查有无改善措施及财务救助计划，并评估其合法性和可行性。				已执行	
6. 获取管理当局声明书。				已执行	
7. 验明应披露的持续经营事项是否恰当。				不适用	

表33-6　　　　　　　中诚会计师事务所持续经营能力审定表

客户：兴华公司			签名	日期		
审计项目：持续经营能力审定表		编制人	李丽	2007.2.15	索引号	T4-2
会计期间：2006/12/31		复核人	刘欢	2007.2.15	页次	1

序号	项目	是	否	序号	项目	是	否
一、	企业财务状况		√	三、	其他情况		√
1	资不抵债		√	1	严重违反有关法规要求		√
2	经营资金出现负数		√	2	存在可能带来无法承受损失的未决诉讼		√
3	无法偿还到期债务		√				
4	无法偿还即将到期且难以展期的债务		√	3	异常原因导致停工、停产		√
5	过度依赖短期借款筹资		√	4	国家法规、政策变化可能造成重大影响		√
6	主要财务指标恶化		√	5	营业期限即将到期，无意继续经营		√
7	发生巨额经营性亏损		√	6	投资者未履行协议、合同、章程规定的义务		√
8	存在大额逾期未付利润		√				
9	无法继续满足借款合同中有关条件		√	7	因自然灾害、战争、不可抗力因素遭受严重损失		√
10	无法获得供应商正常商业信用		√	8	其他导致企业无法持续经营的迹象		√
11	无法获得开发必要新产品或进行必要投资所需资金		√	四、	管理当局采取的措施		√
				1	资产处置		√
二、	经营活动情况		√	2	资产售后租回		√
1	关键管理人员离职、且无人代替		√	3	取得担保或抵押借款		√
2	没有市场销路，产品严重积压		√	4	实施资产重组或债务重组		√
3	失去主要市场、特许权或主要供货商		√	5	获得其他资金		√
				6	延缓营业开支		√
4	人力资源或重要原材料短缺		√	7	获得重要原材料的替代品		√
5	无发展前途		√	8	开拓新的市场		√
6	其他导致恶化的迹象		√	9	其他措施		√

审计说明：

审计结论：
　　经审计，该公司不存在影响持续经营能力的事项，公司以持续经营假设编制的财务报表合理。

六、理论思考

1. 简述如果是别处可能导致对持续经营能力产生重大疑虑的事项或情况时，审计师应当实施哪些进一步审计程序？

2. 简述持续经营假设对审计报告的影响。

第三十四章 终结审计与审计报告

第一节 终结审计

一、实习内容

了解审计完成阶段的主要内容，明确该阶段的重点审计程序；编制审计差异调整表和试算平衡表，获取管理当局声明书；撰写审计总结；完成审计工作底稿的两级复核；评价审计结果；就审计结果和审计报告意见类型等审计有关事项与被审计单位沟通。

二、相关知识提示

(一) 编制审计差异调整表

1. 审计差异的种类。审计差异内容按是否需要调整账户记录可分为核算错误和重分类错误。核算错误是因企业对经济业务进行了不正确的会计核算而引起的错误；重分类错误是因企业未按企业会计准则列报财务报表而引起的错误。

2. 审计调整中重要性的运用。对审计中发现的核算错误，注册会计师在划分建议调整的不符事项与未调整不符事项时，应当考虑核算错误的金额和性质两个因素。

(1) 对于单笔核算错误超过所涉及财务报表项目（或账项）层次重要性水平的，应视为建议调整的不符事项。

(2) 对于单笔核算错误大大低于所涉及财务报表项目（或账项）层次重要性水平，但性质重要的，比如涉及舞弊与违法行为的核算错误、影响收益趋势的核算错误、股本项目等不期望出现的核算错误，应视为建议调整的不符事项。

(3) 对于单笔核算错误大大低于所涉及财务报表项目（或账项）层次重要性水平，并且性质不重要的，一般应视为未调整不符事项；但应当考虑小金额错报累计起来可能重要的可能性。

（二）编制试算平衡表

在编制完试算平衡表后，应注意核对相应的勾稽关系。如，资产负债表试算平衡表左边的审计前金额、审定金额、报表反映的各栏合计数应分别等于其右边相应各栏合计数；资产负债表试算平衡表左边的调整金额栏中的借方合计数与贷方合计数之差应等于右边的调整金额栏中的贷方合计数与借方合计数之差；资产负债表试算平衡表左边的重分类调整栏中的借方合计数与贷方合计数之差应等于右边的重分类调整栏中的贷方合计数与借方合计数之差，等等。

（三）获取管理当局声明书

管理层声明，是指被审计单位管理层向注册会计师提供的关于财务报表的各项陈述。如果管理层拒绝提供注册会计师认为必要的声明，注册会计师应当将其视为审计范围受到限制，出具保留意见或无法表示意见的审计报告。同时，在这种情况下，注册会计师应当评价审计过程中获取的管理层其他声明的可靠性，并考虑管理层拒绝提供声明是否可能对审计报告产生其他影响。

（四）评价审计结果

1. 对重要性和审计风险进行最终评价。
2. 对被审计单位已审计财务报表形成审计意见并草拟审计报告。

（五）与治理层沟通

在终结审计阶段，审计师与治理层沟通的事项包括：有关会计报表的分歧、重大审计调整事项、会计信息披露中存在的可能导致修改审计报告的重大问题、被审计单位面临的可能危及其持续经营能力等的重大风险、审计意见的类型及审计报告的措辞、审计师拟提出的关于内部控制方面的建议、与已审计会计报表一同披露的其他信息的沟通。

（六）完成质量控制复核

为了保障审计报告质量，审计工作底稿要经过多级复核，才能用以支持审计报告的签发。对审计工作底稿的复核可分为两个层次：项目组内部复核和独立的项目质量控制复核。

三、实习流程

1. 根据对被审计单位外勤审计的结果，编制审计差异调整表；
2. 编制试算平衡表；
3. 获取管理当局声明书；
4. 评价本次审计的结果；
5. 与被审计单位管理当局就审计调整事项和审计报告意见类型进行沟通；
6. 项目负责人对各项目审计工作底稿进行全面复核，编制审计工作完成情况核对表，进行本次审计工作小结；

7. 部门经理和主任会计师分别进行审计工作底稿的二级和三级复核工作，控制审计报告质量。

四、实习成果与评价

终结审计过程中形成的相关审计工作底稿，如审计差异调整表、试算平衡表、管理当局声明书、业务复核核对表等等，具体根据完成情况考核评分。

五、案例分析

兴华公司终结审计

中诚会计师事务所刘欢、李丽负责兴华公司的终结审计，两位注册会计师根据审计工作底稿的结果，编制了审计差异调整表、试算平衡表，并获取了管理当局声明书，编制了审计工作完成情况核对表，进行了本次审计工作小结，如表34-1~表34-7所示。

表34-1　　　　中诚会计师事务所审计差异调整分录汇总表

客户：兴华公司			签名	日期		
审计项目：审计差异调整分录汇总表		编制人	刘欢	2007.2.17	索引号	A4-1
会计期间：2006/1/1~2006/12/31		复核人	李丽	2007.2.18	页次	1
索引号	调整分录	资产负债表		损益表		客户是否调整及未调整原因
		借方	贷方	借方	贷方	
C	略					

表34-2　　　　中诚会计师事务所审计差异重分类分录汇总表

客户：兴华公司			签名	日期		
审计项目：审计差异重分类分录汇总表		编制人	刘欢	2007.2.17	索引号	A4-2
会计期间：2006/1/1~2006/12/31		复核人	李丽	2007.2.18	页次	1
索引号	调整分录	资产负债表		损益表		客户是否调整及未调整原因
		借方	贷方	借方	贷方	
	略					

表34-3　　　中诚会计师事务所利润表试算平衡表工作底稿

客户：兴华公司		签名	日期		
审计项目：利润表试算平衡表	编制人	刘欢	2007.2.17	索引号	A5-2
会计期间：2006/1/1~2006/12/31	复核人	李丽	2007.2.18	页次	1
项目	审计前金额	调整金额		审定金额
		借方	贷方	
一、营业收入				
减：营业成本				
营业税金及附加				
销售费用				
管理费用				
财务费用				
资产减值损失				
加：公允价值变动损益				
投资收益				
二、营业利润				
加：营业外收入				
减：营业外支出				
三、利润总额				
减：所得税费用				
四、净利润				

表34-4　　　中诚会计师事务所资产负债表试算平衡表工作底稿

客户：兴华公司						签名	日期					
审计项目：资产负债表试算平衡表					编制人	刘欢	2007.2.17	索引号		A5-1		
会计期间：2006/12/31					复核人	李丽	2007.2.18	页次		1		
项目	未审数	调整金额		审定数	重分类调整		报表反映数借方	项目	未审数	调整金额		审定数	重分类调整		报表反映数借方
		借方	贷方		借方	贷方				借方	贷方		借方	贷方	
货币资金	略							短期借款							
交易型金融资产								交易型金融负债							
应收票据								应付票据							
应收账款								应付账款							
预付款项								预收款项							
应收利息								应付职工薪酬							
应收股利								应交税费							

续表

项 目	未审数	调整金额 借方	调整金额 贷方	审定数	重分类调整 借方	重分类调整 贷方	报表反映数借方	项 目	未审数	调整金额 借方	调整金额 贷方	审定数	重分类调整 借方	重分类调整 贷方	报表反映数借方
其他应收款								应付利息							
存货								应付股利							
一年内到期的非流动资产								其他应付款							
其他流动资产								一年内到期的非流动负债							
可供出售金融资产								其他流动负债							
持有至到期投资								长期借款							
长期应收款								应付债券							
长期股权投资								长期应付款							
投资兴华房地产								专项应付款							
固定资产								预计负债							
在建工程								递延所得税负债							
工程物资								其他非流动负债							
固定资产清理								实收资本							
无形资产								资本公积							
开发支出								盈余公积							
商誉								未分配利润							
长期待摊费用															
递延所得税资产															
其他非流动资产															
合计								合计							

表34-5　　　　　　　　　　管理当局声明书

管理当局声明书

索引号：A8

中诚会计师事务所并李丽注册会计师：

　　本公司已委托贵事务所对本公司2006年12月31日的资产负债表、2006年度的利润表、股东权益变动表和现金流量表以及财务报表附注进行审计，并出具审计报告。

　　为配合贵事务所的审计工作，本公司做出如下声明：

　　关于财务报表

续表

1. 本公司承诺，按照《企业会计准则》和《企业会计制度》的规定编制财务报表是我们的责任。

2. 本公司已按照《企业会计准则》和《企业会计制度》的规定编制2006年度财务报表，财务报表的编制基础与上年度保持一致，本公司管理层对上述财务报表的真实性、合法性和完整性承担责任。

3. 设计、实施和维护内部控制，保证本公司资产安全和完整，防止或发现并纠正错报，是本公司管理层的责任。

4. 本公司承诺财务报表不存在重大错报。贵事务所在审计过程中发现的未更正错报，无论是单独还是汇总起来，对财务报表整体均不具有重大影响。未更正错报汇总（见附件）附后。

本公司就已知的全部事项，做出如下声明：

5. 关于信息的完整性，本公司已向贵事务所提供了：
（1）全部财务信息和其他数据。
（2）全部重要的决议、合同、章程、纳税申报表等相关资料。
（3）股东会和董事会的会议记录。

6. 关于确认、计量和列报，本公司所有经济业务均已按规定入账，不存在账外资产或未计负债。

7. 本公司认为所有与公允价值计量相关的重大假设是合理的，恰当地反映了本公司的意图和采取特定措施的能力；用于确定公允价值的计量方法符合《企业会计准则》的规定，并在使用上保持了一贯性；本公司已在财务报表中对上述事项做出恰当披露。

8. 本公司不存在导致重述比较数据的任何事项。

9. 本公司已提供所有与关联方和关联方交易相关的资料，并已根据《企业会计准则》和《企业会计制度》的规定恰当披露了所有重大关联方交易。

10. 本公司已提供全部或有事项的相关资料。除财务报表附注中披露的或有事项外，本公司不存在其他应披露而未披露的诉讼、赔偿、背书、承兑、担保等或有事项。

11. 除财务报表附注披露的承诺事项外，本公司不存在其他应披露而未披露的承诺事项。

12. 本公司不存在未披露的影响财务报表公允性的重大不确定事项。

13. 本公司已采取必要措施防止或发现舞弊及其他违反法规行为。不存在对财务报表产生重大影响的舞弊和其他违反法规行为。

14. 本公司严格遵守了合同规定的条款，不存在因未履行合同而对财务报表产生重大影响的事项。

15. 本公司对所有资产均拥有合法权利，除已披露事项外，无其他被抵押资产、质押资产。

16. 本公司编制财务报表所依据的持续经营假设是合理的。没有计划终止经营或破产清算。

17. 本公司已提供全部资产负债表日后事项的相关资料，除财务报表附注中披露的资产负债表日后事项外，本公司不存在其他应披露而未披露的重大资产负债表日后事项。

18. 本公司管理层确信：
（1）未收到监管机构有关调整或修改财务报表的通知。
（2）无税务纠纷。

兴华有限责任公司
法定代表人（签名并盖章）
财务负责人（签名并盖章）
二〇〇七年二月二十九日

表 34－6　　　　　　　　中诚会计师事务所审计工作小结

客户：兴华公司		签名	日期		
审计项目：审计小结	编制人	刘欢	2007.2.25	索引号	A6－2
会计期间：2006/12/31	复核人	李丽	2007.2.25	页次	1

（一）审计概况

审计组成员6人，从2007年1月20日~2月20日，历时30天。审计进程按审计计划执行，年前已对兴华公司进行了预查，并在年底前参与兴华公司的存货监盘工作。1月20日~2月15日，对兴华公司实施了符合性测试和实质性测试，2月16日~2月22日，编制审计报告，并协助调整会计报表及编写附注。

总的来说，公司对财务工作比较重视，公司本部财会人员的业务素质、水平比较高，会计核算也较上年更加规范。本次审计按照原定计划进展是比较顺利的。

主要审计调整事项：

兴华公司审计前后的主要财务指标调整为：

1. 主营业务收入提前进账虚增98万元，多计利润98万元。
2. 在建工程520万元未及时结转至固定资产，少计提折旧、多计利润26万元。
3. 无形资产少摊，影响利润5万元。
4. 生产成本计算错误，造成销售成本少计369万元，影响利润369万元。

（二）审计中发现的主要问题及情况

1. 会计核算方面：

（1）主营业务收入提前入账。在审计计划阶段，通过分析性复核发现兴华公司1~12月主营业务收入增长幅度特大。经核对销售合同、销售发票和产成品仓库账，发现当期实现销售量超过实际库存的增加情况。2006年多转了主营业务收入98万元。

（2）少提折旧26万元。兴华公司的在建工程整个项目，已发生实际支出520万元。经查，该项目已竣工决算，并且达到预计可使用状态，但至今仍未结转至固定资产。少提折旧26万元。

（3）少计费用5万元。兴华公司除了上面所说的折旧少提外，无形资产均没有摊销，少计管理费用5万元。

（4）产成品发出计价有一定的随意性。兴华公司会计政策规定，产成品发出计价采用加权平均法，而实际上，兴华公司在核算时，方法不一致，有的按加权平均法，也有的按先进先出法和个别认定法。经按加权平均法测算，兴华公司2007年度少结转产品销售成本369万元。

2. 经营管理方面：

（1）材料采购长期挂账。开元经营部材料采购2006年年末结存178万元，系以前年度遗留下来的在途材料，一直挂账，未予转销。

（2）应收账款催收不力。广元分公司未建立应收账款催收责任制，2006年年末逾期3年以上的应收账款106万元，应收账款周转率为2.8，较上年的2.1相比调转速度放慢。

（三）我们的意见

1. 按照《企业会计准则》和《企业会计制度》，进一步改进会计核算。兴华公司2006年的会计核算比上年有了较大的改进，但仍有收入提前入账、少提折旧、少计费用、发出产成品计价随意性很大、核算不规范等问题发生，建议公司今后严格执行《企业会计制度》及其他规定，以确保会计核算的真实性和合法性。

2. 采取措施，改进经营管理。

（1）针对材料采购长年挂账问题。材料采购是过渡性科目，长年挂账不妥，且有潜亏的风险。建议公司查清原因，尽早清账。

（2）针对逾期应收账款较大问题。建议公司建立应收账款催收责任制，以加快资金周转，减少银行借款，减少利息支出。

我们的意见已于2月20日向兴华公司总经理李正一、2月22日向财务部经理陈道路等提出，并已取得共识。

（四）审计结论

以上所有重要的事项，公司均同意调整，拟出具无保留意见的审计报告。

续表

部门经理意见：
需被审计单位提供调整后的会计报表，并复核重要审计工作，建议出具无保留意见的审计报告。
秦国
2007 年 2 月 24 日
总监意见：
同意审计一部的意见，出具无保留意见、报主任会计师签发。
李三喜
2007 年 2 月 26 日

表 34-7　　中诚会计师事务所审计工作底稿三级复核记录

客户：兴华公司		签名	日期		
审计项目：审计工作底稿复核记录	编制人	刘欢	2007.2.20	索引号	A6-1
会计期间：2006/12/31	复核人	李丽	2007.2.20	页次	1
项目负责人复核内容		询问情况		解答情况	
1. 客户的审计范围是否受到限制；		略		略	
2. 是否按审计计划和审计程序完成，并达到预定的审计目的；					
3. 审计发现的问题处理是否正确，并反映在审计结论中；					
4. 审计过程说明是否清晰、工作底稿是否完整；					
5. 审计标识是否清晰；					
6. 审计工作底稿是否进行交叉索引；					
7. 审计结论是否明确；					
8. 审计工作底稿的归类整理是否恰当。					
项目负责人签字：李丽					
部门经理复核内容		部门经理审核疑点		项目负责人答疑	
是否与客户签订审计业务约定书；		略		略	
重要审计程序的制定、执行是否已经实现审计目标；					
各审计项目的审计证据是否充分、适当；					
各审计项目之间的衔接是否合理，是否存在重要漏审项目；					
所有调整事项或未调整不符事项是否恰当；					
是否存在未决的会计和审计事项；					
审定表及其附表填列是否完整、合规；					
审计报告的选定是否正确，相关的披露是否恰当；					
检查一级复核人员是否按要求实施复核。					
部门经理签字：杨田					

续表

主任会计师复核内容	主任本计师审核疑点	部门经理答疑
查阅审计计划，检查重要审计程序是否充分；	略	略
查阅审计小结，检查审计目的是否已按审计计划实现；		
检查重要审计证据是否充分、适当；		
检查重要调整事项及管理建议书要点是否恰当；		
报告类型的选定及报表附注编制是否正确、合规；		
检查一、二级复核人是否按要求进行复核。		
主任会计师签字：何仁		

六、理论思考

1. 简单概述终结审计的实务流程。

2. 在实务中，审计是如何从核算误差的金额和性质因素考虑是否建议被审计单位更正？

3. 什么是项目质量控制复核，项目质量控制复核的内容和适用范围？何时实施项目质量控制复核？

4. 结合实践，谈谈审计师与治理层进行沟通时可以采用的形式有哪些，确定沟通形式时需要考虑什么因素？

5. 简述审计师应当直接与治理层沟通的事项。

6. 什么是管理层声明？在实务中，审计师获取的管理层声明有哪些？

7. 但管理层声明的事项对财务报表具有重大影响时，审计师应当如何处理？

第二节 出具审计报告

一、实习内容

了解审计报告的构成要素，不同审计意见类型的特点和条件；编写审计报告。

二、相关知识提示

（一）审计报告的含义

审计报告是指注册会计师根据《中国注册会计师审计准则》的规定，在实施审计工作的基础上对被审计单位财务报表发表审计意见的书面文件。

（二）审计报告的基本内容

审计报告应当包括下列要素：(1) 标题；(2) 收件人；(3) 引言段；(4) 管

理层对财务报表的责任段;(5)注册会计师的责任段;(6)审计意见段;(7)注册会计师的签名和盖章;(8)会计师事务所的名称、地址及盖章;(9)报告日期。

(三)审计报告的类型

审计报告分为标准审计报告和非标准审计报告。当注册会计师出具的无保留意见的审计报告不附加说明段、强调事项段或任何修饰性用语时,该报告称为标准审计报告。标准审计报告属于无保留意见。非标准审计报告,是指标准审计报告以外的其他审计报告,包括带强调事项段的无保留意见的审计报告和非无保留意见的审计报告。非无保留意见的审计报告包括保留意见的审计报告、否定意见的审计报告和无法表示意见的审计报告。

三、实习流程

1. 学习了解审计报告的构成要素,不同审计意见类型的特点和条件;
2. 根据对被审计单位外勤审计的结果,由项目负责人负责出具审计报告。

四、实习成果与评价

审计报告——100%。

五、案例分析

兴华公司2006年度审计报告

兴华公司是中诚会计师事务所的常年审计客户,李丽和刘欢负责对兴华公司2006年度会计报表进行审计。经过审计,李丽和刘欢出具了无保留意见的审计报告。审计报告内容如下:

审计报告

兴华公司全体股东:

我们审计了后附的兴华公司财务报表,包括2006年12月31日的资产负债表、2006年度的利润表、股东权益变动表和现金流量表以及财务报表附注。

一、管理层对财务报表的责任

按照企业会计准则的规定编制财务报表是兴华公司管理层的责任。这种责任包括:(1)设计、实施和维护与财务报表编制相关的内部控制,以使财务报表不存在由于舞弊或错误而导致的重大错报;(2)选择和运用恰当的会计政策;(3)做出合理的会计估计。

二、注册会计师的责任

我们的责任是在实施审计工作的基础上对财务报表发表审计意见。我们按照中国注册会计师审计准则的规定执行了审计工作。中国注册会计师审计准则要求我们遵守职业道德规范，计划和实施审计工作以对财务报表是否不存在重大错报获取合理保证。

审计工作涉及实施审计程序，以获取有关财务报表金额和披露的审计证据。选择的审计程序取决于注册会计师的判断，包括对由于舞弊或错误导致的财务报表重大错报风险的评估。在进行风险评估时，我们考虑与财务报表编制相关的内部控制，以设计恰当的审计程序，但目的并非对内部控制的有效性发表意见。审计工作还包括评价管理层选用会计政策的恰当性和做出会计估计的合理性，以及评价财务报表的总体列报。

我们相信，我们获取的审计证据是充分、适当的，为发表审计意见提供了基础。

三、审计意见

我们认为，上述会计报表符合国家颁布的企业会计准则和《企业会计制度》的规定，在所有重大方面公允反映了兴华公司2006年12月31日的财务状况以及2006年度的经营成果和现金流量。

中诚会计师事务所（盖章）　　　中国注册会计师：李丽（签名并盖章）

　　　　　　　　　　　　　　　中国注册会计师：刘欢（签名并盖章）

中国广州市

　　　　　　　　　　　　　　　　　　　　　　2007年3月15日

六、理论思考

1. 请列举四种审计报告的四种类型，并分别说明审计师出具这四种审计报告的判断标准，以及审计报告中的措辞和段落安排。
2. 审计报告中审计师的责任段应当说明哪些主要内容？
3. 当存在什么情形时，如果认为对财务报表的影响是重大的或可能是重大的，审计师应当出具非无保留意见的审计报告？
4. 有人认为无法表示意见就是审计师没有发表意见或审计师不做任何审计程序就发表意见，你赞同吗？为什么？